U0902697

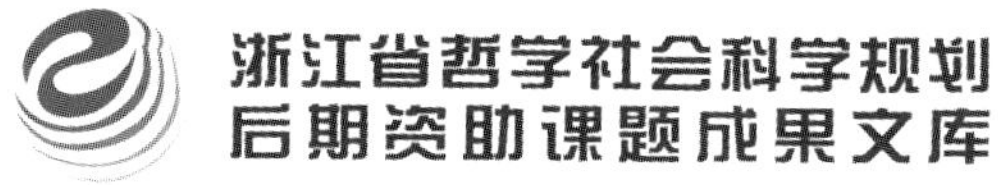

历史、制度与乡村治理现代化转型：基于中国家户制与印度村社制的比较研究

History Institution and Modernization Transformation of Rural Governance

施远涛 著

中国社会科学出版社

图书在版编目(CIP)数据

历史、制度与乡村治理现代化转型：基于中国家户制与印度村社制的比较研究／施远涛著．—北京：中国社会科学出版社，2017.11
(浙江省哲学社会科学规划后期资助课题成果文库)
ISBN 978－7－5203－1761－0

Ⅰ.①历… Ⅱ.①施… Ⅲ.①农村－群众自治－研究－中国 Ⅳ.①D638

中国版本图书馆CIP数据核字(2017)第307235号

出 版 人　赵剑英
责任编辑　宫京蕾
责任校对　秦　婵
责任印制　李寡寡

出　　版　中国社会科学出版社
社　　址　北京鼓楼西大街甲158号
邮　　编　100720
网　　址　http：//www.csspw.cn
发 行 部　010－84083685
门 市 部　010－84029450
经　　销　新华书店及其他书店

印刷装订　北京君升印刷有限公司
版　　次　2017年11月第1版
印　　次　2017年11月第1次印刷

开　　本　710×1000　1/16
印　　张　17.75
插　　页　2
字　　数　291千字
定　　价　75.00元

引　言

2013年11月12日，中国共产党十八届三中全会通过了《中共中央关于全面深化改革若干重大问题的决定》（以下简称《决定》），《决定》指出，“全面深化改革的总目标是完善和发展中国特色社会主义制度，推进国家治理体系和治理能力现代化”。其中“推进国家治理体系和治理能力现代化”这一新提法，不仅标志着在实践中被广泛应用和在书斋中被深入研究的治埋埋论，开始作为推动当代中国政治、经济、社会、文化以及生态等“五大文明”发展的有效方略，步入国家治理的正式范畴；同时，也意味着党在执政六十多年特别是改革开放三十多年的实践总结和升华基础上，为进入新阶段的社会主义现代化转型提出了新的目标和新的历史任务。任何国家治理都是基于本土的历史文化资源及其地方实践上的治理。换言之，也即一切治理都是“地方性”的实践。在中国的现实语境下，农村作为改革转型以及治理创新的重要地方场域，乡村治理作为国家治理的地方性实践和整个治理体系的“末梢神经”，农村基层治理的现代化转型对有效推进国家治理体系和治理能力的现代化起着基础性作用，国家治理体系和治理能力的有效程度要通过农村基层治理的绩效反映出来。因此，当前我们在全力以赴推进“国家治理体系和治理能力现代化”这一党的最高决策时，一方面要从宏观上整体把握，加强顶层设计；另一方面，更需要从基层着手，加强基层乡村治理现代化转型的实践探索，从而推动顶层设计和基层探索的良性互动与有机结合。那么，置身于国家治理现代化进程中的乡村治理转型究竟该往何处去？

欲知往何处去，须明从何处来。中国是有着悠久农业文明传统的东方大国，在漫长的历史进程中，积累了丰富的农村基层治理经验，形成了许多具有“中国特性”的制度传统，这些经过长期社会历史形成并积淀的制度因子犹如人体的基因一般生长在中华文化中，构成了我国农村基层制度体系中的本源型传统。虽然这些本源型传统对现代农村社会的发展并不起决定性作用，但依然会对现代农村社会产生长远影响，它构成了现代农村社会制度基础的“底色”以及制度创新的“源头活水”，规制着农村基层制度变迁的路径以及制度转型的方向。因此，当我们在探索乡村治理现代化转型的实践中，苦于找寻不到出路时，除了往前看与向外看，以学习和借鉴人类文明的一切优秀成果为我所用之外，更要敏于逆向思维，往回看，去探寻和挖掘那些生长在中国历史传统中，能够规制乡村治理制度变迁路径以及支配未来乡村治理现代化转型的本源型制度传统，并赋予其与之相适应的社会条件，使其继续产生影响，从而使乡村治理转型能够步入“链式”发展轨道，并真正建立起具有“中国特性”和“中国气派”的乡村治理制度。

故此，本书将研究的视角投向历史的深处，选取家户制作为切入点，以印度村社制为参照，运用历史制度主义的理论范式和方法论，分析两种东方制度传统的生成、历史变迁及其在变迁过程中对乡村治理原型的塑造以及对乡村治理转型的影响与推动。回顾是为了前瞻，前瞻完全依托于回顾。本书在对家户制和村社制历史变迁及乡村治理转型的历史回顾后，再次将研究的“镜头”推向现实，去审视当下家户制与村社制的现状以及乡村治理转型面临的挑战，继而在历史回顾和现实考量的基础上，尝试着提出前瞻性的结论以及能够使这些理论性结论走向未来实践的政策建议，从而缩短历史和现实、现实和未来的距离。基于此，本书将研究内容分为三个部分，具体结构及内容分述如下：

第一部分，主要是在问题意识索引下，通过对已有相关文献的梳理和回顾，提出本文具体要研究的主题和思路，继而寻找到适合本研究主题的理论工具和方法论，为后续的研究奠定基础，包括绪论和第二章。

绪论部分主要围绕五个板块展开，包括问题的提出、研究意义、研究现状、分析思路、核心概念界定以及本书的创新意图等。第二章，视角、理论范式与方法论。本书在借用米格代尔“社会中的国家”研究路径的基础上采用“家户——国家”的研究视角，以历史制度主义为理论范式，并采用历史与比较分析、归纳演绎的方法以及定性的方法来对本书展开分析。

第二部分，即主体部分，包括第三至六章。

第三章，两种东方传统：家户制与村社制的起源。根据历史制度主义关于制度生成的方法论要求，本章首先采用历史分析的方法，生动完整地描述了家户制和村社制这两种东方制度传统生成的历史过程；接下来，采用比较归纳的方法，分析了导致这两种制度传统形成的关键因素。通过分析发现，在中国和印度分别由公有制基础上的原始社会向阶级社会过渡的进程中，由于印度社会中种姓制度和宗教思想的嵌入，二者相互加强，相互拱卫，形成了严密的、能够有效调控和维系不平等等级序列的制度和关系网络，从而使得以公有制为基础的原始村社的大部分形式得以保留，部分得以改进，从而形成了以共有制大家庭为基础的、缺乏土地私有制的村社制度。而中国在特定的自然环境和历史背景下形成的宗法制度（思想），本身并不具备有效调控其内部所蕴含的冲突的能力，因而，随着社会的发展和生产力水平的提高，宗族内部的冲突不断，并在持续的战争冲突中，产生了制度变革的需求；秦国商鞅变法思想的引入，使得家户制出现，而高度统一的中央集权政权的建立，又使得家户制得以确立和推广，因此，家户制传统最终在中国乡村社会产生并延续和发展。与此同时，在完整呈现出家户制与村社制这两种东方制度传统的起源过程后，在历史制度主义关于制度生成理论要素的基础上，进一步提炼和完善，提出了一个新的制度生成的理论框架。

第四章，路径依赖：制度传统中的乡村治理原型。本章根据历史制度主义的“路径依赖”理论，首先分析了家户制和村社制自形成后，各自进入其路径依赖时期的发展，以及所形塑出的传统乡村社会样态。根据分析发现，在家户制传统的形塑下，中国传统乡村社会形成了一个个独立自主的个体家户，但因为当时的生产力水平较低，个体家户还无法摆脱集体组织而独立生存，因此，在独立的个体家户基础上，形成了基于地缘和血缘联接的，具有自治色彩的村落家族共同体，而由于家族组织本身所具有的内聚力，使得在家户制下形塑出的中国乡村社会呈现出“形散神聚”的形态。与此同时，在村社制传统的形塑下，印度乡村也形成了由种姓制度和宗教这两大核心要素支撑起的，具有严密的社会等级、职业分工、行为规范和统一的集体意识或者社会意识形态的高度自治的印度村社，而由于种姓制度本身所带有的离散化倾向，使得在村社制下形塑出的印度乡村社会呈现出“形聚神散”的形态。虽然，在两种制度传统的形塑下，二者都形成了自治的村落共同体，但这二者有着本质的区别：在家户制传统形塑下的中国传统乡村社会里，家户是其基本组成单元；而在村社制传统形塑下的印度传统乡村社会，村社是基本单元。紧接着分析了由家户制和村社制所形塑出的传统乡村社会中的治理原型。在家户制传统形塑出的中国村落社会中，在独立自治的个体家户基础上，形成了以家户、族长、乡里组织领袖以及士绅等为治理主体，以家户间横向的和纵向的联接机制为治理网络的中国乡村治理原型。而由种姓制度和宗教两大核心要素支撑起的印度村社，形成了以潘查亚特制度为核心的印度乡村治理原型。最后，通过对家户制和村社制传统所形塑出的两种乡村社会和乡村治理原型比较分析后发现，整体来看，中国的传统村落和印度的村社都具有自治性，但中国传统村落的凝聚性要高于印度传统村社。具体从乡村治理的形式与内部结构来看，从村落与国家的关系看，印度村社的自治性要高于中国的传统村落。而从内部的结构来看，印度村社的内部联接机制要强于中国传统村落的内部联接机制，故印度村社内部的阶层固化要强于中国传统村落。从治理的决策层面看，印度乡村治理结构的集权性要低于中国传统村落社会。当然，也正是由于彼此间的这些差异，使得在家户制和村社制传统的变迁过程中，二者的乡村治理转型也呈现出不同的样态。

第五章，断续平衡：制度变迁与乡村治理转型。本章根据历史制度主义的"断续平衡"理论，首先分析了中国家户制传统在制度变迁中的断裂、复兴，以及在这个过程中乡村治理发生的重大转型。通过分析发现，在家户制断裂前，一方面由于家户制自身发展困境所导致的"农业内卷化"或者"过密化"，另一方面，随着外界环境变化带来的冲击，村落家族共同体"外壳"被打破，笼罩在个体家户上的这层"保护膜"逐渐褪去，家户制陷入了闭锁状态而失去了调适的功能。因此，在新观念、新信息输入并被接受的情况下，家户制传统发生了断裂。在家户制断裂的时期，乡村治理也发生了转型，由传统的乡村治理原型转向人民公社体制下的基层党组织"一元化领导"的治理格局。随后到了20世纪70年代末，随着政策的逐渐松动，家户制观念在农户中逐渐复苏，由农户在基层生产实践中创造出的"大包干"在逐渐取得共识后，最终上升为国家意志，从法律层面确立了农村的"家庭承包制"，家户制传统得以复兴。随着家庭承包制在乡村的正式确立，个体家户再次成为乡村社会的基本单元，乡村治理也再次发生转型，由人民公社体制下的基层党组织"一元化领导"的治理格局再次转向由农村基层群众依法管理自己的村民自治制度。由此，使中国乡村治理在继承自治传统的同时具有了现代民主的色彩，夯实了中国基层民主的基础，有效推动了农村社会的发展。随后，本章紧接着分析了印度村社制的变迁以及它的乡村治理形式——潘查亚特制度的转型。在殖民统治时期，随着印度村社制逐渐走向瓦解，农村潘查亚特制度也遭到了破坏。但印度独立之后，潘查亚特制度被列入宪法中，并在1993年的宪法修正案中进一步加以明确和深化，潘查亚特再次成为当下印度乡村治理的主导模式。

第六章，家户制、村社制新异态与乡村治理转型新挑战。本章首先阐释了在新形势下家户制的两个新异态以及由此带来的问题，也即家户的离散及其所导致的农村留守问题，和家户的流动及其所带来的农户的城镇融入问题。接下来，进一步论述了在家户制的新异态下，乡村治理转型所面临的新挑战。通过研究发现，在家户制新异态下，乡村治理的转型面临因家户的离散虚化了乡村治理的基础、家户的流动弱化了乡村治理的联接网络以及村落的过疏化导致乡土公共性的衰落等新挑战。而印度由于在独立后土地改革不彻底，未能实现“耕者有其田”而造成农村贫富分化以及种姓的政治化，使得当下印度乡村治理面临着寡头垄断和政治冲突频发的局面。再加之92宪法后由于体制性的障碍而使得印度乡村治理还面临着邦政府分权不到位，潘查亚特缺乏实权；地方自治缺少财政支持，潘查亚特运转难以为继；潘查亚特的腐败与低效率，使得民众对乡村自治失去信任等新问题。不过印度在农村人口转移进程中的社会保护策略、大力培育和支持农村社会组织的发展以及依托信息技术优势积极推进农村“信息扶贫”等措施具有一定的借鉴价值。

第三部分，结论与政策建议。本章在对家户制、村社制历史变迁与乡村治理转型的历史回顾以及家户制、村社制新异态与乡村治理转型新挑战的现实考量基础上，得出了如下结论：家户制是中国乡村社会的本源型传统，家户制形塑出的独立、完整的个体家户构成乡村治理的基础；在独立、自治和完整的个体家户基础上形成的家户间的联接网络，构成乡村治理的基础性制度，而由这一联接网络构成的村落共同体形成了中国乡村自治的传统；未来乡村治理的现代化转型，应该赋予家户充分的自主权，走一条“有限主导——内源式推动”的转型之路。与此同时，为了能使这些理论性结论在未来可以走向实践，在已得出的结论基础上，进一步提出在未来乡村治理转型的路上应重建独立完整的家户，夯实乡村治理的基础；重塑家户间的联接机制，筑牢乡村治理的基础网络以及以农村社区建设为契机，加强乡村公共性建设等政策建议。

中印两国离得近却又隔得远。改革开放以来，欧风美雨似乎更得国人之心，学者们乐于追捧欧美西洋理论，对印度却不太关心，而对印度农村的情况更是不甚了了，形成了所谓“灯下黑”现象。其实，中国和印度的农村发展及其治理转型通过相互学习能够使彼此获益匪浅，因为双方农村及其治理的现代化转型都是“路漫漫其修远兮”。龙在世间纵横驰骋，而象则在闲庭漫步，双方都需要在相互借鉴中取长补短，以实现国家目标和人民的期望。而对置身于国家治理现代化背景下的乡村治理转型进行探讨，是一项创新性与挑战性并存的研究工作。从历史的视角出发，将乡村治理转型进一步聚焦到家户制变迁的背景下来探讨，并引入印度村社制作为参照，来进一步凸显家户制对中国乡村治理转型的影响与推动，无疑成为本书的研究特色和创新意图，但这种历史的、抽象的、概括性的比较也给本研究增加了难度，带来了挑战。因此，笔者试图用粗略的笔触勾画出我的主要发现，从而为读者提供一份我们探索领域的简单地图。正如摩尔在其著作《民主和专制的社会起源》的序言中所说的那样，有效的概括，犹如一幅飞行员用以穿越大陆的大比例地形图，对于某些目的来说是不可或缺的，正如更精确的地图之于其他目的必不可少一样。当然，探索者并没有被指派给以后的旅游队修筑一条平坦的直达公路。假使他担任向导，只要不致徒劳无益地走回头路，避免头一次探险时所犯下的种种错误，有礼貌地带领队伍绕过可怕的荆棘，在引导队伍小心翼翼地行进时指出危险的陷阱，那么，就可以认为他已经适当地履行了自己的职责。假如他不慎失足跌入陷阱，那么同伴们不应只是对此报以笑声，而是要伸出救援之手帮他继续上路。

目　　录

第一章

绪　　论

“乡下人！一个奇特的古词。渔夫、猎人、农夫、牧人，人们现在还能真正理解这些词的含义吗？人们对这个化石般存在物的生活思考过片刻吗？他在古代史的书籍中被如此经常地谈论，人们称之为‘农民’”。(G. 塔德：《未来史片段，1896年》)[①] 中国是一个古老的农业国家，数千年来，勤劳而聪慧的农民，开垦了黄河流域无数丰饶的河谷和冲击平原，发展出稳定的农耕文明，并将发展的步伐推衍到“率土之滨”。可以说，我们的历史所以造成了数千年连绵不断的发展过程，我们的民族所以孕育了独特的中华文明，我们的社会所以在将近1000万平方公里的土地上形成了一个拥有十几亿人口的超大型实体，所有这一切都是在传统农业的基础上由农民的劳动奠定的。他们在孕育中华文明的同时，也始终遵守着田野的永恒秩序，哺育着恬静美满、安全永恒的田园牧歌式梦幻。近代以来，伴随蒸汽机的发明而诞生的城市工业和现代文明逐渐向整个社会蔓延，传统乡村社会这一平衡首先在欧洲被打破。“蒸汽机在很大程度上是将它的逻辑强加给工业的，并继而将这一逻辑强加于整个社会”。[②] 故此，早在半个世纪前，法国著名农村社会学家H. 孟德拉斯就提出了这样的命题：“一二十亿农民站在工业文明的入口处：这就是在20世纪下半叶当今世界向社会科学提出的主要问题。”[③] 随后，他在以法国农村现代化道路为背景，对欧洲乡村社会第二次世界大战以后的变迁过程进行研究后，得出农民将会“终结”的预测；20年后，他的预言在以欧洲大陆为主的西方世

---

① ［法］H. 蒙德拉斯：《农民的终结》，李培林译，社会科学文献出版社1991年版，第1页。

② 贝尔，1956年。

③ ［法］H. 蒙德拉斯：《农民的终结》，李培林译，社会科学文献出版社1991年版，第3页。

界陆续得到证实。

中国自20世纪初以来，也逐渐被卷入席卷全球的工业化和现代化浪潮中，特别是改革开放后，中国步入了城市化和工业化的快车道。在此背景下，中国传统乡村社会也经历了并将继续经历着翻天覆地的变化。首先，自20世纪80年代初以来，中国也踏上了“人类最后的大迁徙”① 之路。据统计，截至2013年，中国城镇中农业转移人口已达2.4亿人，占城镇人口的1/3左右。② 由此，开放、流动成为乡村社会的新常态。其次，在城镇化进程中，传统村落逐渐走向衰败，乡村中国正在以史无前例的速度朝着城市中国进发。中国文联副主席、国务院参事冯骥才近日透露，根据相关部门最新的统计数字显示，我国的自然村十年前有360万个，现在则只剩270万个，平均每天消失的自然村大概有80个到100个。③ 以至于国内著名社会学家李培林在他的著作中这样来描述“村落的终结”：“它们悄悄地逝去，没有挽歌、没有诔文、没有祭礼，甚至没有告别和送别，有的只是在它们的废墟上新建的文明的奠基、落成仪式和伴随的欢呼。”④ 最后，伴随着人口流动和共同生产生活基础的消失，荒芜了村落传统产生和存在的乐土，使得村落“小传统”前所未有地面临着城市“大传统”的激烈冲击和挑战，传统与现代、乡村与城市、农业与工业，多元文化撞击下的乡村社会秩序已经或正在发生着巨大的变化。面对这样的现状，当我们还无暇去想象“没有农民的中国将会是什么样”，也来不及去回味传统村落数千年的古老文明，更顾不上去为“村落的终结”而感伤之时，却不得不去正视当下摆在我们眼前的一道现实难题，即面对传统乡村经济、社会等全方位的变化，作为农村上层建筑的乡村治理该如何实现转型，以适应农村社会的这种变化，并进而更好地推动乡村社会朝着美好的方向全面发展？这恐怕是目前摆在政府和实践工作者面前的实践难题以及人文社科领域理论工作者眼前的理论课题。

---

① ［加拿大］道格·桑德斯：《落脚城市——最后的人类大迁徙与我们的未来》，陈信宏译，上海译文出版社2012年版，第1页。

② 潘家华、魏后凯：《中国城市发展报告No.6——农业转移人口的市民化》，社会科学文献出版社2013年版，第9—16页。

③ 新华网：中国每天消失百个自然村传统村落急需保护，2013-01-14，http://news.xinhuanet.com/local/2013-01/14/c_124229289.htm。

④ 李培林：《村落的终结：羊城村的故事》，商务印书馆2010年版，第1页。

一 问题提出

2013 年 11 月 12 日，中国共产党十八届三中全会通过了《中共中央关于全面深化改革若干重大问题的决定》（以下简称《决定》），《决定》指出，“全面深化改革的总目标是完善和发展中国特色社会主义制度，推进国家治理体系和治理能力现代化”。这一决定的提出，是对我们党执政理念和治国学说的新发展，其中“推进国家治理体系和治理能力现代化”这一新提法，不仅标志着在实践中被广泛应用和在书斋中被深入研究的治理理论，开始作为推动当代中国政治、经济、社会、文化以及生态等“五大文明”发展的有效方略，步入国家治理的正式范畴；同时，也意味着党在执政六十多年特别是改革开放三十多年的实践总结和升华基础上，为进入新阶段的社会主义现代化转型提出了新的目标和新的历史任务。任何国家治理都是基于本土的历史文化资源及其地方实践上的治理。换言之，也即一切治理都是“地方性”的实践——民族的、地域的或是地方的，从这个意义上说，地方性是治理的本质，治理面对的是地方性的事实。在中国的现实语境下，农村作为改革转型以及治理创新的重要地方场域，乡村治理作为国家治理的地方实践和整个治理体系的“末梢神经”，农村基层治理的现代化转型对有效推进国家治理体系和治理能力的现代化起着基础性作用，国家治理体系和治理能力的有效程度要通过农村基层治理的绩效反映出来。习近平总书记在中央全面深化改革领导小组第七次会议上指出，“30 多年的改革历程，正因为顶层设计呼应了基层群众的意愿，对接了基层的探索，在‘顶层’与‘基层’的良性互动中，改革才不断取得突破，蹄疾步稳地向前推进。”因此，当前我们在全力以赴推进“国家治理体系和治理能力现代化”这一党的最高决策时，一方面要从宏观上整体把握，加强顶层设计；另一方面，更需要从基层着手，加强基层乡村治理现代化转型的实践探索，从而推动顶层设计和基层探索的良性互动与有机结合。那么，置身于国家治理现代化进程中的乡村治理现代化转型究竟该往何处去？

欲知往何处去，须明从何处来。印度著名学者阿玛蒂亚·森在其著作《以自由看待发展》的中译本序言中写到“中国必须在建设其未来的同时不背弃过去”，并引用中国经典文论《诗品》中的名句：“结合故旧，产生新颖”。[1]“在探索现代社会发展道路的过程中，注重传统的‘延续性’与注重超越传统的‘创新性’同样重要。那些能够对现代社会产生长远影响的本源型传统，构成现代社会发展的基础性制度，是现代社会的历史起点和给定条件。”[2]徐勇教授进一步从方法论意义上将其概括为“起点决定路径，原型规制转型”。中国是有着悠久农业文明传统的东方大国，在漫长的历史进程中，积累了丰富的农村基层治理经验，形成了许多具有“中国特性”的制度传统。这些经过长期社会历史形成并积淀的制度因子犹如人体的基因一般生长在中华文化中，构成了我国农村基层制度体系中的本源型制度传统。“国家并不受困于自己的过去，但在许多情况下，数百年乃至数千年前发生的事，仍对政治的性质发挥着重大影响。”[3]虽然这些本源型制度传统对现代农村社会的发展并不起决定性作用，但依然会对现代农村社会产生深远影响，它构成了现代农村社会制度基础的“底色”以及制度创新的“源头活水”，规制着农村基层制度变迁的路径以及制度转型的方向。对此，美国著名学者巴林顿·摩尔在探究纷乱迷繁、气象万千的全球性现代化进程中为什么会形成三种不同类型的历史路径时有着精辟的论述：“他发现，在两大文明形态起承转合的历史关键节点上，分崩离析的传统社会所遗留下来的大量阶级因子，会对未来历史的造型产生强烈影响。”[4]他进而从封建贵族、农民和上层资产阶级之间的不同组合梳理出三条主要的政治发展脉络，即以英、美、法为代表的西方民主道路，以德、日、意为代表的法西斯主义道路，以及以俄国和中国为代表的社会主义道路。

因此，当我们在探索乡村治理现代化转型的实践中苦于找寻不到出路时，除了往前看与向外看，以学习和借鉴人类文明的一切优秀成果为我所用之外，更要敏于逆向思维，往回看，去探寻和挖掘那些生长在中国历史传统中，能够规制乡村治理制度变迁路径以及支配未来乡村治理现代化转

---

① ［印］阿玛蒂亚·森：《以自由看待发展》，任赜、于真译，中国人民大学出版社 2012 年版，第 20 页。

② 徐勇：《中国家户制传统与农村发展道路——以俄国、印度的村社传统为参照》，《中国社会科学》2013 年第 8 期。

③ ［美］弗朗西斯·福山：《政治秩序的起源——从前人类时代到法国大革命》，毛俊杰译，广西师范大学出版社 2012 年版，第 2 页。

④ ［美］巴林顿·摩尔：《民主和专制的社会起源——现代世界诞生时的贵族与农民》，拓夫、张东东译，华夏出版社 1987 年版，第 2 页。

型方向的本源型制度传统，并赋予其与之相适应的社会条件，使其继续产生影响，从而使乡村治理转型能够步入“链式”发展轨道，并真正建立起具有“中国特性”和“中国气派”的乡村治理制度。习近平总书记在中共中央政治局就我国历史上的国家治理进行第十八次集体学习时说，“治理国家和社会，今天遇到的很多事情都可以在历史上找到影子，历史上发生过的很多事情也都可以作为今天的镜鉴。中国的今天是从中国的昨天和前天发展而来的。要治理好今天的中国，需要对我国历史和传统文化有深入了解，也需要对我国古代治国理政的探索和智慧进行积极总结。”其实，治理乡村也是同样的道理，对绵延5000多年的传统村落文明及其治理制度，我们应该多一份尊重，多一份思考。对历史的成功经验，我们要本着择其善者而从之、其不善者而去之的科学态度。当然，在乡村治理正处于现代化转型的十字路口，我们强调不能无视传统，并不是要简单地回归传统，当然也不可能回归传统。合理的选择是，面向现代，背靠传统；尊重传统，走向现代。①

既然在乡村治理现代化转型的过程中，我们需要往回看，背靠传统，去探寻和挖掘那些能够对当下乡村治理产生长远影响的本源型传统和基础性制度，那么，在中国的历史传统中，哪些制度因子会对当下乡村治理产生影响？它又会如何规制未来乡村治理的现代化转型？由此，便形成了本书的问题意识：

1. 什么是中国乡村治理中的本源型传统及由此形成的基础性制度？
2. 这些本源型制度传统是如何规制中国乡村治理制度变迁路径的？
3. 当前我们应该赋予农村哪些社会条件，使这些本源型制度传统能够继续影响未来乡村治理的现代化转型？

二　研究意义

乡村治理作为国家治理的基础，其成效和发展走向如何将直接关系到中国的现代化进程和政治稳定，而关于乡村治理的研究也一直是学界的重要课题之一。当前，中国农村在国家大力推进治理现代化以及新型城镇化的战略背景下，正面临着深刻变革，而作为农村上层建筑的乡村治理也面

① 徐勇：《中国家户制传统与农村发展道路——以俄国、印度的村社传统为参照》，《中国社会科学》2013年第8期。

临着新压力、新挑战。因此，在国家战略背景和农村新的现实情景下，开展本选题的研究，无疑具有重大理论意义和时代价值。

第一，开展本选题的研究，有助于推进“国家治理体系和治理能力的现代化”。党的十八届三中全会通过的《中共中央关于全面深化改革若干重大问题的决定》中提出了“推进国家治理体系和治理能力现代化”这一宏伟的战略目标，紧接着《决定》又指出：“到2020年，在重要领域和关键环节改革上取得决定性成果，完成本决定提出的改革任务，形成系统完备、科学规范、运行有效的制度体系，使各方面制度更加成熟、更加定型”，这就为“推进国家治理体系和治理能力现代化”这一目标设定了时间表。乡村是国家的细胞，乡村治理是国家治理的基础，因此，要想在如此短的时间内实现国家治理转型这一目标，作为国家治理基础的乡村治理现代化转型尤为关键。在我们这样一个农村人口占多数的国家，乡村治理不只是农村内部的自我管理和发展问题，更关系到党在农村的执政基础、中国特色社会主义民主政治的发展、国家治理体系和治理能力的现代化建设，把全国59万个村庄治理好了，实现国家治理体系和治理能力现代化就有了坚实基础。因此，开展本选题的研究，是加快推进“国家治理体系和治理能力现代化”的现实需求。

第二，开展本选题的研究，有助于推进“新型城镇化”建设，真正实现“人的城镇化”。诺贝尔经济学奖获得者约瑟夫·斯蒂格利茨（Joseph E. Stiglitz）早在1999年就指出，21世纪影响人类进程的两件大事：以美国为首的新技术革命和中国的城镇化。我国自改革开放以后，开始进入城镇化、工业化转型的“快车道”。经过三十多年的发展，城镇化率已经从改革开放初期的17.92%，增长到2013年的53.73%，但如果按“户籍人口”计算，我国的城镇化率仅有35%。换言之，我国的城镇化基本沿袭的是一条粗放型的、不均衡的、不完全的道路，其实质是“土地的城镇化”。因此，2012年党的十八大提出在“四化同步”的基础上坚持走中国特色“新型城镇化”之路，随后李克强总理在2013年“两会”的记者会上阐释“新型城镇化”就是以人为本的城镇化。2014年年初，国家颁布《国家新型城镇化规划（2014—2020年）》，提出了“以人为本、四化同步、优化布局、生态文明、文化传承”的发展理念，对新型城镇化提出了宏观性、战略性、基础性的规划部署。目前，我国城镇化推进的力量主要来自农村而不是来自城市。来自农村的力量主要是通过两种方式来发挥效用的：一股力量是农村劳动力、资本通过跨区域地向城镇流转而推进城镇化；另一股力量则是劳动力和人口、资金，还有土地等资源通过就地转型的方式推进当地城镇化发展，一些村庄实际上已成为城镇的重要组成部分。新型城镇化战略的关键目标是实现城乡一体化发展，而不是仅仅依靠大城市或小城镇；而实现城乡一体化发展目标，需要解决的关键问题就是城乡分治的格局。可以说，将乡村治理纳入城乡一体化范畴，作为其治理体系的重要组成部分去加以发展和完善，是新型城镇化的必然要求。因此，要让新型城镇化的推进与农村发展协调统一起来，需要加快乡村治理现代化转型的实践探索，以跟上新型城镇化的进程，进而推动新型城镇化的建设，真正实现"以人为本"的新型城镇化，也即"人的城镇化"。

第三，开展本选题的研究，有助于推动基层民主，维护基层稳定，促进社会主义农村和谐社会的构建。基层不牢，地动山摇。农村的兴旺治乱是一个国家稳定与否的基石和标志。邓小平曾指出："农村稳定了、发展了，百分之八十的人口生活有比较显著地改善了，中国就稳定了。"江泽民说得更鲜明："没有农村的稳定和全面进步，就不可能有整个社会的稳定和全面进步；没有农民的小康，就不可能有全国人民的小康；没有农业的现代化，就不可能有整个国民经济的现代化。"然而，当前随着我国经济社会的快速发展，特别是城镇化步伐的加快，城乡利益格局深刻调整，农村社会结构深刻变动，农民思想观念深刻变化。这些前所未有的变化为农村经济社会发展带来巨大活力，同时也形成了一些突出矛盾和问题。尤其是在基层农村，西方国家二三百年城镇化过程中出现的社会问题，一股脑地集中出现：从整体层面看，伴随着农村劳动力的大量外流，村庄空心化、老龄化严重；从家庭层面看，由于外流农村劳动力及人口的乡—城摆动式"两栖人"的生活方式，使得大多数农村家庭处于"家庭离散"[①] 状态，留守在农村的"三留守"人群的合法权益保护亟待解决；从个体层面看，疏离村落共同体的"笼罩"、失去"祖荫之下"庇护的农民个体，在获得自由与权利之时，却也出现归属感、安全感缺乏，意义世界破碎、价值迷茫、信仰缺失，进而导致道德下滑以及极端个人主义等一系列问

① 本文使用的"家庭离散"概念，并非指家庭解体，而是指同一家庭的成员由原来共同生活在同一空间中转变为分散生活在不同空间中，虽然他们还是同一个家庭的成员，但却过着一种分离的共同生活。

题。与此同时，当前农村也还出现其他一些新的问题，比如：以农民专业经济合作组织为代表的各类组织活动和诉求明显增多，农村利益主体、社会阶层日趋多元；基础设施不够完善，教育、文化、医疗、社保等社会公共事业发展滞后；治安状况不容乐观，黑恶势力、邪教组织等非法活动抬头；一些地方干群关系紧张，基层民主管理制度不健全，基层党组织软弱涣散，公共服务和社会服务能力比较差。这些都给城镇化进程中的乡村治理带来了一系列新问题、新挑战，具体表现在：首先，在经济发达地区，传统农村社区逐渐向城市化社区过渡，原本以血缘、地域为纽带的相对封闭的传统村居格局逐步被打破，传统的乡村社会由封闭、同质、静止走向开放、异质、流动，以村民自治为核心的传统乡村治理结构需要与高度开放的现代社区建设相适应。其次，在传统农区，大量农民外出，人地分离，导致村治主体的缺失，尤其是村治精英主体的缺失，使得村民自治的效果受到严重影响。再次，农村社会结构发生深刻变化，“农民”的定义变得复杂，既有纯农户、亦工亦农的兼业户，也有长年外出务工经商的打工者、自主创业的企业家。农村流动人口增多和人员结构的复杂，大大增加了农村社会管理的难度。再其次，随着农村公共事业的投入不断增加，事关民生的许多公共服务职能延伸到村级组织，乡村治理内涵和外延逐渐扩大，而原有的村级治理组织难以承接这些任务，治理能力面临新的挑战。最后，农民思想观念发生深刻变化，要求平等参与发展进程、共享发展成果的意愿也不断增强，希望更多参与乡村公共事务管理与决策的要求日趋强烈。面对发展中的新情况、新任务、新挑战，需要加快乡村治理的理论研究和实践探索，从而有效推动基层民主，维护基层稳定，促进社会主义农村和谐社会的构建。

第四，开展本选题的研究，有助于挖掘传统理论资源，拓宽理论研究视野，丰富有关农村研究的理论体系。自20世纪80年代以来，中国农村研究逐渐成为显学，而乡村治理研究作为农村研究重要组成部分，吸引了国内外包括政治学、社会学、管理学等诸多学科优秀学者的关注，并产生了大量的学术研究成果，促成了乡村治理研究的繁荣。从知识生产的角度来看，关于乡村治理理论的“生产”大致有如下渠道：首先，从国外引进理论。中国曾经遗忘过世界，但世界却并未因此而遗忘中国。[①] 这是刘

① ［美］李丹：《理解农民中国——社会科学哲学的案例研究》，张胜波、张洪云等译，凤凰出版传媒集团、江苏人民出版社2009年版，第1页。

东教授在为“海外中国研究丛书”写的序言中发出的感慨。20 世纪 60 年代以后，就在中国越来越闭锁的同时，世界各国对中国的研究特别是对中国农村的研究却得到了越来越富于成果的发展。因此，当我们再次打开中国门户时，不得不面临如此窘境：我们在放眼看世界的同时，还必须借助海外学者的眼光，来重新认识中国。故在中国乡村治理研究中，有许多是从国外引进理论来解释中国乡村治理研究及指导乡村治理的实践。其次，从田野生产理论。在国家的强势话语以及国家重新对“三农”问题重视的背景下，部分优秀的政治学者开始将研究重心从殿堂转向田野，不畏艰辛地踏上了一条“上山下乡”之路。他们心忧天下、情系百姓，带着问题走向田野，并从田野中“生产”出理论，进而指导乡村治理实践，解决乡村治理中出现的现实问题。当然，还有许多学者从中国传统经验、传统文化、传统实践中提炼出理论。本书也试图从不同的视角出发，回归历史传统，从历史经验中挖掘关于乡村治理理论和实践的“宝藏”，这无疑拓宽了乡村治理的理论视野，丰富了有关农村研究的理论体系。

三　研究现状及思考

中国是一个古老的农业文明大国，也是世界上农民最多的国家，因此，从古至今，无论是为政者还是为学者，农业、农村和农民问题，一直都是他们关注的焦点。明代杰出的科学家徐光启在其集农业大成撰《农政全书》时开宗明义第一篇就云：“古之圣人，畴不重农政哉？垂于诗书者，彰彰也。”又说：“〈管子〉曰：‘不知四时，乃失治国之基；不知五谷之故，国家乃路’。”① 自 20 世纪初期以来，随着宏观社会整体的变迁和转型，中国传统乡村社会也经历着深刻的变革，因而，对中国乡村社会和农民的研究更是成为中外为学者和为政者们关注的主要课题之一，而对乡村治理的研究在农村研究中尤为引人注目。在诸多大家和学者们的辛勤耕耘下，关于乡村治理的研究逐渐成为显学，来自各相关领域的深入且卓有成效的研究，不仅带来充满希望的学术成果，而且极有力地推动了农村的有序健康发展。对这些已有的研究成果进行综述，如入宝库，如数家珍，前驱者的成果是我们进行研究的基础和起点。下面本书将从纵向和横

① 陶学荣：《走向乡村善治——乡村治理中的博弈分析》，中国社会科学出版社 2011 年版，第 1 页。

向两个维度对乡村治理相关文献进行梳理和分析，并提出笔者进一步的思考。

（一）研究历程

1. 研究的发端（20 世纪 20 年代—70 年代）

虽然中国有着悠久的农耕传统，农村问题也一直是为政者与为学者关注的重点，然而关于农村和农民问题的研究专著却极为少见。直到 20 世纪上半叶，由于当时的中国处于地方割据、军阀混战以及沦为半殖民地半封建社会的状态，自晚清以来的农村衰败依然持续并不断恶化。因此，“农村破产即国家破产，农村复兴即民族复兴”[①] 成为当时有识之士们的共识，并掀起了以“乡村建设运动”为标志的中国农村和农民问题研究的高潮，与此相应，也涌现出了一批关于农村问题和乡村治理研究的学术成果。在这次研究高潮中，出现了三大学派：实践派、学院派和海外派。其中，实践派出于改造乡村、再造民族的良好愿景发起了乡村建设运动，主张用实际行动来推动乡村的建设和发展，但由于采用的手段不同，又出现了两种不同的路径：以毛泽东为代表的中国共产党人从土地改革入手，采用革命的手段来彻底改造农村（毛泽东，1927）；而以梁漱溟、晏阳初为代表的实践派试图通过体制内的改良来解救中国，他们认为中国的出路不是制度革命而是文化改良，解决乡村问题的出路是以复兴中华文明为主旨的乡村建设（梁漱溟 1928；晏阳初，1926）。学院派是随着人类学在中国的兴起而出现的，其代表人物有费孝通、林耀华和李景汉等人。该学派注重田野调查，并从田野调查中生产出指导实践的理论。尤其是费孝通先生在田野调查基础上撰写的《江村经济》《生育制度》和《乡土中国》以及林耀华的《金翼》等经典著作享誉世界，书中提出的差序格局与团体格局、礼治秩序、双轨政治、横暴权力与同意权力等一系列新概念，为后来乡村治理研究提供了基础性的学术资源。与此同时，海外的一些学者和研究机构也对中国的乡村开展了研究。如卜凯自 1920 年至 1925 年花了整整五年的时间，对中国 7 省 17 个县的农村进行了长期田野调查，并出版了《中国农家经济》（1937）；丹尼尔·库尔普（Danil Hkulp）对广东汕头凤凰村的家族进行了调查，撰写了《华南的乡村生活：家族主义的社会学》（1925）。到了 50—70 年代，国外学者对中国农村和农民问题的研究

① 李宗黄：《考察江宁邹平青岛定县纪实》，作者书社 1935 年版，第 1 页。

已经取得了一定的进展。其中影响较大的有旅美华人杨庆堃根据自己20世纪50年代初在广州郊区鹭江村的调查写成的《共产主义过渡初期的一个中国农村》（1959）；威廉·韩丁根据自己1948年作为土地改革工作队观察员参加山西潞城县张庄土改运动时的深入调查研究，出版了《翻身：中国一个村庄的革命纪实》（1966）。这些研究基本上都是采用田野调查的方法，通过对个案村庄的深度调查，从而提炼出对中国社会生活现象的描述和乡村社会特质的初步认识。

2. 研究的初步拓展（20世纪80年代—90年代）

自20世纪80年代以来，农村的改革使得农村的面貌发生了翻天覆地的变化，从包产到户，到乡镇企业，再到村民自治，新事物新现象层出不穷，由此形成了乡村治理研究的第二次高潮。而这一时期学术研究的兴趣点也在根据农村新事物的不断变化而变化，从80年代中后期围绕家庭联产承包责任制进行的农村经济研究，围绕乡镇企业和人口流动及其所引起的社会变革而进行的农村社会研究，直到90年代开始围绕村民自治兴起的农村政治体制研究。其中比较有代表性的有：老一辈学者辛秋水主编出版的《中国村民自治》等著作。同时，华中师范大学著名学者张厚安教授提出了“三个面向，理论务农”的口号，创立华中师范大学中国农村问题研究中心，培养了一大批农村问题研究的优秀学者，撰写了大量的调查报告及学术论文，其中最有影响力的著作包括《中国农村基层政权》《中国农村村级治理——22个村的调查与比较》等。而华中师范大学的长江学者徐勇教授对村民自治这一具有“草根性”和中国特色的基层民主制度的研究路径、研究方法、发展前景等进行了系统而深入的研究，其著作《中国农村村民自治》《非均衡的中国政治：城市与乡村比较》《中国农村与农民问题的前沿研究》等将乡村治理研究带入了一个新的境界。此外，在这一时期还有许多著名学者撰写了数量丰硕的著作，对村民自治的产生背景、运行环境、建设主体以及实施绩效等进行了不同程度的研究。

3. 研究的深化与转型（21世纪至今）

20世纪末到21世纪初，随着研究的逐步深入，学者们逐渐意识到以“村民自治”为核心和以单个村庄为基础的“村治研究”无论在主题还是在方法论上都受到诸多限制，这促使研究者们从单个的“村庄”走出，扩展至“乡村”，并将对“自治”问题的关注转向更为宽泛和切实可行的“治理”问题上。由此，以“村治”为核心话语的研究逐步转向以“乡村治理”为主导话语的研究，并将乡村治理的机制、乡镇改革、乡村治理的结构、宗族势力、乡村治理模式、乡村治理绩效及其转型、乡村冲突等纳入研究视野，与此同时，也取得了颇为丰硕的成果。由于学者们的学科背景、关注重点、研究视野等的不同，逐渐形成了具有鲜明特色的不同学派。其中，北京聚集了以陆学艺、陈锡文、韩俊、温铁军、党国英、于建嵘等为代表的一大批具有不同学科背景的研究者，形成了视野较为宽泛的“京派”主力。与此同时，一些地方也聚集了许多知名的农村问题研究专家，并渐渐形成了特色明显的“派别”。其中有以徐勇、项继权为代表的关注乡村治理与政制变迁的“华中学派”；有以肖唐镖等为代表的关注村民自治与宗族等传统权威的“江西学派”；有以高秉雄、李金红、王培刚等为代表的从国际视野出发进行中外乡村治理比较（包括中法比较、中韩比较等）的“比较学派”；有以李昌平、张晓冰、马银录等有着地方官员经历的人士为代表的关注现行体制与农民负担的“官员学派”；还有自20世纪80年代始获准进入中国农村进行田野调查，以李连江、欧博文、白思鼎、戴慕珍、杜赞奇、柯丹青、郑永年、何包钢等为代表的关注中国农村基层民主与治理等问题的“海外学派”。近年来，随着农村社会转型的深化以及城镇化的逐步推进又为乡村治理带来新的挑战，如农民流动、土地流转、乡村共同体边界的变动等问题与乡村治理成为学者们研究的新主题。

纵观乡村治理的研究历程以及国内外学者们关于乡村治理的研究成果，具有不同学科背景的学者们对乡村治理问题进行着各自的表述和解读，使得乡村治理研究逐渐从单一视角分析转向多学科、多角度、多方法的交叉综合研究，其研究路径也从早期的“乡土”走向殿堂并重新回归田野，研究主题从“国家主位”下政治话语较浓的村民自治研究转向“学术主位”下多重话语并存、更具开放性和包容性的乡村治理研究，而田野调查也成为乡村治理研究的主要方法。总之，中国的乡村治理研究已经进入多学科、多领域交叉的阶段，目前多以田野调查为最主要研究方法的现状将使具有“田野的灵感、野性的思维、直白的文风”① 等特征的学术作品成为常态。未来，比较分析和实验分析将以强大的生命力成为乡村

① 1998年，徐勇教授等一批学者在庐山召开“村治研究与实验”研讨会，并达成了“庐山共识”，其内容包括：田野的灵感、野性的思维、直白的文风、平和的心态、深刻的片面、分步的策略。

治理研究的新趋势，多学科、多方法的进入将使乡村治理研究变得更加立体而丰满。

(二) 研究综述

上述根据历史的演进从纵向维度对乡村治理研究进行了历时性梳理。在浩瀚的乡村治理研究成果中，由于其研究视角、研究范式以及研究单位的不同呈现出了不同的研究特色，因此，也可以从横向维度根据不同的研究特色进行共时性分析。下面本文将从研究视角、研究范式以及研究单位三个方面对已有文献进行共时性分析。

1. 研究视角

从已有研究文献来看，虽然其研究视角纷繁复杂，但归纳起来大致有两种视角：

(1) 国家与社会视角①。国家与社会视角（分析框架）最早是经邓正来先生等人引入中国，随即成为政治学等学科的研究视角（分析框架），其在乡村治理与中国农村政治研究中的应用大致有国家建构论、国家与社会互动论以及社会独立论三种模式，其中国家建构论占据主导视角。国家建构论是将国家置于主导地位，乡村社会是建构客体，采取一种自上而下的路径，并形成了强国家—弱社会的格局。其代表人物包括：以杜赞奇为代表的国家渗透论，他认为20世纪40年代国民党政府在国家建设过程中，国家权力不断下沉，向农村社会渗透，但权力的下沉并没有带来预期的效果，反而出现了“政权内卷化”的问题，并进一步分析了内卷化的原因。他认为主要是因为“权力的文化网络”是国家统治乡村社会的基础，也是乡村治理的基础，在权力文化没有改变的情况下，国家权力下沉和改变乡村政治结构势必会失败。② 以萧凤霞为代表的国家控制论，她认为，在传统乡村社会，“天高皇帝远”“皇权难下县”，因此，乡村具有较大的政治自主性，但近代以来随着国家政权的逐步下沉以及对乡村精英的拉拢与培植，乡村变成了国家控制的政治单位，从而导致村庄国家化。③以徐勇教授为代表的国家建构论。徐勇教授在其早期的研究中，运用吉登

① 邓大才：《小农政治：社会化小农与乡村治理——小农社会化对乡村治理的冲击与治理转型》，中国社会科学出版社2013年版，第15—18页。

② 杜赞奇：《文化、权力与国家：1900—1942年的华北农村》，江苏人民出版社2004年版。

③ 萧凤霞：《华南的代理人与受害者》，转自郭正林《中国农村政治研究的理论视野》，载徐勇、徐增阳主编《乡土民主的成长》，华中师范大学出版社2007年版，第525页。

斯的“现代民族国家概念”具体探讨了中国民族国家的建构路径，从“政权下乡”“政党下乡”“政策下乡”“行政下乡”“法律下乡”等方面探讨国家如何将自己的触角延伸到村庄的每一个角落。在此基础上，他进一步意识到，现代国家建构是一个双向互动的过程，国家在建构乡村社会的同时，乡村社会、农民也在建构着现代国家。随后由他指导的博士论文《村民自治的生长：国家建构与社会发育》就从国家与社会互构的视角来探讨村民自治的生长。① 国家与社会互动论主要采取自上而下与自下而上相结合的研究路径，但从程度上来看，其更偏重于自下而上的路径。比较典型的有肖邦奇的《中国精英与政治变迁——20 世纪早期的浙江省》以及黄宗智先生的“第三领域”②。持社会独立论观点的主要是从事历史学或者历史社会学研究的学者，他们认为社会可以独立于国家，比如王铭铭就认为，“在社会变迁过程中，民间社会力量的角色远比‘计划社会变迁’的角色重要”③，秦晖、赵世瑜等从“大传统”与“小传统”出发研究乡村社会的独立性问题。

（2）个人与社会视角。该视角主要从微观个体与宏观社会的互动来探究乡村治理，其最主要的代表人物就是华中师范大学邓大才教授的“社会化小农”视角（分析框架）。对于小农经济的发展前途，马克思和亚当·斯密均有过基本判断，那就是小农一旦与市场接触就会出现专业化和社会分工，走向社会化大生产。然而，对于中国的小农来说，当其与高水平的市场化和社会化结合后，虽然改变了乡村社会，但其自身依然是小农，由此，徐勇教授将其定义为“社会化小农”④。随后，邓大才教授运用社会化小农分析框架，对乡村治理的转型进行了深入的分析。他在其著作《小农政治：社会化小农与乡村治理——小农社会化对乡村治理的冲击与治理转型》⑤ 中认为，乡村治理主要依赖经济、社会和政治三大子系

---

① 黄辉祥：《村民自治的生长：国家建构与社会发育》，博士学位论文，华中师范大学，2007 年。

② ［美］黄宗智：《中国的“公共领域”与“市民社会”》，载黄宗智《经验与理论：中国社会、经济与法律的实践历史研究》，中国人民大学出版社 2007 年版，第 160 页。

③ 王铭铭：《村落视野中的文化与权力》，生活·读书·新知三联书店 1997 年版，第 63 页。

④ 徐勇：《“再识农户”与社会化小农》，《华中师范大学学报》2006 年第 3 期。

⑤ 邓大才：《小农政治：社会化小农与乡村治理——小农社会化对乡村治理的冲击与治理转型》，中国社会科学出版社 2013 年版，第 312—315 页。

统，其中，政治子系统建立在经济和社会子系统之上，具有一种内在自治机制，传统的“自给自足自闭”状态决定“自治机制”，而“自治机制”决定了传统的“村社自治”。然而，由于社会化小农改变了乡村治理的经济和社会机制，从而给传统乡村治理模式带来冲击，所以，传统乡村治理模式必须进行现代化转型。他通过研究进一步发现，决定乡村治理模式转型的众多因素可以归于自主性、强制性、社会性和意识形态四个变量，随着小农社会化程度的提高，其自主性、社会化还会进一步提高，意识形态则会持续降低或维持不变，但国家或者村庄施加给小农的强制性还会继续降低，由此形成高自主性、高社会化、低强制性和低意识形态的状态。因此，未来中国乡村治理将从社会化治理逐步转向公民社会的治理。

2. 研究范式

研究范式在一定程度上反映了研究者对所选定问题的研究路径和研究策略。综述起来看，目前关于乡村治理的研究主要有两种范式：

（1）结构——制度范式。该范式以注重静态的制度分析为特色，重点通过对村民自治等政治制度及与其相应的制度结构的分析来解读和解决乡村治理问题。根据其秉持的研究路径，又可以分为传统制度主义、理性选择制度主义以及社会学制度主义形态。比如徐勇教授的《中国农村村民自治》[①] 等著作就是运用传统制度主义范式来研究乡村治理问题，胡荣的《理性行动者的行动抉择与村民委员会选举制度的实施》[②] 等则是试图运用理性制度主义范式来研究乡村治理的代表作品。

（2）过程——事件范式。该范式主要受行为主义的影响，注重从动态角度出发，关注事件的过程，特别是那些有开头、有结尾、有情节的事件的过程。运用这一范式来研究农村问题及乡村治理的主要代表人物是孙立平，他在做口述史研究时提出了过程——事件分析范式，并运用该范式对乡镇干部通过正式权力非正式运作的方式完成粮食征购任务的分析，发现导致此种现象出现的主要原因在于：根植于地方性文化基础之上的非正式因素。由此较好地解释了乡村治理中基层政权是如何对农村进行控制以及

① 徐勇：《中国农村村民自治》，华中师范大学出版社 1997 年版。

② 胡荣：《理性行动者的行动抉择与村民委员会选举制度的实施》，《社会学研究》2002 年第 2 期。

国家意志是如何在农村得到贯彻的①。另外，仝志辉在考察陕西毛村、江西溪村等地的村委会选举过程中也采用此范式。

3. 研究单位②

对于农村和乡村治理问题的研究单位，随着研究者逐渐在该领域积累起的丰富理论资源和实践经验，也在不断发生着变化，概括起来主要有以下几种取向：

（1）村庄取向。以费孝通先生为代表的早期从事农村问题研究的学者，主要以单个村庄作为最基本和最常用的研究单位，通过对单个村庄的深入研究，进而提炼出传统中国农村社会的结构、性质及内在逻辑，其在本土语境下提出的“差序格局”“团体格局”“同意权力”“双轨政治”等核心概念，为后来的乡村治理研究奠定了坚实基础。然而，以村庄作为基本研究单位这一方法论取向也饱受后来学者们的质疑。他们提出疑问：中国那么大，乡村类型那么复杂，单个的村庄研究能够代表整个中国农村吗？于是，究竟选择怎样的单位来研究乡村社会及其治理问题成为学者们思考的问题，也始终存在诸多争议。关于这一争议，在学者中逐渐形成两种取向：一是走进村庄，在更小的框架内研究；二是超越村庄，在更大的系统内研究乡村。

（2）基层市场共同体取向。针对上述的争议，以施坚雅为代表的学者超越村庄，提出集市系统研究单位。乔启明（1934）早在美国康奈尔大学接受农村社会学训练时就意识到了市场体系的意义；林耀华（2000）在其著作《金翼》中也已注意到家族的发展与集市的关系；杨懋春（2001）则更是在其《一个中国的村庄：山东台头》中生动描述了村庄与市场的联系。而对基层市场体系研究更为全面深入的当属施坚雅，他在其著作《中国农村的市场与社会结构》的序言中指出：“这里根据中国情况描述的这种市场结构看来具有被称之为‘农民’社会或‘传统农耕’社会的全部文明特征，”“在这类重要的复杂社会中，市场结构必然会形成地方性的社会组织，并为使大量农民社区结合成单一的社会体系，即为完

① 孙立平：《现代化与社会转型》，北京大学出版社2005年版，第356页。

② 此处关于研究单位的文献综述参考了邓大才和狄金华两位学者的观点。邓大才：《如何超越村庄：研究单位的扩展与反思》，《中国农村观察》2010年第3期；狄金华：《中国农村田野研究单位的选择——兼论中国农村研究的分析范式》，《中国农村观察》2009年第6期。

整的社会提供一种重要模式”。[①] 由此，他提出只有“基层集镇”才能完整体现中国传统乡村的“文明特征”，并且他认为，“由于中国社会所具有的异乎寻常的长期性和稳定性允许很多地区的市场体系在现代化开始之前达到充分成熟”[②]，因此，“基层集镇”体系有理由成为研究中国社会的人类学家的基本研究单位。另外，中国台湾地区学者刘石吉（1987）、庆英章（2000）以及大陆地区学者邹农俭（1989）、李正华（1998）等学者也以乡村集市（镇）为单位，对农村经济社会以及治理问题进行了深入研究。

（3）传统农村社会网络取向。在乡村集镇（市）作为超越村庄研究单位的一种选择之时，在继承和批判的基础上还出现了以杜赞奇为代表的“权力的文化网络”[③] 取向和以莫里斯·弗里德曼为代表的“宗族模式”[④] 取向。杜赞奇认为，村庄与市场并不是解释乡村社会的最好单位，因为婚姻圈、水利圈、庙会、社会组织等很多东西的边界并不与市场体系相吻合。“市场并不是决定乡村大众交易活动的唯一因素”，它只是作为一种连接市场体系和村民的纽带决定着乡村的经济交往，而只有权力的文化网络，才具有更好的包容性和解释力，才是乡村研究的最合适单位。与此同时，人类学家弗里德曼在质疑费孝通村庄类型学的基础上提出了“宗族模式”，他认为中国传统社会最显著的特征就是宗族，特别是在中国南方地区，宗族是社会的最基础单位，因此，应该将“宗族模式”作为研究中国传统乡村社会的基本单位，进而通过宗族视角来研究宗族与村庄、宗族与社会以及宗族与国家间的关系。

（4）村庄集合取向。为了避免单个村庄的局限性，在超越单个村庄研究单位时，学者们最先想到的就是通过扩大村庄的数量，来增加村庄选取的代表性。概括起来主要有两种类型、三种方式：“分次扩大异质性村庄数量”和“同次扩大同质性村庄数量”进行归纳研究、“同次扩大异质

---

① ［美］施坚雅：《中国农村的市场和社会结构》，史建云、徐秀丽译，中国社会科学出版社 1998 年版，第 1 页。

② 同上。

③ ［美］杜赞奇：《文化、权力与国家——1900—1942 年的华北农村》，王福明译，江苏人民出版社 2004 年版。

④ ［英］莫里斯·弗里德曼：《中国东南的宗族组织》，刘晓春译，上海人民出版社 2000 年版。

性村庄数量”进行比较研究。当费孝通以村庄为单位的研究受到质疑后，为了走出困境，他提出了“类型学”的方法，将其研究对象从原有的“江村”扩展到“云南三村”，研究范围从江村到江苏进而扩展至全国，企图以“接近整体”的态度从全国各地寻找不同类型的乡村，先进行比较研究，然后将不同类型的乡村特性进行归纳和概括，进而提炼出一种具有普遍解释力的结论。还有一些学者在同一次研究中通过扩大相似村庄的数量来接近整体，并通过分析以得出更具普遍性的结论，在某种程度上属于穆勒所说的“求同法”，运用这一方法较早的当数王沪宁的《当代中国村落家族文化》。同时，也还有一些学者通过同一次或者同时扩大不同类型的村庄数量，通过比较的方法来研究农村及乡村治理问题。运用该方法的代表性学者有陆学艺（1992）、徐勇（1997）、项继权（2000）、肖唐镖（2001）等。

（5）区域农村社会取向。在超越村庄研究单位的过程中，有些学者特别是历史社会学者、历史人类学者们更为开放，将研究范围进一步扩展到“区域农村社会”，他们不主张得出整体性、一般性的结论，其学术研究的最终目的是要获取“地方性知识”，持这一研究取向的主要是以美国学者黄宗智、裴宜理、彭慕兰等为代表的学者。其中，黄宗智利用日本“满铁”调查资料，对华北13个村庄进行研究，撰写了《华北小农经济与社会变迁》（1986）。随后，他又对长江三角洲8个村庄进行研究，撰写了《长江三角洲的小农家庭与乡村发展》（2000），并将其与华北村庄进行比较，进一步验证了以华北村庄为经验得出的结论。裴宜理以淮河中下游的河南东部、安徽北部为研究范围，撰写了《华北的叛乱者与革命者》（2007）。彭慕兰以京杭大运河鲁西段及其附近地区为研究范围，撰写了《腹地的建构：华北内地的国家社会和经济（1853—1937）》（2005）。此外，还有葛学溥（1925）开创的“华南模式”，秦晖、苏文（1996）的“关中模式”等都是区域农村社会研究取向下的代表。

另外，也还有学者从比村庄更小的单位——农民个体行动入手，对农村社会和乡村治理进行研究，通过研究农民个体的行为和心理变迁，农民个体的关系网络、社会资本以及村庄社会关联来探讨农民个体与农村社会、农民个体与市场以及农民个体与国家间的关系，以及农民个体变化对乡村治理的影响。同时，还有学者提出了比区域农村社会更大范围的研究单位，比如邓大才教授提出的“立体网络模式取向”①。他认为，针对中国小农的市场化、社会化，应该以村庄为基础，以权力为载体，以社会化为内容，以乡村结构为线索，从时间、空间和制度三个维度来全方位、立体化考察乡村社会。

（三）述评与思考

通过上述对已有关于乡村治理研究文献历时性的梳理和共时性的综述可以看出，目前学术界对于乡村治理问题已经作了卓有成效的研究，取得了丰硕的研究成果。但若进一步思考，仍有一些内容需要进一步完善与深化，仍有一些领域有待进一步拓展与探索。

第一，关于研究单位问题。围绕超越村庄去寻求最合适的研究单位，以解决方法论上的缺陷这一焦点，学者们沿着两条路径作了艰苦卓绝的探索：一方面沿着走进村落，“解剖麻雀”，在更小的框架中研究乡村社会的路径进行探索，并提出了农民行动单位等基本研究单位；另一方面沿着走出村庄，到更大的系统中去探寻研究单位的路径，提出了基层集市（镇）、传统农村社会网络、村庄集合体、区域农村社会以及立体网络模式等研究单位。笔者认为，这些研究单位是研究乡村社会及其治理的合适单位，但仍可拓展。个体取向下的农民行动单位基于微观视角，在探究个体所赖以生存的包括乡村制度与结构等在内的宏观背景与环境问题上有些力不从心，而基层集市（镇）、传统农村社会网络、村庄集合体、区域农村社会以及立体网络模式等研究单位基于宏观视角，在兼顾微观个体层面农民的行为、心理等内容上可能顾此失彼。因此，在这些基本研究单位之外，还可以找到中国传统乡村社会最基础、最本质性的组成单位。笔者认为，要想寻找研究乡村社会及其治理问题最合适的研究单位，首先必须对中国乡村社会进行深入探究，认清中国乡村社会的本质和特征，找出构成中国乡村社会最基础、最本源的组成单位，并将其作为基本研究单位，这样才能更准确、更真实地反映中国的乡村社会，也才会更好地将宏观与微观、静态与动态、一般与特殊、整体与局部连接起来，进而避免方法论上的陷阱。

第二，关于研究范式问题。结构—制度分析范式注重静态的制度分析，能够从宏观制度及与其相应的制度结构进行分析和解读，并从整体层

① 邓大才：《如何超越村庄：研究单位的扩展与反思》，《中国农村观察》2010 年第 3 期。

面进行有效的顶层设计，但所面临的问题是难以对制度运行中的某些现象、某些环节进行深入、细致的分析，以及难以对制度环境下微观个体行为进行动态的分析。而过程—事件研究范式能够从动态角度和微观层面对复杂而微妙的事件以及农民个体行动进行清晰的展示和深入的剖析，但又难以兼顾事件所发生的宏观背景以及行为个体所处的制度和结构环境。因此，目前关于乡村治理的研究，迫切需要寻找一种能够结合宏大制度与具体行为的中观层面研究范式，从而使其在同一个研究范式中，既能对乡村治理的宏观制度和结构展开论述，又能够对制度变迁与结构转换中的个体行动进行深度剖析。

第三，关于研究视角问题。在研究视角上无论是国家——社会视角，还是个体——社会视角，都是一种二分法的视界和语境，将国家、社会、个体三者置于彼此的对立面，在这样的研究视角下很容易陷入国家中心主义、社会中心主义或者个体中心主义。因此，乡村治理的研究在视角的选取时，应该秉持一个动态的、过程取向的态度，将国家与社会、个体与社会乃至个体与国家有机统一起来，更多强调二者的相互影响、相互改变，突破二分法语境下单向的、静态的因果关系局限，更好地处理乡村与国家间的内生性问题。

总而言之，已有的研究与理论成果，为本项研究的进一步展开奠定了坚实的理论基础，为后续的探索研究提供了重要的线索与启示。但下述研究仍有进一步探索与拓展的空间：首先，在研究单位上，需要进一步的探索，寻找能够反映中国社会本质与特色的基本研究单位；其次，在研究范式上，需要将静态的、宏观的制度结构与动态的、微观的行动有机结合起来；最后，在研究视角上，应该秉持一种动态的、过程取向的态度。

四　分析思路

前文的简短综述，尽管未能将已有关于乡村治理的研究尽收其中，但也在一定程度上对已有丰硕的研究成果展开了冰山之一角。火爆的研究局面、丰硕的研究成果，并不意味着关于乡村治理的研究可以“刀枪入库，马放南山”了。恰恰相反，置身新阶段，面对新情况，一如乡村治理实践正面临诸多新挑战、克服诸多新困难一样，关于乡村治理的理论研究也同样期待着研究者的深入探讨，进而提出新理论，解决新问题。

基于上述对已有研究文献的述评与思考，本项研究拟依循以下分析思路：

第一，以家户作为基本研究单位。笔者认为，家户作为中国农村社会最基础的构成单位，是最能体现中国乡村社会特色和乡土本质的单位。1948年费正清写了《美国与中国》一书，在论述“中国社会的本质”时，他写道：“中国家庭是自成一体的小天地，是个微型的邦国。社会单位是家庭而不是个人，家庭才是当地政治生活中负责的成分。”① 单个人只有融入在家户群体中，才能获得自由活动的空间。“他有一种安全感，因为他知道，如果他履行了指定给他的那部分职责，他可指望这体系内的其他成员反过来也对他履行应尽的职责。”② “村子通常由一群家庭和家族单位（各个世系）组成，他们世代相传，永久居住在那里，靠耕种某些祖传土地为生。每个农家既是社会单位，又是经济单位。”③ 美国著名历史学家黄宗智也曾谈道：“在中国经济史上，最基本的经济单位一直都是农户家庭，而不是个体化的雇工；一定程度上，今天依然如此。”④ 由此可见，中国小农的家庭构成了乡村社会的基本单元，它是一个社会单位、政治单位、经济单位以及行动单位的集合体。不仅如此，小农家庭还是中国传统乡村社会道德秩序的基础，对此，有国外学者清醒地指出这一点，“家庭一直不仅被看成道德秩序的基础，还被看成是政治秩序的基本单位。因此，无论纳税、产权的支配、法律和秩序的维护，一直是家庭的责任而不是任何个人的责任。……因此，在探讨中国的社会和经济经验时，必须将对家庭实质的讨论放在首位。”⑤ 除此之外，家户还是社会关系的生长点。社会成员的社会关系是在家庭中展现的，家庭构成了分析社会关系的最小群体。许烺光先生认为正是中国社会的这一本质特性，使得中国人形成了具有情景中心和相互依赖的处世观。他说：“具有情景中心和相互依赖处世观的中国人，倾向于在家庭这个人类初始社会集团中来解决他生活中的问题。当他必须冒险离开家庭时，或者，如果他这样做时，他依

---

① ［美］费正清：《美国与中国》，世界知识出版社2003年版，第22页。

② 同上书，第24页。

③ 同上书，第25页。

④ ［美］黄宗智：《中国过去和现在的基本经济单位：家庭还是个人?》，《学术大视野》2012年第3期。

⑤ ［英］莱芒·道逊：《中华帝国的文明》，金星男译，上海古籍出版社1994年版，第163—164页。

然不断寻求并希望建立一种亲族性质的纽带，以便根据他的位置和绝对互惠原则确定他的酬报和义务。”① 故本书拟将农村家户作为基本研究单位，这不仅能够更好地体现中国乡土特色，而且也能够从中观维度将宏观农村制度与结构同微观个体及行为有机结合起来。

第二，以新制度主义范式之一的历史制度主义为理论范式和分析工具。历史制度主义是在政治学经历了传统经验时代、行为主义科学时代和后现代时代几个主要阶段后，在 20 世纪 80 年代兴起的一种新的理论范式。历史制度主义既不满行为主义者关注微观个体行为，而忽略个体所赖以居住和交往的总体国家关系，尤其不满对国家本身的传统规范性研究的漏洞，同时，也批判传统制度主义只关注规范的、静态的、宏大的制度文件或者制度理念。历史制度学派在批判性继承和吸收传统制度主义、行为主义以及结构——功能主义的理论基础上，重点聚焦于中层制度的分析，通过关注政治生活中的中层制度特征，在宏观制度环境与微观个体行为间架起了一座沟通的桥梁，同时，将政治制度置于历史过程中去探讨制度与行为之间的互动关系，视政治制度为活生生的行动中的制度，因此，历史制度主义是宏观静态制度结构与微观动态个体行动的完美结合体。故此，笔者拟采用历史制度主义作为本文的理论范式，试图对已有结构—制度与过程—事件两种分析范式缺陷进行填补。

第三，在研究视角上，笔者秉持动态的、过程取向的研究态度，拟在米格代尔所提出的“社会中的国家”② 这一研究路径的基础上，从国家与家户的视角来探讨作为中国农村最基础组成单位以及乡村治理基础性制度的家户，在与国家的互动和互构过程中是如何变迁的，以及其在变迁的过程中是如何影响乡村治理并推动其变革的。通过上述的分析，可以将本书的分析思路概括如下：以家户为基本分析单位，运用历史制度主义理论范式和分析工具，从国家与家户的视角，去研究国家与家户互动中家户制传统的变迁及其对乡村治理的影响。

与此同时，笔者还试图“放眼海外”，从国际视野来探讨乡村治理问

① ［美］许烺光：《宗族、种姓、俱乐部》，薛刚译，尚会鹏校，华夏出版社 1990 年版，第 8 页。

② ［美］乔尔·S. 米格代尔：《社会中的国家——国家与社会如何相互改变与相互构成》，李杨、郭一聪译，江苏人民出版社 2013 年版，第 3 页。

题。曾经，“到民间去!”是一个世纪前，在中国面临帝国入侵、军阀割据、社会动乱、民生凋敝、乡村衰败的背景下，中国知识分子基于“农村破产即国家破产，农村复兴即民族复兴”的共识所酝酿出来的口号。在以费孝通等为代表的少数知识分子一段时间的尝试之后，一句凝结着共同体集体意识的“到民间去!”成为1919年之后知识界的运动，在中国促成书斋学问之外的社会调查之风。在这一学术氛围之下，中国广袤的农村大地成为学者们从事知识生产的“田野”，中国的农村及其治理研究逐渐成为显学。今日之中国，在从事农村乃至社会科学研究的学者中，似乎正萌发着另一种冲动，一种积聚了很久、压抑了很久的求知之志，这就是：“到海外去!”以前在大部分人不能出国的时期，我们只是浪漫地、充满想象地“放眼世界”，而今，当出国机会已经“飞入寻常百姓家”之时，“看世界”的欲望已如春潮涌动，而中国的学者要做的是以规范的学术方式“走进世界”之后“凝视世界”，然后再带着国际视野“回望中国”。因此，在“国际视野，本土情怀”的学术氛围之下，笔者在审视完中国的乡村治理问题之后，还试图放眼海外，去探寻国外那些具有可比性、可借鉴性的国家的乡村治理，然后，带着对国外有关乡村治理的思考再回望并重新审视中国乡村治理问题，进而将中国乡村治理问题的研究推向深入。当然，笔者的这一研究倾向除了为顺应当前中国学术研究的潮流，更主要的是为凸显本文的研究主题以及依循新历史制度主义比较研究的路径。著名的社会学家西摩·李普塞特（Seymour Lipset）曾说，仅了解一个国家的观察者是不懂国家的人。没有比较对照就无法知道，某一特殊的实践或行为，是某社会中所独具的还是众多社会所共有的。[①] 因此，在环顾完世界之后，笔者将研究的目光聚焦在印度及其村社制，拟将印度的村社制作为本项研究主题——家户制的参照系，通过二者的比较与对照，来更加深入、立体和全面地凸显中国的家户制传统及其与乡村治理的关系。那么，为什么要选择印度及其村社制作为本书的参照对象呢?

1974—1980年，在美国国家社会科学基金会和美国国家人文科学基金会的帮助下，普林斯顿大学国际问题研究中心组织九位著名学者完成了一项名为“中国的现代化”的研究课题，这一课题当时被认为是研究中

① ［美］弗朗西斯·福山：《政治秩序的起源——从前人类时代到法国大革命》，毛俊杰译，广西师范大学出版社2012年版，第22页。

国现代化最系统的成果。在这项研究成果中，作者专门设置了“现代化的比较领域”，在选择对比项时，写下了这么一段话：

> 我们应该拿哪些国家与中国作比较呢？我们又如何才能把比较的倾向与实质上集中的研究中国的具体内容有机地融合起来呢？应首先考虑到，中国按时序经历了高度发达的前现代社会、现代化的后来者和社会主义社会。我们的选择标准还包括一个国家的规模、历史的延续性、前现代的发展、转变的时机和性质、迅速现代化的成败、社会主义的经验，以及能在多大程度上为我们所知的前现代和现代化时期的状况。从人口和幅员来看，过去2000年来真正达到中国标准哪怕1/3的国家，唯有印度。然而，印度长期以来一直处于各邦分立的状态之中，其前现代发展，按照我们所研究的标准来说，不仅大成问题，且记载也很不全面。印度在现代化转变上步履蹒跚，对于研究中国本应采取何种做法才会加速其现代化这一课题，它实在是不足为训。①

然而，历史的发展往往是不以人的意志为转移的。在此书出版后10多年时间，印度的发展取得了举世瞩目的成就。自20世纪90年代印度进行全面改革以来，印度经济出现了加速发展的态势，在这期间尽管遇到了各种各样的困难，包括1997年的亚洲金融危机、2000年的世界网络经济泡沫破灭以及2008年以来的世界金融危机和欧洲主权债务危机等，但总体上印度经济依然呈现出持续快速发展势头。它的这种强劲发展，改变着印度综合国力，影响着国际经济和政治格局，使得“不可思议的印度”“印度崛起”之声不绝于耳，印度和中国将成为未来全球经济社会发展最迅速和最具潜力的国家似乎已经成为国际社会和学术界的共识。印度前总理瓦哈拉尔·尼赫鲁在1954年的一次演讲中曾谈道：“在中国和印度发生的这些新的革命性变化，尽管在内容上不同，但都代表了亚洲的新精神，显示了亚洲国家的新生命力”。② 而阿玛蒂亚·森在《印度：经济发展与社会机会》一书中，用了很大的篇幅将印度与中国进行着比较。他说：

---

① 引自［美］吉尔伯特·罗兹曼主编《中国的现代化》，第20页。

② 1954年10月23日的演讲，由Gopal（1983）再版，第371—373页。

“认为中国有许多可学习的经验的感觉来得迅速而强烈。在许多人看来，巨大的贫困和经济上的不幸使中国政治上的激进主义与印度极为相似。”①印度现任总理纳伦德拉·莫迪则将中国和印度比喻为“两个身体，一种精神”。新加坡前总理李光耀在对印度和中国发展前景进行比较时也曾谈道：“不能把印度和中国相提并论，他们是不同的国家。这是否意味着印度是个无足轻重的角色呢？不！印度的角色比东南亚国家联盟所有成员国的集体角色还重要！”② 因此，现在来看，就印度和中国的比较而言，也并非“不足为训”，而是相当具有可比之点和相学之处。而且，中印两国间无论从历史演进轨迹、现实发展状况，还是从未来发展趋势来看，也确实具有一定的相似性和可比性。

首先，从历史演进来看，中国和印度，均有着几千年的文明历史。从人类社会经济发展和制度变迁的历史轨迹来看，作为亚洲的两大文明古国，中国和印度有着非常相似的社会发展路径。如果将历史的发展比喻成一条奔流不息的长河，那么，中国和印度的历史演进都是在“波涛汹涌”与“风平浪静”之间交替前行，只不过与中国相比，印度“风平浪静”的时段要少很多，大部分都是水流湍急而混乱。从公元前 7 世纪到前 4 世纪，印度经历了一个列国纷争、攻伐不休的历史时期，这颇像中国的春秋战国时期。公元前 7 世纪的时候，恒河流域产生了许多小国，其中最有势力的是公元前 7 世纪兴起的摩揭陀国（现孟加拉一带）。公元前 321 年左右，摩揭陀人旃陀罗·笈多，在他的足智多谋的顾问考底利耶的协助下，率军击败了西北印度的马其顿人部队，之后他进抵摩揭陀国的首都华氏城，推翻了难陀王的统治，掌握了政权，建立了孔雀王朝，在印度历史上最早确立了中央集权统治。孔雀王朝在其第三代皇帝阿育王时期达到了鼎盛，随后在公元 185 年灭亡。之后，印度经历了希腊人、安息人和塞人等外族的入侵以及多国纷争的社会动乱时期，直到公元 4 世纪初，才由当时崛起于今日孟加拉北部地区的另一个旃陀罗（在位期间是 319—330 年）再一次统一印度，建立起印度历史上的笈多王朝。公元 7 世纪后，笈多王

---

① ［印］阿玛蒂亚·森、让·得雷兹：《印度：经济发展与社会机会》，黄飞君译，社会科学文献出版社 2006 年版，第 69 页。

② ［美］格雷厄姆·艾利森、罗伯特·D. 布莱克维尔：《李光耀论中国与世界》，蒋宗强译，中信出版社 2013 年版，第 72 页。

朝统治势力衰落，印度又进入一个社会动荡不安的历史纷争时期。从公元1000年起，印度西北边境的穆斯林不断入侵，并于公元1206年在北印度建立了德里苏丹国，开始了穆斯林在印度三百多年的统治。在穆斯林统治印度时期，费尔干的统治者帖木儿曾在1398年率蒙古大军侵入过印度，一路烧杀抢掠，使几十万印度人丧生，数千城镇被毁。在蒙古大军的打击下，当时统治着印度的穆斯林图格鲁克王朝奄奄一息。到1525年，帖木儿的后裔巴布尔（Babur）率蒙古军队侵入印度。1526年4月21日，在潘尼帕德大会战中，打败了德里军队，占领了德里，最终推翻了穆斯林的德里苏丹国的统治。随后，他逐渐征服北印度的许多城市，建立了印度历史上的莫卧儿王朝。在莫卧儿王朝时期，尤其是在莫卧儿国王阿克巴（Akbar）的统治时期，印度从穆斯林苏丹统治下的社会凋零中恢复起来，曾在一段时期中达致社会安定和经济繁荣，阿克巴本人也被印度人认作自阿育王以来最杰出、最有作为的开明君主。阿克巴1605年去世，其子继位，称贾汗吉尔（Jahângîr）。贾汗吉尔驾崩后，其子沙·贾汗（ShâhJahân）继位。从阿克巴时代到沙·贾汗时代，莫卧儿王朝的农业、手工业和商业繁荣到达了顶峰。随后，印度复陷入了宫廷内部权力倾轧、诸侯纷纷自立、外族入侵、战争频繁、社会动荡不安的历史时期。①

自1498年，葡萄牙人瓦斯哥·达伽马率船队绕过非洲南端的好望角，到达印度的马拉巴尔海岸始，欧洲商人及西方殖民者相继进入印度，但由于当时的印度莫卧儿帝国既有高度发达的文明，又有强大的军事实力，因此西方殖民者一时无法占领内陆的广大地区，只能在印度东西海岸抢占并经营其定居点，进行海上抢劫与掠夺性贸易。继葡萄牙人之后而来的有荷兰人、法国人和英国人。尤其是英国的东印度公司，在17世纪初获得英国女王授予的在好望角以东的经贸垄断权特许状后，从1609年起就在印度沿海建立起移民据点，并从18世纪中叶开始向印度内陆扩张。18世纪初期，随着强盛的莫卧儿王朝走向衰落，印度又重新分裂为许多小的城邦，而此时英国东印度公司实力越来越强，于是它抛开了“商业公司”的外衣，逐渐占领了马德拉斯、加尔各答以及孟买等地，并设置管制区。进入印度后，东印度公司依靠其自身所拥有的强大经济和军事力量，在印

① 参见《季羡林全集·第10卷·学术论著（二）〈印度历史与文化〉》，外语教学与研究出版社2009年版，第30—50页。

度不断强力推行殖民政策，不仅获取了印度大片行政疆域中的收税权，而且成了统治这些地区的权力机构。随着英国殖民势力的经济、政治和军事势力的日益强大，欧洲其他国家在印度的影响逐渐被排挤殆尽。1858 年，英国政府正式在行政上接管了对印度的统治，印度也随即成为英国在全球最重要的殖民地之一，被英国人称作“王冠上的明珠”。在实现对印度全面殖民统治的同时，英国人也开始把印度变成自己产品的倾销市场。在 19 世纪 50 年代，印度开始有了自己的近代民族工业，随即也萌发了印度人反抗英国殖民统治的民族运动。经过半个多世纪的印度人反抗英国殖民统治的斗争，英国议会于 1947 年 7 月 18 日通过《印度独立法》，开始向这个自治领地移交政权。直到 1950 年印度共和国成立，印度才最终与英国脱离了一切宪法上的联系，完成了其独立进程。印度的独立，并没有使印度立即进入现代经济迅速增长的快车道，相反，独立后的印度实际上经历了数十年的相对经济停滞时期。直到 20 世纪 80 年代中期后，印度开启了经济自由化和全球化的改革方案，将印度从半封闭、半管制经济体制转向市场经济体制，推动了印度经济的快速发展。随后，印度经济和改革开放后的中国一样，进入了最近 20 年的快速增长时期。

把印度和中国这两个亚洲文明古国的历史演化轨迹叠放在一起来比较审视，会发现两者的许多相似之处。首先，从政治制度演变史来看，印度和中国均有着周期性的治乱循环和王朝更替周期，并在历史上均曾不断遭受外族入侵的战乱之苦。在 13 世纪之后，中国和印度也都经受了一段蒙古人统治的时期：在中国是百余年的元朝统治，在印度则是长达三百余年的莫卧儿王朝。其次，从政治统治的社会基础来看，印度和中国均是长达数千年的农业文明社会。与之相关联，在两千多年的历史长河中，两个社会处于一种经济史学家所说的“内卷”（involution）状态，即不但社会体制和人们的社会生活形式不断自我维系、自我保持和自我复制，而且整个社会经济发展处于一种长期停滞状态。按照麦迪森（Angus Maddison, 2001）在其名著《世界经济千年史》一书中所作的历史统计估算，从公元前开始到 20 世纪五六十年代，中国的人均 GDP 几无增加。而在印度，从雅利安人村落开始，印度的农业可能也就一直停滞在一种在技术上较高的水平（比如使用畜力、轻犁、水磨等）上，因此，“公元前 320 年的印度人的生活标准，与公元1595年的生活标准几乎相同”。[①] 以上历史估算数字均表明，在两千年的历史长河中，印度与中国一样，落入了一位西方汉学家伊懋可（MarkElvin，1973）所说的那种“高水平发展陷阱”之中。[②]

其次，从发展现状来看，中国和印度是当今世界上经济增长较快的国家，并且在很多发展指标上不相上下。第一，从人口规模来看，根据2011年最新人口普查数据，印度总人口截至2011年3月1日为12.1亿，仅次于中国，居世界第二。联合国估计2000年至2010年全球人口年均增长率为1.23%，中国2000年至2010年年均增长率为0.53%，而印度2001年至2011年年均增长率为1.64%。考虑到印度人口增长率减缓等因素，估计2030年印度人口将超过中国。第二，从经济发展水平来看，从1947年独立至今，印度在经济和社会各个领域都取得了长足的进步，特别是进入20世纪80年代，印度经济开始缓步加速：先是将此前3.5%的“印度速度”提升到80年代的5.8%，90年代开始的经济改革，又将增速提高到6%。进入21世纪，印度经济增长明显加速，平均增长率超过8%，使印度成为中国之后世界经济的又一个亮点。2008年后虽然受到国际金融危机的影响，其经济增长速度有所放缓，但依然维持在和中国相接近的较高水平，2008年至2009年度经济增长达到8.5%（中国为9.2%），2009年至2010年度印度经济增长更是进一步升至10.3%（中国为10.4%）。由于经济危机的传导效应有一个时间的过程，直到2010年后，印度经济才开始逐渐放缓，直至2012年至2013年度经济增长回落到5.0%（中国为7.6%），与世界其他国家相比，依然处于较高水平。中国与印度经济增长情况具体如图1-1所示。第三，从发展阶段来看，世界银行统计数据及其相关计算得出的数据显示，2012年，中国的第一、二产业增加值占GDP的百分比分别为10%和45%，制造业增加值占总商品增加值比重为58.2%，2011年第一产业从业人员占就业总数的百分比为35%；而印度2012年的第一、二产业增加值占GDP的百分比分别为

① Maddison, Angus, 2001, *The World Economy: A Millennial Perspective*, Paris: OECD.

② 参见韦森《可怕的文化与制度均衡——拉尔〈印度均衡〉中文版序》，源自：［印］迪帕克·拉尔（Deepak Lal）《印度均衡：公元1500—公元2000年的印度》，赵红军译，北京大学出版社2008年版，第1—3页。

18%和26%，制造业增加值占总商品增加值比重为31.8%，第一产业从业人员占就业总数的百分比为47%。根据国际经验判断，中国目前已进入工业化中期阶段，而印度也即将步入工业化的中期阶段，其中某些指标已经步入了工业化的中期阶段，具体如表（表1－1、表1－2）所示。与此同时，中国和印度的城镇化也都已步入了快速发展阶段，20世纪80年代以前，印度城镇化进程缓慢，1981年，印度城镇化率为23.3%，而1980年世界城镇化率已达到39.4%。到了90年代以后，印度城镇化进程开始加速，1991年，其城镇化率为25.7%，2001年增至27.8%，2011年达到31.2%。估计到2021年和2030年，印度的城镇化水平将分别达到37%和40%左右。[①] 而中国的城镇化从改革开放后开始步入快车道，自进入21世纪以后，更是以较高的速度发展，2000年至2010年，中国城镇化率年均提高1.37%，比1978年至2000年的平均增速提高了65%。到2013年，中国城镇化率已达到53.73%。由此可见，无论从人口数量、发展水平，还是从发展阶段来看，中国和印度均具有一定的相似性，处于相同的发展水平和发展阶段。

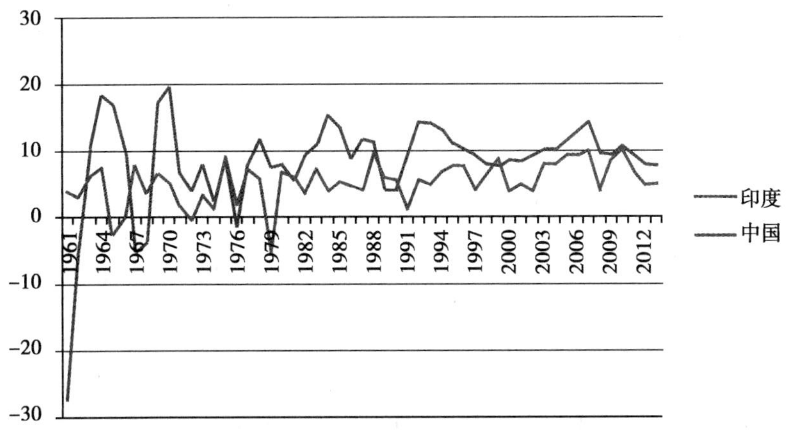

图1－1 中印两国GDP增速（%）比较（1961—2013）

数据来源：World Bank，Data bank.

① 吕超义、陈利君：《印度国情报告（2011—2012）》，社会科学文献出版社2012年版，第217页。

表 1－1　　工业化不同阶段主要指标的标志值①

主要指标	前工业化阶段	工业化实现阶段			后工业化阶段
		工业化初期	工业化中期	工业化后期	
三次产业产值结构	A > I	A > 20% A < I	A < 20% I > S	A < 10% I > S	A < 10% I < S
第一产业从业人员比重	60% 以上	45%—60%	30%—45%	10%—30%	10% 以下
制造业增加值占总商品增加值比重	20% 以下	20%—40%	40%—50%	50%—60%	60% 以上

注：工业化阶段划分的标准，依据钱纳里、库兹涅茨、郭克莎、陈佳贵等人的相关研究确定。表中 A、I、S 分别代表第一、二、三产业增加值占 GDP 的比重；总商品增加值是指第一、二产业增加值之和。

表 1－2　　中印两国 2012 年主要工业化指标②

	三次产业产值结构	第一产业从业人员比重	制造业增加值占总商品增加值比重
中国	A = 10%	35% ※	58.2%
印度	A = 18%	47%	31.8%

数据来源：World Bank，Data bank.

注：表中带※的数据为 2011 年数据，由于在世界银行统计数据中该项 2012 年的统计数据空缺，故采用 2011 年的数据。

最后，从发展前景来看，中国和印度作为世界多极化进程中不断上升

① 宋洪远、赵海：《我国同步推进工业化、城镇化和农业现代化面临的挑战与选择》，《经济社会体制比较》2012 年第 2 期。

② 表 1－2 各项数据的计算过程如下：根据世界银行的统计数据，2012 年，中国 GDP 为 82294.9 万亿美元，农业增加值占 GDP 的百分比（A）为 10%，工业增加值占 GDP 的百分比（I）为 45%，制造业增加值占 GDP 百分比为 32%，2011 年中国农业从业人员占就业总数的百分比为 35%；2012 年，印度 GDP 为 18587.4 万亿美元，农业增加值占 GDP 的百分比（A）为 18%，工业增加值占 GDP 的百分比（I）为 26%，制造业增加值占 GDP 百分比为 14%，农业从业人员占就业总数的百分比为 47%。而制造业增加值占总商品增加值比重这项指标的计算过程如下：以中国的数据计算过程为例，首先计算出制造业的增加值 GDP * 32% = 26334.4 万亿美元，第一产业增加值 GDP * 45% = 37032.7 万亿美元，第二产业增加值 GDP * 10% = 8229.5 万亿美元，总商品增加值为 37032.7 + 8229.5 = 45262.2 万亿美元，那么，制造业增加值占总商品增加值比重就为 26334.4/45262.2 = 58.2%。印度的制造业增加值占总商品增加值比重这一数据指标的计算过程同上。

的两支重要力量，其未来发展不仅牵动着两国政府和人民，而且也格外让世人瞩目。英国《星期日时报》的经济编辑戴维·史密斯在其《龙象之争——中国、印度与世界新秩序》中说，中国和印度的崛起将是21世纪初的几十年里世界所呈现的最显著的变化，同时也向人们提出世界经济结构和全球地缘政治平衡的基本问题。他认为："如果预测正确的话，那么到21世纪中叶，世界前三位经济大国将依次是：中国、美国和印度，北京、华盛顿和新德里将成为世界权力的中心"①。本书无意去评判中国和印度未来发展的结果，但从这些论断可以看出，二者发展都面临历史性机遇。习近平主席在2014年9月对印度进行国事访问之际，在印度《印度教徒报》和《觉醒日报》同时发表题为《携手共创繁荣振兴的亚洲世纪》的署名文章中指出："当前，中国和印度都处在改革发展的关键阶段。中国人民正在为实现中华民族伟大复兴的中国梦而奋斗。中国正在全面深化改革，提出了完善和发展中国特色社会主义制度、推进国家治理体系和治理能力现代化的总目标，确定了15个领域、330多项重要改革举措，正在全面推进。莫迪总理领导的印度新政府确立了改革官僚体制、改善基础设施建设等十大优先事项，致力于建设一个团结、强大、现代的'杰出印度'。印度人民正全力以赴实现新时期发展目标。中国和印度的发展都面临历史性机遇，中国和印度的民族复兴之梦相互契合。我们要把两国发展战略更加紧密地对接起来，携手追寻我们共同的强国富民梦。"② 由此可见，在未来的发展中，"中国龙"和"印度象"将会携手合作，在各自实现自身国家梦想——即"中国梦"和"杰出印度"的基础上去共同繁荣振兴"亚洲世纪"。当然，不可忽视的是，印度和中国在未来的发展过程中，也面临着许多相似的问题，特别是二者均作为发展中的农业大国，都不同程度地面临着"三农"问题以及由此带来的乡村治理问题。

通过以上的分析可以看出，从宏观历史变迁、发展现状及未来前景来看，作为传统东方大国的中国和印度，无疑具有诸多相似之处，但与此同时，也不能忽视或者漠视二者内部的差异性。笔者选取印度作为本书的比

① ［英］戴维·史密斯：《龙象之争——中国、印度与世界新秩序》，丁德良译，当代中国出版社2007年版，第4页。

② 习近平：《携手共创繁荣振兴的亚洲世纪》，新华网，http：//news. xinhuanet. com/world/2014 -09/17/c_ 1112516975. htm。

较视阈或者说研究主题的参照系，除了需要从宏观层面把握二者的共性之外，更要从微观层面去厘清二者的差异，把握二者的个性。不了解二者之间的差别，哪怕是细微的差异，都无法准确把握这两个均具有东方农业文明传统的国家对后来农村发展及其治理变迁的影响，所谓差之毫厘、失之千里。故此，笔者从宏观层面分析完二者的共性之后，接下来还得从微观层面去准确把握二者内在的差异性，这样才能够保证本文选取的参照系既能很好地凸显研究主题，又不会出现偏差。

从微观社会基础来看，与中国的家户不同，村社无疑是印度农村社会的基本组织形态，而以村社集体为本位的村社制无疑是印度农村本源型制度传统。马克思曾对印度的村社制进行过深入的阐述，认为村社是印度古老和存在时间很长久的一种特殊的社会制度。而研究印度经济社会史的学者们一般也认为，一个个相对孤立落后的印度村社，不仅是其独特种姓制度和传统文化习俗的保持者，也是市场秩序在印度各地扩展的主要障碍，从而在两千多年的历史跨度中，一个个相互独立又在某些地方和某些方面相交的“村社圆圈”，构成了印度长期经济发展的巨大张力。正如印度学者沙马（Sharama）所指出的那样，“一如既往，印度依然由无数的圆圈所覆盖。这些圆圈有些是同心圆，有些则是相交圆。村社的圆圈以村庄为界，但通过与外村和王国中同种姓的成员的联系，和村庄及王国的大圆圈相互连接。种姓和村庄的网络维持着圆圈的平衡，并在更大的王国圆圈破裂或被摧毁时仍能维持下来”① 由此可见，尽管中国和印度在宏观层面有许多相似之处，但在微观社会基础上，却有着不同的个性特征，因此，笔者在选取印度作为本书的宏观比较视界之后，又重点选取印度村社作为本书研究单位——家户的参照系，以此来凸显和深化研究主题。

论述及此，笔者终于表述清楚了选取印度和印度的村社制作为本书参照对象的理由，但这种历史的、抽象的、概括性的比较对于一个刚刚步入学术殿堂的初学者无疑是一项艰巨的任务。正如“一个陡然突兀地发育起来的事务在其初成过程中是要显出一副毛手毛脚甚至狼狈不堪的型款的。即便是个不论到哪儿都惹人喜爱的孩子，当他初到众人面前时，也往往是

① Sharma，Shripad R.，1954，*The Grescent in India*：*A Study in Medieval History*，Bombay：Hind Kitabs，p. 28.

尴尬到不知把自己的两手两脚往哪儿放才好!”① 因而，笔者在后续的论述中，难免会显露出自己对某些理论或观点的“无知与肤浅”。为了规避这一缺陷，笔者在浩瀚的历史变迁进程中，重点以家户制和村社制这两项制度传统为核心，将它们放置于各自国家宏观发展背景下，用粗略的笔触勾画出我的主要发现，从而为读者提供一份我们探索领域的简单地图。就像摩尔在其著作《民主和专制的社会起源——现代世界诞生时的贵族与农民》的序言中所说的那样②，有效的概括，犹如一幅飞行员用以穿越大陆的大比例地形图，对于某些目的来说是不可或缺的，正如更精确的地图之于其他目的必不可少一样。当然，探索者并没有被指派给以后的旅游队修筑一条平坦的直达公路。假使他担任向导，只要不致徒劳无益地走回头路，避免头一次探险时所犯下的种种错误，有礼貌地带领队伍绕过可怕的荆棘，在引导队伍小心翼翼地行进时指出危险的陷阱，那么，就可以认为他已经适当地履行了自己的职责。假如他不慎失足跌入陷阱，那么同伴们不应只是对此报以笑声，而是要伸出救援之手帮他继续上路。

五　核心概念阐释

如前所述，笔者在阐述浩瀚乡村社会历史变迁中的乡村治理现代化转型时，为了避免研究范畴的宽泛以及研究对象的空洞，选择以制度变迁为切入点，将研究的重心聚焦于中国的家户制与印度的村社制传统上，通过梳理二者各自的历史变迁以及相互间的比较，重点阐述中国家户制与印度村社制的变迁与乡村治理的现代化转型。由此可见，村社制、家户制与乡村治理构成本书的核心概念。概念是研究展开的基本载体，也是分析论证的重要工具，对后续的研究十分重要。因为认识任何事物都必须以某种概念语言为媒介。“拙劣的语言产生拙劣的思想，而拙劣的思想也随之让求知者所做的一切都变得拙劣。”③ 因此，本书在展开后续论述之前，首先

① ［美］罗伯特·芮德菲尔德：《农民社会与文化——人类学对文明的一种诠释》，王莹译，中国社会科学出版社 2013 年版，第 1 页。

② ［美］巴林顿·摩尔：《民主和专制的社会起源——现代世界诞生时的贵族与农民》，拓夫、张东东译，华夏出版社 1987 年版，第 3—6 页。

③ 高奇琦、景跃进：《比较政治中的概念问题》，中央编译出版社 2014 年版，第 1 页。原文出处：Giovanni Satori，Guidelines for Concept Analysis，in Giovanni Sartori，ed.，*Social Science Concepts*：*A Systematic Analysis*，London：Sage，Beverly Hills，1984.

对文中的村社制、家户制以及乡村治理等核心概念的起源、延展以及逻辑蕴含进行相关的阐释。

(一) 村社制

对于村社制的论述，马克思经典理论恐怕是最为全面和深刻的。马克思关于村社制的论述主要蕴含在其博大的东方社会理论体系中。马克思的东方社会理论，是对马克思从19世纪50年代开始到他逝世前对东方社会(主要是亚洲社会)发展观点与看法的总称。这一理论观点时间跨度约30年，马克思所注重研究的国度有印度、俄国和中国等东方大国，其中以印俄为研究重心。

1853年东印度公司的特许经营权行将期满，英国国会就此展开激烈的辩论，引发马克思将研究的视线转向亚洲，特别是对于极为关心亚洲第一次革命高潮和英国统治印度所造成的结果的马克思来说，无疑成了促使他运用辩证唯物主义去剖析印度社会的经济政治结构的直接动因。同年6月和7月，马克思在《纽约每日论坛报》上分别发表了署名文章《不列颠在印度的统治》和《不列颠在印度统治的未来结果》。在《不列颠在印度的统治》这篇文章中，马克思提出了“村社制”的概念。马克思说：“在印度有这样两种情况：一方面，印度人民也像所有东方各国的人民一样，把他们的农业和商业所凭借的主要条件即大规模公共工程交给政府去管，另一方面，他们又散处于全国各地，因农业和手工业的家庭结合而聚居在各个很小的地点。由于这两种情况，所以从很古的时候起，在印度便产生了一种特殊的社会制度，即所谓村社制度，这种制度使每一个这样的小单位都成为独立的组织，过着闭关自守的生活。”① 此后，马克思在《资本论》等著作中对印度村社制的起源、形态以及内部结构等又作了进一步的论述。

综合来看，在马克思的这些论著中，对印度村社制的认知和论述主要包括以下几个方面：第一，印度村社是起源很古和存在很久的一种特殊的社会制度。马克思认为，印度村社这种特殊的社会制度，不仅起源很古，而且存在的时间很长久，它在政治风云多变的浪潮中并没有根本性的变化，“从遥远的古代直到十九世纪最初十年，无论印度的政治变化多么

① 《马克思恩格斯选集》第1卷，人民出版社1995年版，第764页。

大，可是它的社会状况却始终没有改变”①。虽然印度经历了“内战、外侮、政变、被征服、闹饥荒——所有这一切接连不断的灾难，不管它们对印度斯坦的影响显得多么复杂猛烈和带有毁灭性，只不过触动它的表面”②。后来，马克思在《资本论》（第一卷）中还指出“当它们偶然遭到破坏时，会在同一地点，以同一名称，再建立起来”③，这种村社制度“维持时间最长，也最顽固”④。第二，印度村社以自给自足的自然经济为基础，过着闭关自守的生活。“这些家族式的公社是建立在家庭手工业上面的，靠着手织业、手纺业和手力农业的特殊结合而自给自足”⑤，“曾经产生无数纺工和织工的手纺车和手纺机是印度社会的枢纽”⑥。后来，马克思在《剩余价值论》《资本论》等论著中多处阐述了印度村社的上述情形，指出“具有农业和工业合一特点的亚洲村社”⑦，“保持着原始的规模小的印度公社，就是建立在土地公有、农业和手工业直接结合以及固定分工之上的……这些自给自足的公社……”⑧。第三，印度村社不存在土地私有制。1853年6月2日，马克思在《致恩格斯》的信中说：“贝尔尼埃完全正确地看到，东方（他指的是土耳其、波斯、印度斯坦）一切现象的基础是不存在土地私有制。这甚至是了解东方大国的一把真正的钥匙。”⑨ 同年6月6日，恩格斯在《致马克思》的信中说：“不存在土地私有制，的确是了解整个东方的一把钥匙。这是东方全部政治史和宗教史的基础。”⑩ 随着马恩对村社制认识的逐渐深入，后来他们修正了这一观点，明确指出了东方社会土地所有制既包含公有制，也包含私有制，是一种公私二重性的所有制形式。不过在马克思看来，印度村社中的土地私有制的一面并不占主导力量，而且和西方的土地私有制是根本不同的，在村社共同体存在的

---

① 《马克思恩格斯选集》第2卷，人民出版社1972年版，第65页。

② 同上书，第64页。

③ 同上书，第67页。

④ 同上书，第65页。

⑤ 同上书，第66页。

⑥ 同上书，第72页。

⑦ 《马克思恩格斯全集》第26卷（Ⅲ），人民出版社1974年版，第459页。

⑧ 《马克思恩格斯全集》第23卷，人民出版社1972年版，第395—396页。

⑨ 《马克思恩格斯全集》第28卷（上），人民出版社1973年版，第256页。

⑩ 同上书，第260页。

情况下，只是当个人作为共同体的一个肢体即共同体成员时，才能成为所有者或占有者。换句话说，个人的所有权或占有权是通过村社共同体实现的。第四，印度村社的孤立性、停滞性与落后性。马克思认为，印度村社具有上述特性的原因就是村社本身缺乏自我发展的因素。他说："公社就一直处在那种很低的生活水平上，同其他公社几乎没有来往，没有希望社会进步的意向，没有推动社会进步的行动。"① 因而村社"使人的头脑局限在极小的范围内，成为迷信的驯服工具，成为传统规则的奴隶，表现不出任何伟大的历史首创精神……那种不开化的人的利己性，他们把自己的全部注意力集中在一块小得可怜的土地上。"② 基于这一认识，一方面，马克思认为印度社会是没有自己的历史的。"印度社会根本没有历史，至少没有为人所知的历史，我们通常所说的它的历史，不过是一个接一个的征服者的历史。"③ 另一方面，马克思提出了英国殖民者在印度的"双重使命"，即"破坏使命"和"重建使命"。

以上四个方面，集中而扼要地阐释了马克思对印度村社这种特殊社会制度的认知。这种村社制度，既不同于西方较早公社的土地私有制、奴隶制、农奴制的特点，又不同于欧洲近代资本主义社会的基本特征。马恩进而从东方国家的社会结构与所有制的高度来解释了这一现象，并在此基础上形成了其"亚细亚生产方式"的理论。

如果说马克思、恩格斯对印度村社制的阐述是其东方村社理论形成的初创期，那么，随着民族学、历史学、人类学等领域对史前社会的研究取得的重大突破以及马恩对俄国村社制的研究，使得马克思对东方村社制的认知逐渐走向成熟和深入。

19 世纪 70 年代以后，随着俄国国内社会主义运动的兴起，马克思、恩格斯开始关注俄国的社会发展问题，而被视为"俄国人精神"的村社制自然是马恩关注的重点。马克思在《给维·伊·查苏利奇的复信（三稿）》中，对俄国村社的主要特征、内在二重性以及演进趋势进行了深入的阐述。④ 关于俄国农村公社的主要特征，马克思是将其与古代的原始公

① 《马克思恩格斯选集》第 2 卷，人民出版社 1972 年版，第 66 页。

② 同上书，第 67—68 页。

③ 同上书，第 64 页。

④ 俞良早、徐芹：《经典作家东方落后国家社会发展的重要著作和基本理论》，人民出版社 2015 年版，第 36—39 页。

社相比而论的。古代原始公社的特征之一，是社员具有血缘亲属关系。在旧石器时代的早期和中期，人类社会处于血缘家族的阶段。这时一个家族就是一个集团、一个公社、一个生产单位。到了旧石器时代晚期，人类社会过渡到母系公社阶段，实行族外群婚制。上述人类社会发展的两个阶段，社会组织的主要特征是它的内部人与人之间具有亲属关系。这个特征反映了人类社会的肇始、蒙昧和落后。而马克思将俄国农村公社称为“农业公社”，认为它具有不同于上述古代公社的特征。马克思写道：“所有其他公社都是建立在自己社员的血缘亲属关系上的。在这个公社中，只容许有血缘亲属或收养来的亲属。他们的结构是系谱树的结构。‘农业公社’是最早的没有血缘关系的自由人的社会组织。”① 古代原始社会的另一个特征是，住房或住所是公有的。在原始公社里，无论是“穴居”或是“巢居”的住所还是社员建造的住所，均为公有，任何人不得将其占为个人所有。马克思认为，俄国的“农业公社”具有与此不同的特征。马克思写道：“在农业公社中，房屋及其附属物——园地，是农民私有的。相反，公共房屋和集体住所是远在畜牧生活和农业生活形成以前时期的较原始的公社的经济基础。”② 古代原始公社的第三个特征是，共同劳动和共同占有劳动成果。当时，生产力水平低下，生产资料十分简单且数量少，可以而且必须由社员共同使用它。马克思认为，俄国的“农业公社”则与此不同。他写道：“耕地是不准让渡的公共财产，定期在农业公社社员之间进行重分，因此，每一社员用自己的力量来耕种分给他的地，并把产品留为己有。而在较原始的公社中，生产是共同进行的；共同的产品，除储存起来以备再生产的部分外，都根据消费的需要陆续分配。”③

通过上述的分析可以看出，马克思正是在与原始公社的比较中，阐释了俄国村社制的主要特征：即社员之间并非血缘关系；房屋以及附属的园地由农民私有；耕地公有，定期重分；社员以家庭为单位进行劳动并且劳动成果为农民私人占有。马克思通过分析俄国公社的主要特征，进一步提出了其内在的“二重性”，以及由于这种“二重性”的内在属性所带来的俄国农村公社的两种截然不同的命运。马克思认为，俄国的公社内部存在

① 《马克思恩格斯全集》第25卷，人民出版社2001年版，第477页。

② 同上。

③ 同上。

着一种可以巩固和发展它的属性，如公社内成员之间的非血缘关系，使公社摆脱了蒙昧的、落后的社会关系的影响；劳动成果归劳动者所有，有利于调动劳动者的积极性，促进生产的发展。这就是马克思说的："显然，农业公社制度所固有的这种二重性能够成为它的巨大生命力的源泉。它摆脱了牢固而狭窄的血缘亲属关系的束缚，并以土地公社所有以及由此而产生的各种社会关系为自己的坚实基础；同时，各个家庭单独占有房屋和园地、小土地经济和私人占有产品，促进了个人的发展，而这种发展同较原始的公社机体是不相容的。"① 与此同时，俄国公社"二重性"中的另一重私有的属性也会导致公社走向灭亡。正如马克思所说的："但是，同样明显，就是这种二重性也可能逐渐成为公社解体的萌芽。除了外来的各种破坏性影响，公社内部就有使自己毁灭的因素。土地私有制已经通过房屋及农作园地的私有渗入公社内部，这就可能变为从那里准备对公有土地进攻的堡垒。这是已经发生的事情。"② 最后，马克思在分析了俄国公社二重性之后，作了一个精彩的总结："农业公社固有的二重性使得它只可能是下面两种情况之一：或者是私有成分在公社中战胜集体成分，或者是后者战胜前者。一切都取决于它所处的历史环境。"③

随着马克思、恩格斯对俄国村社的深入研究以及对东方村社理论的系统阐释，马克思又回过头来对他当初对印度村社制的论述及观点进行了适当的调整和补充。首先，马克思在将原始公社与俄国的农业公社比较的基础上，认为农村公社是原始社会向阶级社会过渡的产物，它是从原始社会发展来的，农业公社是公社发展中的高级形态。对此，马克思曾有过精彩的论述："农业公社既然是原生的社会形态的最后阶段，所以它同时也是向次生的形态过渡的阶段，即以公有制为基础的社会向以私有制为基础的社会的过渡。不言而喻，次生的形态包括建立在奴隶制和农奴制上的一系列社会。"④ 具体到印度，根据马克思的观点，印度的村社制是由部落社会向农民社会（或农业社会）过渡的过程（也是部落向国家过渡的过程）中产生的。其次，马克思将印度村社的发展分为五个阶段，并认为在印度

① 《马克思恩格斯全集》第25卷，人民出版社2001年版，第477—478页。

② 同上书，第478页。

③ 同上。

④ 《马克思恩格斯全集》第19卷，人民出版社1963年版，第450页。

同时存在不同形式的土地公社所有制形式。马克思在《马·科瓦列夫斯基〈公社土地占有制〉（第一册，1879年莫斯科版）一书摘要》中总结的印度村社的发展过程如下：“（1）最初是实行土地共同所有制和集体耕种的氏族社会；（2）氏族社会依照分支的数目而分为或多或少的家庭公社。土地所有权的不可分割性和土地的共同耕作制在这里消失了；（3）由继承权即由亲属等级的远近来确定份地因而份地不均等的制度；（4）这种不均等的基础已不再是距同一氏族首领的亲属等级的远近，而是由耕种本身表现出来的事实上的占有，这就遭到了反对，因而产生了；（5）公社土地或长或短定期的重分制度，如此等等。”① 根据马克思对印度公社发展的五个阶段的论述，可以把印度公社归结为以下五种形式：（1）氏族公社——实行土地共有共耕制；（2）氏族支系公社即家庭（族，下同）公社——实行家庭共有共耕制，土地氏族共有共耕制逐渐消亡；（3）家庭公社——按继承法，实行按家族长血统关系的远近程度分配份地的不平等份地制度；（4）家庭公社——实行按家庭实际耕作占有范围的大小分配份地的不平等份地制度；（5）农村公社——起初，定期平均分配土地，后来停止分配土地，耕地为公社成员所私有，森林牧场仍为公社所有。② 以上五种不同形式的公社反映了土地由原始的公有制向私有制过渡的客观进程。由于印度各地的发展并不同步，因此印度同时存在不同形式的公社及其相应的土地制度。马克思曾多次提到这一点，他在《资本论》（第一卷）（1867年）中说：“在印度的不同地区存在着不同的公社形式。形式最简单的公社共同耕种土地，把土地的产品分配给公社成员，而每个家庭则从事纺纱织布等等，作为家庭副业。”③ 马克思在1853年6月14日《致恩格斯》的信中则说：“在某些这样的村社中，全村的土地是共同耕种的，但在大多数情况下是每个土地所有者耕种自己的土地。在这种村社内部存在着奴隶制和种姓制。”④ 第三，印度村社的土地所有制始终存在公私二重性。根据马克思的观点，在印度历史上，土地由原始的公有制向私有制转化是个渐进的过程，在这种转化未完成以前，始终存在公私二重

---

① 《马克思恩格斯全集》第45卷，人民出版社1985年版，第242—243页。

② 黄思骏：《印度土地制度研究》，中国社会科学出版社1998年版，第15—16页。

③ 《马克思恩格斯全集》第23卷，人民出版社1972年版，第396页。

④ 《马克思恩格斯全集》第28卷，人民出版社1973年版，第272页。

性的特点。只不过在印度村社发展的不同阶段，公有制和私有制所占的比例不同。

综上所述，根据马克思经典理论关于村社制的论述，笔者将印度村社制的内涵界定如下：印度村社制是起源很古并且存在时间很长久的一种特殊的社会制度，它是由部落社会向农民社会过渡的过程中产生的，其内部存在以种姓制为核心的社会阶级结构、农业和手工业相结合的社会分工，以及始终存在公私二重性的土地所有制形式；并且在这种社会制度基础之上形成了一个个分散的、自给自足的、停滞的以及高度自治的印度传统村落。

（二）家户制

家户制是本书的又一核心概念。家户由家和户两个概念构成。家对于中国人来说，意义重大而深远，它不仅是国之基础，更是人们精神的寄托和心灵的港湾。正因如此，中国的家实在是一个范围难以界定而又具有多重含义的范畴。就家的含义，《辞源》和《辞海》分别有 11 种和 14 种解释。虽然在不同的语境下，家的内涵各不相同，但归纳起来可以从广义和狭义两方面来理解。狭义的家可以理解为因婚姻、血缘或收养等关系而组成的，同居共财，共同生产、共同生活、共同消费，利益共享，分配上人人平等的共同体，并且构成社会的基本单位。由此可见，家不仅是生育单位，还是生产、生活和消费单位。同时，从文化的意义上来说，家还是人心灵的寄托和港湾。从广义上来看，中国自古就有家国共治的传统，家被看作是国的基础，而国只不过是放大的家。本书在此选取家的狭义概念。

而户之本义指单扇门。《说文·户》云：“户，护也，半门曰户。象形。凡户之属皆从户。”《辞源·户部》释“户”也说：“一家谓一户。”由此至明清中期以前，家与户的内容基本是一致的。当然，户除了具有家的意涵之外，还赋予了它其他的内涵。比如：在国家户籍登记，编户齐民制度下的民户单位，是承担国家税赋徭役的基本单位，在此意义上，户是一个政治单位，同时，获得了公法上的主体资格。并且，户在经过户籍登记后，不仅获得了公法上的主体资格，同时，国家也赋予了户以民事主体资格，在中国民事法律和民事活动中，户充分享有户（家）内的财产权和人身权，个人或户主（家长）的民事法律行为也主要是户的民事法律行为。[1] 虽然“家”和“户”是两个不完全同构的概念，但二者有许多共同之处，将二者组合在一起，形成一个整体的概念，使“家户”这一概念具备了新的意涵：首先，家户内的成员同居共财，共同生活，利益共享，平均分配；其次，它既是生育单位，也是生产、生活和消费单位，在现代社会中，它还是一个基本的政治单元和社会单元，总之，它构成了社会的基本单位。再其次，它具备公法和民法上的主体资格，国家直接同家户打交道；最后，从文化层面来看，它成为家户内成员们心灵的归属和港湾。而家户制就是在家户这一组织形态基础上形成的一种社会制度安排。

在传统的农业社会里，以家户为基础所形成的农业主体及其经济形态，学术界称其为“小农”以及“小农经济”。近些年来，随着农民学逐渐成为显学，小农经济以及传统农业改造成了国内外学者们研究的核心议题之一，并进而形成了小农经济的不同理论流派：第一，小农经济理论的经典研究：斯密和马克思。斯密和马克思代表了两种迥然不同的学术传统：斯密是自由资本主义市场经济的倡导者；马克思则主张对资本主义进行彻底改造，实现共产主义理想社会。在小农经济理论上，斯密和马克思尽管着眼点不同，但对其发展趋势的研判则比较一致，都认为市场化和商品化会导致小农经济的衰落和消亡，因此，在理论上倡导以社会化大生产的方式改造传统农业，而在具体行动上采取集体化的方式改造传统农业。第二，理性小农与道义小农之争。理性小农与道义小农之争，主要是围绕家户小农的理性问题展开的，也被称之为波普金—斯科特争论。理性小农主要以“经济人假设”为前提，将家户小农当作资本主义企业家，其最终目的是追求利益最大化。西奥多·舒尔茨在其著作《传统农业的改造》（1964）中对家户小农的经济行为进行了精辟的论述：“小农的经济行为，绝非西方社会一般人心目中那样懒惰、愚昧，或没有理性。事实上，他是一个在‘传统农业’（在投入现代的机械动力和化肥以前）的范畴内，有进取精神并能对资源作最适度运用的人。”[2] 因此，舒尔茨提出改造传统农业的正确途径，应该是提供小农可以合理运用的现代“生产因素”，尤

---

① 周子良：《中国传统社会中“户”的法律意义》，《太原理工大学学报》（社会科学版）2010 年第 1 期。

② Schultz, Theodore W. 1964. *Transforming Traditional Agriculture*. New Haven, conn.: Yale University Press.

其是对农村进行人力资源投资。波普金在舒尔茨的基础上进一步将理性小农观推向了极端。在他看来，以家户小农为基础的家庭农场，最适宜于用资本主义的“公司”来比拟描述。而作为政治行动者的家户小农，最宜于比作一个政治市场上的投资者。在波普金的分析中，家户小农是一个在权衡长、短期利益之后，为追求最大利益而作出合理生产抉择的人。① 波普金的书也因此取名为《理性的小农》（1979）。与理性小农的观点比较，道义小农的观点正好相反。詹姆斯·斯科特在其著作《小农的道义经济：东南亚的叛乱和生计维持》（1976 年）中认为：“小农经济行为的主导动机是‘避免风险’‘安全第一’；在同一共同体中，尊重人人都有维持生计的基本权利的道德观，以及‘主客’间的‘互惠关系’等。因此，小农的集体行动，基本上是防卫性和复原性的，是为了对抗威胁生计的外来压力，对抗资本主义市场关系以及资本主义国家政权的入侵。”② 第三，黄宗智的“综合小农”。针对不同理论流派关于家户小农的论述，黄宗智在讨论实体论学派和形式论学派的基础上，借鉴马克思的阶级小农理论以及恰亚诺夫的有关思想，在对中国华北地区和长江三角洲地区进行实证研究后，提出了其综合小农的理论主张。他说：“要了解中国的小农，须进行综合的分析研究，其关键是应把小农的三个方面视为密不可分的统一体，即小农既是一个追求利润者，又是维持生计的生产者，当然更是受剥削的耕作者，三种不同面貌，各自反映了这个统一体的一个侧面。”③ 他在“综合小农”的基础上，提出中国传统农业的“内卷化”（或者“过密化”）特征，论证了家户小农场经营组织的坚韧性与灵活性，并结合中国当前依然处于“人多地少”以及已悄然发生的“隐形的农业革命”的实际，认为“劳动和资本双密化”的家户小农场是目前中国农业和农村发展的方向。鉴于此，国家明显应该更多关注和扶持小农户家庭农场④，避

① 黄宗智：《明清以来的乡村社会经济变迁：历史、理论与现实（卷一）〈华北的小农经济与社会变迁〉》，法律出版社 2014 年版，第 4 页。

② Scott, James C. 1976. *The Moral Economy of the Peasant: Rebellion and Subsistence in Southeast Asia*. New Haven, Conn.: Yale University Press.

③ 黄宗智：《明清以来的乡村社会经济变迁：历史、理论与现实（卷一）〈华北的小农经济与社会变迁〉》，法律出版社 2014 年版，第 6 页。

④ 黄宗智：《明清以来的乡村社会经济变迁：历史、理论与现实（卷三）〈超越左右：从实践历史探寻中国农村发展出路〉》，法律出版社 2014 年版，第 8 页。

免在中国农村出现家户小农“无产化的资本化”。

（三）乡村治理

“治理”是一个颇具争议性的概念，不同的学者，不同的研究领域，有不同的话语体系，如果不加以界定，很容易造成语义上的混乱。概括起来，当前关于治理的话语体系无外乎两类：一类是西方的话语体系。西方的“治理”概念原为控制、引导和操纵之意。20 世纪末，西方学者赋予“治理”以新的含义，归纳起来，主要是立足于社会中心主义，主张去除或者弱化政府权威。因此，在西方的话语体系中，“治理”就意味着政府分权和社会自治。另一类是本土话语体系。本土话语体系中的“治理”，既是政治统治之“治”与政治管理之“理”的有机结合，也是政治管理之“治”与“理”的有机结合。①

20 世纪 90 年代随着中国农民学的学者将研究领域由村民自治扩展到乡村治理，“乡村治理”作为一个新的学术概念逐渐成为农村基层治理的核心概念之一，但由于各方学者所秉持的思想理念和话语体系不尽相同，对“乡村治理”这一学术概念并没有一个统一的界定。概括起来，也无外乎两种取向：一种是在西方话语体系中“治理”及其“民主”理念的影响下，秉持自下而上的研究路径，重点强调以乡村自治为核心的乡村治理；另一种取向是秉持自上而下的研究路径，将乡村治理放在国家政权建设的历史进程中考察，将乡村治理问题归结为国家如何为社会订立规则并获取服从的问题。2014 年中央一号文件在谈到健全基层民主制度、改善乡村治理机制时强调：强化党组织的领导核心作用，巩固和加强党在农村的执政基础，完善和创新村民自治机制，充分发挥其他社会组织的积极功能。2015 年中央一号文件在谈到农村基层党建工作时进一步强调：加强以党组织为核心的农村基层组织建设，充分发挥农村基层党组织的战斗堡垒作用，深入整顿软弱涣散的基层党组织，不断夯实党在农村基层执政的组织基础；在谈到创新和完善乡村治理机制时强调：继续搞好以社区为基本单元的村民自治试点，探索符合各地实际的村民自治有效实现形式。进一步规范村“两委”职责和村务决策管理程序，完善村务监督委员会的制度设计，健全村民对村务实行有效监督的机制，加强对村干部行使权力

① 王浦劬：《国家治理、政府治理、社会治理的含义及其相互关系》，《国家行政学院学报》2014 年第 3 期。

的监督制约，确保监督务实管用。激发农村社会组织活力，重点培育和优先发展农村专业协会类、公益慈善类、社区服务类等社会组织。2016 年党的一号文件在谈到创新和完善乡村治理机制时又再次强调：依法开展村民自治实践，探索村党组织领导的村民自治有效实现形式。深化农村社区建设试点工作，完善多元共治的农村社区治理结构。

根据党中央的有关精神，结合中国的具体实际，借鉴治理理论的有关理念，本书将乡村治理置于国家治理之下进行研究，并将“乡村治理”这一概念界定为：乡村治理是在党的领导下，以乡村家户为基础和主体，以村委会为主导，乡村其他社会组织共同参与，依据我国相关法律法规及村民自治章程等正式制度以及乡规民约等非正式规范，对乡村公共事务进行有效治理的过程。其中，在坚持基层党组织领导核心与农村家户主体地位的基础上，乡村政治领域，进一步完善和深化村民自治制度，乡村经济和社会领域，充分发挥乡村其他社会组织的积极功能，形成乡村多元主体合作共治的态势，而带有行政色彩的村委会在多元主体中发挥“元治理”的角色。①

① 所谓“元治理”，即“治理的治理”。“元治理”概念最早由杰索普于 1997 年提出，杰索普在研究中将其描述为“治理模式的组织准备”。“元治理”既不是一种传统意义上的新治理模式，也不是独立于治理概念而存在的，而是一种强调协调治理的方法和工具，其目的是有效地将独立的治理模式相结合。整体而言，“元治理”概念重点在于纠正治理概念对政府（或国家）地位的否定及其可能产生的忽视政府责任的结果，重新强调政府（或国家）在治理中的地位与作用。杰索普认为，“元治理”是一个伴随着治理趋势的反向过程——政府或国家权威介入了自治组织、网络和多元治理主体的组织过程。国内学者丁煌指出，所谓“元治理”是西方学者为寻求解决公共治理理论失灵所用的词汇，但实际上，“元治理”不过是公共治理理论重视政府在社会公共管理网络中的重要功能的一种表述而已。在社会公共管理网络中，政府虽然不具有最高的绝对权威，但政府却承担着建立指导社会组织行为主体的大方向和行为准则的重大责任，政府被视为是“同辈中的长者”，特别是在那些“基础性工作”中，它仍然是公共管理领域最为重要的行为主体。综观学界对“元治理”概念基本内涵的理解，不难看出，从本质意义上而言，“元治理”概念所表明的是对治理的治理问题。“元治理”言简意赅地道明，作为“元治理者”的政府（或国家）管理公共事务或治理社会的方式必须发生彻底改变，它并非要事必躬亲，包揽一切公共事务，也并非要事无巨细，事事过问；它只需在整个治理过程中发挥统领作用，为整个治理行为及其过程明确方向、确定框架、制定规则与确保治理绩效；同时，政府在治理过程中所承担的责任并非与其他治理主体等同，它承担着确保治理成功的职责或当治理失败时必须承担首要责任。可见，“元治理”是一种有效的黏合剂，能够将科层治理、市场治理和网络治理三种基本的治理模式黏合起来，使得三种治理模式在治理中协同发挥作用，以实现对社会治理的最佳效果。

六 本书创新意图

第一，研究视角的独特。本书研究视角的独特表现在两个方面：第一，本书在研究乡村治理转型时，敏于逆向思维，回过头来从历史中去挖掘传统社会中能够对现代乡村治理转型产生长远影响的本源型传统；第二，本书基于米格代尔“社会中的国家”的研究路径，提出了“家户与国家”的研究视角，通过探究国家与家户间的互动互构，来分析家户制的变迁及其乡村治理的转型。以上这两个研究视角具有一定的独特性。

第二，研究对象的新颖。本书在选取研究对象时，既没有选取宏观的社会整体的制度、结构进行研究，也没有转向微观层面探究个体和集体行动的“微观机制”，关注“行动者”的各种理性和非理性的偏好和选择机制对人类行动和互动的影响，而是从中观层面着手，选取家户制作为本书的研究对象，研究家户制的历史变迁及其对乡村治理的影响，并试图在宏观取向和微观研究之间寻求一种有效的衔接。与此同时，本书还将印度的村社制引入，作为本书研究对象家户制的参照对象，通过二者的比较和对照，更加明晰地凸显了家户制的特性。

第三，理论工具的适恰。本书选择历史制度主义作为理论工具，首先，学界目前对历史制度主义的研究和运用，主要集中于对国外理论的译介，有一小部分学者开始运用历史制度主义的理论与方法来分析当代中国的政治制度变迁和政策问题，而用历史制度主义来分析农村问题，特别是分析农村家户或者乡村治理，就笔者掌握的资料来看，乃是目前为止极富创新性的尝试。同时，历史制度主义对制度的二维研究路径，与本书的研究设计高度吻合，理论工具的选择具有相当的适恰性。在历史制度主义者看来，制度具有“二维性”或者说是“二重性”：一方面，将制度视为因变量，依循“行为—制度—结果”的路径，将制度放置在长时段的历史框架内去分析制度变迁的过程；另一方面，又将制度视为自变量，依循“制度—行为—结果”的路径，从共时性的横切面去研究在某一具体时段内，制度对行为的影响以及制度与行为间的互动。这样的理论框架正好和本文的研究设计相吻合：一方面，将家户制置于中国漫长的历史长河中，从历时性层面去探究家户制传统的变迁过程；另一方面，又将家户制视为一种结构，从共时性层面去研究家户制对乡村治理的影响，从而将家户制传统的变迁与乡村治理的转型有机结合起来。

第四，研究结论的创新。本书通过研究，得出了如下结论：家户制是中国乡村社会的本源型传统，家户制形塑出的独立、完整的个体家户构成乡村治理的基础；在独立、自主和完整的个体家户基础上形成的家户间的联接网络，构成乡村治理的基础性制度，而由这一联接网络构成的村落共同体形成了中国乡村自治的传统；未来乡村治理的现代化转型，应该赋予家户充分的自主权，走一条“有限主导——内源式推动”的转型之路。这些结论具有一定的创新性。与此同时，为了能够使这些具有前瞻性的结论在未来能够走向现实，笔者在已得出的结论的基础上，进一步提出了有针对性的政策建议。

第二章

视角、理论范式与方法论

对乡村治理现代化转型研究，学者们多采用“国家—社会”的研究视角或分析框架，其间，国家与社会、乡村组织、官治与民治等基本概念构成了这一理论框架的“语义场”。如前所述，本文借鉴米格代尔“社会中的国家”研究路径，将“家户与国家”确定为本文的研究视角，以新制度主义之一的历史制度主义作为本文的理论基础与方法论。接下来本章将深入阐述“家户与国家”这一研究视角以及历史制度主义理论范式与方法论的理论内涵、理论要素及其与研究主题的适恰性问题。

一　研究视角：家户与国家

17 世纪，即在资本主义和工业革命达到鼎盛之前一百年，托马斯·霍布斯写成了《利维坦》一书，从那时起，思想家们就开始探索权力不断增长的国家（state）和其在社会中的作用。工业革命之后，古典社会思想家如马克思（Marx）、韦伯（Weber）和涂尔干（Durkheim），均致力于围绕后来由卡尔·波兰尼（Karl Polanyi）所说的“大转型”① 所带来的问题对国家和社会关系进行研究。“第二次世界大战”后，随着帝国的解体催生出一系列新兴国家，它们在形式上基本上都建立起了现代化组织架构，具备了现代国家的形态，但如果检视这些国家中机构的实际绩效，却又发现，“这些国家的外壳可能相像，但内在的东西却惊人的不同”②，于是学者们又开始围绕第三世界国家现代化中，国家与社会这两种力量何种

① Karl Polanyi, *The Great Transformation*: *The Political and Economic Origins of Our Time*, Boston: Beacon Press, 1944.

② ［美］乔尔·S. 米格代尔：《强社会与弱国家：第三世界的国家社会关系及国家能力》，张长东、朱海雷等译，江苏人民出版社 2012 年版，第 8 页。

力量处于“支配与变革”地位开展讨论。围绕以上主题的讨论，学术界一直在“社会中心理论”和“国家中心理论”之间摇摆。最近几十年中，理论家们在经历了过去五百年间主要的社会和政治转型后，似乎已经向国家中心理论倾斜，“他们已经明确地承认了国家在决定社会支配模型中发挥的关键的、制度性的作用”①。

米格代尔在对第三世界的国家社会关系进行研究后发现，“国家并不总像有时被描述的那样，在宏观社会变革中是不受约束的原动力。不可否认，国家从国际环境中获得的实力将它们推上了重要的位置，并且这也为它们扮演此角色提供了资源以维护其地位，特别表现在外交、战争、转移支付等方面。但同时，国家也经常受到国内环境要求社会独立重组的严重约束。国家的自主性、政策倾向、国家领导者的当务之急，以及国家的凝聚力都极大地受到其管理的社会的影响。”② 他认为，包括国家在内的社会组织混合体是共生共存的。也就是说，国家被这些内在力量包围着，或者实际上是被其改变着，就像被其他国际力量改变着一样。但是社会也同时被国家改变着。与此同时，米格代尔认为，为了打破国家与社会二分的解释体系，超越在国家和社会之间建立平衡，矫正极端的国家中心论的研究倾向，我们需要打破未分殊化（undifferentiated）的国家和社会的概念，采取一种动态的、过程导向的研究路径，这样才能理解它们如何各自朝着多种不同的方向行进，并最终导向不可预测的支配和社会转型模型。虽然米格代尔基本站在国家中心论者的天平一端，但他还是谨慎地平衡着自己的学术进路，他毫不掩饰对兼容并蓄的学术风格的赞许，在继承和吸收波兰尼和他导师亨廷顿关于“制度与环境”“嵌入”等思想和概念的基础上，并结合上述他自身的思考，提出了“社会中的国家”这一研究路径，其核心观点就是：国家和其他社会形式的相互作用是一个持续变化的过程。国家不是固定不变的实体，社会也不是，它们共同在相互作用的过程中改变各自的结构、目标、规则以及社会控制。它们是持续相互影响的。

在米格代尔“社会中的国家”的研究路径中，社会是一个宏大而宽泛的概念，它指代包围在国家周围的一切社会形式或社会力量。为了使本

---

① ［美］乔尔·S. 米格代尔：《社会中的国家：国家与社会如何相互改变与相互构成》，李扬、郭一聪译，江苏人民出版社 2013 年版，第 102 页。

② 同上书，第 58 页。

书的研究更加聚焦和细化，本书从社会这一包罗万象的范畴中，重点选取农村家户作为具体对象，拟从家户与国家互动互构的视角去研究中国家户制传统的变迁及乡村治理的转型。农村家户作为环绕在国家周围的重要社会形式和力量，它在被国家形塑的同时，也在影响着国家。从实践角度看，虽然在现实中，国家似乎总是处于支配和主导地位，通过政策下乡、制度下乡、资本下乡等方式和手段，影响并形塑着农村家户，但农村家户也会通过“弱者的武器”去影响和改变国家的政策，哪怕是位于边远地区的几个农村家户，也会影响到国家的政策；从中国乡村治理转型的历史过程看，中国乡村治理转型也一直处于国家与农村家户的交替互动中。而且，考虑到我国农村所具有的自治性传统和内源式发展的特性，在国家与家户的相互影响中，国家更应该重视和尊重农村家户的主体地位，也就是说，农村家户理应对国家政策的影响更多一些。因此，本书借鉴米格代尔“社会中的国家”研究路径，秉持动态的、过程取向的研究方式，从家户与国家互动互构的视角去分析中国家户制传统的变迁以及乡村治理的转型。

二 理论范式：历史制度主义

自从詹姆斯·马奇和约翰·奥尔森于1984年在《美国政治科学评论》杂志上发表《新制度主义：政治生活中的组织因素》一文以来，“新制度主义”一词在政治科学领域中出现的频率越来越高。① 随着新制度学派的研究领域和分析途径的不断拓展，越来越多的人开始加入到这一行列之中，越来越多的问题开始纳入新制度主义的视野，以至于有人开始惊呼：“现在我们都是新制度主义者了。”② 而在新制度主义政治学的各大流派中，真正从政治科学的传统中生发出来，最早成为方法论意义上的新制度主义的就是历史制度主义（Historical Institutionalism）③。历史制度主义正

① 何俊志、朱德米等：《新制度主义政治学译文精选》，天津人民出版社2007年版，第1页。

② Mark D. Aspinwall & Gerald Schneider, Same menu, separate tables: The institutionalism turn in political science and the study of European integration, *European Journal of Political Research* 38: 1－36, 2000.

③ B. Guy Peters, *Institutional Theory in political science: The New Institutionalism*, London and New York: Wellington Horse, 1999, p. 65.

式产生的时间并不长，真正开始出现这个名字是在斯坦莫、西伦等人1992年主编的著作《建构政治学：比较分析中的历史制度主义》[1]中，之前都是用一个新制度主义的共有名称来统称。从此以后，这一名词就发展成为一个被许多学者所承认并投入其中的重要流派。随着越来越多的政治学者和学生们投身其中，运用这一理论模式来研究或宏观、或中观的社会政治问题，人们越来越感到这一理论方法对研究现实问题的分析便捷性和准确切入性，于是，一大批优秀的政治学著作应运而生，而政治学也因此似乎进入了一个历史与现实融通、理论与经验结合、必然与偶然衔接的新时代。那么，历史制度主义这一理论范式是如何产生与发展的？其理论要素、核心观点及方法论又是什么呢？要弄清这些问题，我们首先必须对这一理论流派的家世渊源及其流动脉象作一个梳理。

（一）历史制度主义的兴起背景

1. 传统制度主义的理论困境

政治制度的研究是政治学研究的传统。在一定意义上讲，政治科学就是起源于对政治制度的研究。从古希腊的柏拉图和亚里士多德开始，对于政治制度的探讨成为政治学的一个经典论题。亚里士多德在其对于城邦国家的研究中提出了一个有关政治制度研究的分析框架，在这个分析框架中，权力作为制度研究的一个核心概念，它按最高统治者之间的分配状态以及最高统治者行使它的不同方式构成了不同的制度。据此，亚里士多德提出了相应的政治制度分类体系。随后亚里士多德的传统经过近代著名政治思想家的继承和发展继续发扬光大，成为探索和丰富理想政治体制的重要模式。卢梭、洛克的研究提供了理想体制的标准，托克维尔对美国和法国的研究凸显了两个国家政治制度的差异，尤其是体制所包含的自由与专制精神的差异。其后，一批宪政作品的问世又将政治学拉到了更加精密、更有逻辑的体制设计的传统内，一些基本的宏大体制问题如国家体制、权力分立体制、国会权力等内容都得到了深入的探讨和辨析。可以说，在这一时期的政治科学中，存在着一个重视制度的传统，几乎所有的政治学家都天然地把政治制度当成自己的研究对象，强调制度的重要性构成传统制度主义范式的理论“硬核”。

---

① Kathleen Thelen and Frank Longstreth, eds., *Structuring Politics: Historical Institutionalism in Comparative Analysis*, Cambridge: Cambridge University Press, 1992.

近代以来，随着自然科学的蓬勃发展以及实证主义在社会科学中的广泛运用，情况发生了明显的变化，特别是第二次世界大战以后，传统制度研究本身所具有的内在矛盾日益凸显出来，包括政治使命与政治科学的矛盾、价值理性与工具理性的矛盾以及有限的理论模式和普适性理论的矛盾等。同时，传统制度主义因过分关注静态的、宏观层面的政治机构和法律条文，而忽视政治过程的发展，忽视对政治主体的政治行为的研究，忽视政治主体以外的文化、社会和意识形态等因素对政治机构的影响而饱受诟病，其经验——规范研究的方法论也遭到来自实证主义者们的质疑。也正是因为传统制度主义本身所具有的缺陷，导致20世纪三四十年代西方政治学中行为主义学派的兴起，并逐渐成为政治学主流理论。

2. 行为主义与理性选择途径的内在缺陷

随着行为主义学派在政治学领域的兴起，在“行为主义”的影响下，当时的政治学家同样希望将政治学改造成为和自然科学同样简约和实证的社会科学，主张政治学要成为科学，须依据实证主义的原则，研究可观察的政治现象与个体行为，提出假设，以量化的方法验证假设，建立经验性的通则，发展“普遍性理论”来解释、预测政治现象；与此同时，在研究内容上出现了否定国家的作用，凸显社会的重要性，制度分析让位于行为研究，个人理性选择取代了制度的约束；在研究方法上倾向于价值中立和实证研究。在此期间，理性选择途径亦成为行为革命的一部分，采取了经济学的假设与演绎的方法。皮特斯（Peters）将行为主义与理性选择途径的共同之处归纳为：（1）理论与方法：同样透过精确的科学方法，发展具有内在一致性、一般性的理论，行为主义主张自然科学的推广运用，而理性选择理论主张以经济学的方法统一社会科学；（2）反规范偏见：强调科学方法，去除政治学中的价值规范因素，认为传统制度主义具有强烈的偏见，不具备科学的客观性；（3）方法论的个人主义：研究焦点集中于个人行为，个人效用极大化是个体行动与政治的动力，集体行为是个体行动的加总；（4）输入论：将政治制度视为“黑箱”，仅反映个人、团体的利益“输入”而转化为“输出”，亦即个体行动影响政治制度，是单向的因果关系。①

① Peters, B. G. *Institutional Theory in Political Science: The New Insititutionalism.* London: Pinter Press, 1999, pp. 12 – 15.

然而，行为主义与理性选择途径的缺陷却同样明显。70年代以来，政治学界对于行为主义与理性选择途径的研究范式进行了广泛的批评：首先，政治科学的性质与自然科学有一定的差距，是否所有政治议题皆可适用自然科学的逻辑与方法，并建立理论？毋庸置疑，答案是否定的。过于强调科学方法，将制度分析、规范性理论与诠释性分析排除于政治学之外，将束缚学者的思考与创造力，缩小政治学的研究范围；其次，行为主义的价值中立，在政治学中难以实现，研究者决定何人是被观察的对象时，就很难避免价值判断；① 再次，若政治学只研究民意、投票、利益集团等微观的政治行为，达到理论的精致，却忽视政治活动中各种重大价值、象征，其后果是既不能充分解释总体政治社会的变迁，亦无法判断各种议题的优先顺序；最后，两者都是方法论的个人主义，假设理性与偏好既定，也同样具有一定的缺陷。正因如此，以至于有学者批评，“在过去的三十年中，经验的社会研究主要以抽样调查为主，但是，正如人们常常提到的那样，调查是一种社会的绞肉机，它把个体从其所在的社会情境中抽离出来，并假定研究对象之间不存在联系。”②

对行为主义研究范式批判的另一方面来自新制度主义者。在新制度主义政治学家詹姆斯·马奇和约翰·奥尔森看来，行为主义政治学具有五个方面的缺陷。“尽管制度的观念在政治科学理论中从来没有消失过，但大约自1950年以来，政治科学理论的思维范式具有五大特征：一是背景论，倾向于把政治看作是社会整体的一部分，而不太愿意将政治组织与社会其他的部分区分开来；二是化约论，倾向于把政治现象当作是个体行为聚集的结果，而不太愿意把政治的结局归因为组织的结构和适宜的行为规则；三是功利主义，倾向于把行动看成是来自自我利益的筹算，而不愿意把它看作是政治行为者义务和责任的回应；四是功能主义，倾向于把历史看成是达到唯一的适宜均衡的有效机制，而较少关注历史发展中的适用性欠佳和多种可能性；五是工具主义，倾向于把决策和资源分配看作是政治生活关注的中心，而较少关注到政治生活中通过符号、仪式、典礼而围绕着意

① Sanders, D. Behavouralism. In D. Marsh & G. Storker (Eds.), *Theory and Method in Political Science* (2nd. pp. 45 - 64). New York: Palgrave Macmillan Press.

② C. Freeman, *The Development of Social Network Analysis: A Study in the Sociology of Science*, Vancouver, Canada: Booksure Publishing, 2004, p. 128.

义的展开加以组织的问题。”① 由于这五方面的缺陷，行为主义政治学脱离了客观实际。在对行为主义批判的基础上，20 世纪 70 年代理性选择理论和新制度经济学开始“侵入”政治学领域，导致新制度主义政治学的兴起。1984 年詹姆斯·马奇和约翰·奥尔森在《美国政治科学评论》上发表《新制度主义：政治生活中的组织因素》一文，系统提出了他们的“新制度主义政治学”的观点。1996 年彼得·豪尔和罗斯玛丽·泰勒在英国的《政治学研究》上发表《政治科学与三个新制度主义》② 一文，所提出的三分法，即“理性选择制度主义”“历史制度主义”和“社会学制度主义”在很长一段时间内是公认的划分方式。

（二）历史制度主义的发展历程

作为新制度主义政治学中“三大流派”之一，从传统政治学中“土生土长”出来的同时又兼具折中和融合色彩的历史制度主义，其本身的发展也经历了一个漫长的过程，它开创性地走出了一条分析社会历史和政治现实的学术道路。

1. 起步阶段

作为新制度主义政治学范式中的历史制度主义虽然产生的时间不长，但其源头却可以追溯到 20 世纪 40 年代，标志性的成果就是 1944 年出版的被誉为开新制度主义先河的波兰尼的《大转型》，其后巴林顿·摩尔的《民主和专制的社会起源》（1966）、亨廷顿的《变革社会中的政治秩序》（1968）以及斯考切波的《国家与社会革命》（1979）等也属在行为主义方法论风行之间或者之后的首批制度分析大作。这些著作无疑是当今政治学中的经典名作，他们虽没有明确总结出历史制度主义方法论，但其中所蕴含的思想、理论及方法无疑为后来历史制度主义的发展奠定了坚实的基础。

波兰尼的《大转型》被视为历史制度主义的源头并不是偶然的，他的研究主题虽然是具有抽象思考性的对自由市场的批判和对法西斯主义的反思，但其选择的基础点却是历史制度主义的。他立足于历史和“具体制

① ［美］詹姆斯·G. 马奇、约翰·P. 奥尔森：《新制度主义：政治生活中的组织因素》，载何俊志、朱德米等编译《新制度主义政治学译文精选》，天津人民出版社 2007 年版，第 20 页。

② ［美］彼得·豪尔、罗斯玛丽·泰勒：《政治科学与三个新制度主义》，载何俊志、朱德米等编译《新制度主义政治学译文精选》，天津人民出版社 2007 年版，第 46 页。

度层次"[①] 的分析，从维持19世纪和平的四大制度进入20世纪四大制度的瓦解或者变革，再到市场扩展过程中的具体制度，以及对前市场社会以馈赠和互惠为核心的交换制度的分析，都严密围绕制度的变迁和制度在历史中的作用来分析社会大变革的问题。这毫无疑问既继承了传统制度主义对宏观制度的关注，又开创性地展开了对历史演变过程中的中层制度的研究，通过中层制度的构成和功能分析来铺展社会变迁的新阐释。[②] 巴林顿·摩尔的《民主与专制的社会起源》是历史制度主义发展早期的另一力作。和波兰尼一样，他也将研究主题锁定在宏大社会政治变迁问题上，但不同的是，摩尔的比较研究更是紧紧围绕着后来成为历史制度主义核心要素的历史和制度来展开的。在历史要素上，在摩尔之前，当时西方现代化研究的正统理论认为，所谓现代化进程，必将是欧风美雨吹拂全球的历史进程，资本主义和西方民主，是进入现代工业社会的唯一通道和最终归宿。但摩尔却依据大量历史事实雄辩地揭示出：西方民主只是特定历史环境中结出来的果实，通向现代社会的历史道路和与之相适应的政体形态是形形色色的，不同的历史文化和社会结构制约了各个国家选择自我道路的

① ［英］卡尔·波兰尼：《大转型：我们时代的政治与经济起源》，浙江人民出版社2007年版，第121页。

② 参见刘圣中《历史制度主义：制度变迁的比较历史研究》，上海人民出版社2010年版，第80—121页。在此笔者还想谈谈本书采用历史制度主义范式作为理论基础的渊源。笔者最早接触历史制度主义相关著作是中山大学何俊志教授的作品，并通过他作品中析出的参考文献去查阅国外历史制度主义的相关文献，使我对历史制度主义有了初步的了解。在确定好博士毕业论文的选题后，发现历史制度主义恰好可以作为论文选题的理论工具；但是，随着论文研究的逐步深入，发现我对历史制度主义的理解依然不够彻底和深入，在将历史制度主义和研究主题进行深度融合时遭遇了瓶颈。2014年12月，我在南昌大学参加了由国家民政部基层政权与社区建设司、南京大学公共事务与地方治理研究中心、南昌大学廉政研究中心与上海社会科学联合会《探索与争鸣》杂志社联合主办的"中国农村村民自治与基层治理"学术研讨会，有幸认识了南昌大学公共管理学院刘圣中教授，并拜读了由他博士后出站报告改编而成的著作《历史制度主义：制度变迁的比较历史研究》，他对于历史制度主义理论系统而全面的研究，使我对历史制度主义有了更加深刻的理解，这为我后续的研究奠定了基础。目前，国内关于历史制度主义的研究并不多见，我想何俊志、刘圣中等学者们对历史制度主义理论进行艰苦卓绝的研究，其目的不仅是让国内学者和学生们能够了解国外政治学领域这一最新的理论范式，而且也希望国内学者和学生们能够运用这一理论去研究中国命题，解决中国问题。笔者试图在前辈理论研究的基础上，运用历史制度主义这一理论范式，去研究一点中国问题，希望能够对历史制度主义在实践中的运用作一点力所能及的探索。

方式和路径。在制度分析的运用上，摩尔在纷乱迷繁、气象万千的全球性现代化进程中梳理出三条主要的政治发展脉络后，他进而又对这三种现代政治制度模式是如何产生的这一问题进行分析，此时制度在摩尔这里又近似一个因变量。他巧妙运用马克思的阶级分析方法，将不同国家两大对立阶级的分布、关系、力量以及策略进行了详细的比较，从而比较可信地揭示了三条道路或者三种现代政治制度建立的根源。他的这种学术创造开辟了作为因变量的制度分析的历史传统模式。亨廷顿的《变革社会中的政治秩序》比摩尔的《起源》晚两年，其研究方法和摩尔非常相似，都选择了制度作为分析的对象，并分析了制度建立的要素，尤其是社会力量要素。摩尔分析了决定政治制度产生和变革的贵族与农民阶级力量对比要素，而亨廷顿还分析了决定制度变迁和稳定的军人、资本家、农民以及学生等更加广泛的社会力量。摩尔分析了一些主要国家现代化道路的差别，而亨廷顿更加集中分析了第三世界国家现代化和政治发展过程中制度建设的特征以及对社会的影响。当然，亨廷顿的分析视角也有他的独特之处，比如他从经济发展的起点出发，研究经济发展过程中出现的贫富分化所带来的社会挫折感，然后由这种挫折感所导致的各种社会力量政治参与的扩大化；同时，他对制度的分析也和以往不同，他把更多的社会要素纳入制度中，突出了政治制度的社会功能。斯考切波是摩尔的学生，其思想毫无疑问直接受到她导师摩尔的影响，她的博士论文《国家与社会革命》研究主题几乎与摩尔的著作相近，自 1979 年出版后即在学术界产生了巨大影响，也算得上是早期历史制度主义的重要代表作，她的革命研究最能代表历史制度主义的地方也在于她对制度的分析。

总体上看，这一时期的历史制度主义理论还没有自觉地形成体系完备、脉络清晰的理论范畴和相关研究旨趣，但这些经典名著中的思想、核心观点及方法论无疑为冲破行为主义的桎梏，开创更具历史感和更有制度厚度的新历史制度主义奠定了坚实的理论基础。

2. 理论成型和范式确立阶段

到了 20 世纪 70 年代，随着理性选择理论和新制度经济学在政治学领域的广泛运用，为政治学的研究提供了一种新的思考方向和研究视角，使政治学者“重新发现制度”，开始重新把制度纳入主流政治学理论视野。最先尝试的是两位从事组织理论研究的政治学家马奇和奥尔森，他们于 1984 年在美国《政治学评论》上发表了《新制度主义：政治生活中的组织因素》一文，首次提出“新制度主义”的概念，标志着新制度主义的诞生。与此同时，1982 年在纽约召开的题为“当今国家理论研究实质”的学术会议上，斯考波切发表了“回归国家”的论文，提出政治学要重新把国家纳入研究视野。随后 1985 年，埃文斯等人以此为名编辑出版了《回归国家》一书，标志着回归国家学派的形成。时间到了 1992 年，凯瑟琳·西伦和斯文·斯坦莫在论文《比较政治学中的历史制度主义》中第一次明确提出了历史制度主义的概念。尽管新制度主义学派已经面世很多年，但对一大批学者所具备的历史制度主义思想还没有人来总结，这正是他们的目的。他们在其著作《比较政治学中的历史制度主义》的首章中，通过系统的整合理论，将此学派正式定名为历史制度主义，确立研究目的；在反省行为主义的限制中，重返制度研究；进一步批评理性选择制度主义的假设，认为制度亦塑造行动者的理性与偏好，强调政治结果不只是个体策略互动所造成，更受制度影响；为避免如同结构功能论带来“结构决定论”的缺失，以制度为中心连接国家与社会、折中社会结构与个体行动，提出“中层理论”的研究设计与方法，并建构制度形成与变迁的分析框架。他们通过总结和探索，使历史制度主义逐渐确立了自己的方法论原则和核心要素，其理论框架也逐渐浮出了水面。

到了 1996 年，被视为历史制度主义代表人物之一的哈佛大学彼得·霍尔与罗斯·玛丽·泰勒合作发表了《政治科学和三个新制度主义》，又进一步总结了新制度主义中的三个流派，并对其进行了理论的区分和总结。这篇影响深远的文章更加明确地突出了历史制度主义的理论地位。正如豪尔和泰勒所言，“历史制度主义接受了集体理论的这样一个观点，即对于稀缺资源的竞争所造成的各个集团的冲突，构成了政治的核心。所不同的是，历史制度主义需要寻求对不同国家的不同政治后果和政治后果的不平等作出更好的解释。”① 作者在文章中进一步概括了历史制度主义的四大特征：（1）历史制度主义倾向于在相对广泛的意义上来界定制度与个人行为之间的相互关系；（2）他们强调在制度的运作和产生过程中权力的非对称性；（3）他们在分析制度的建立和发展过程中强调路径依赖和意外后果；（4）他们尤其关注将制度分析和能够产生某种政治后果的

① Peter A. Hall and Rosemary Taylor, “Political Science and the Three New Institutionalisms”, *Political Studies*, 1996, XLIV, pp. 936 – 957.

其他因素整合起来进行研究。通过这一段时期的总结和探索，历史制度主义逐渐成为一个公认的理论流派。

3. 理论的拓展与深化阶段

从20世纪90年代末至今，历史制度主义理论进入了拓展与深化阶段。特别是进入21世纪，历史制度主义流派已经从一个研究者不多的学派发展成为一个拥有越来越多参与者和支持者的新兴团队。其中影响最大的莫过于保罗·皮尔逊，其代表理论是2000年发表后获得美国政治学会佳作奖的论文《增长回报、路径依赖与制度变迁》。在该篇文章里，皮尔逊将经济学者在研究社会过程中发现的“回报递增”自我强化机制，转向应用于政治学的制度研究，检证政治领域因政治生活的集体性、政治制度的密集性、政治权力的非对称性、政治生活的复杂性与不透明性等因素更易于产生路径依赖的特性，导致政治制度有维持现状的倾向，本文奠定了历史制度主义关于路径依赖的权威性的基础框架。

随后皮尔逊还和斯考切波在2002年合作写了一篇重要的理论文章《当代政治学中的历史制度主义》，对历史制度主义理论进行了总括性的分析。他们概括出历史制度主义的三个特征：第一，历史制度主义集中关注重大结果和负责难题；第二，为了建立对重要结果或者困惑的解释性论点，历史制度主义者认真对待时间问题，细分序列和追溯不断变化的规模的转型和过程以及瞬时性问题；第三，历史制度主义者同样也分析宏观背景和关于制度和过程的混合效果的假设，而不仅仅考察在一个特定时间的一种制度或者过程。[①] 同时，皮尔逊除了进行总括性的理论工作外，他还在其2004年发表的理论著作《时间中的政治》中，基于他个人以及许多路径依赖研究成果的基础上，开创性地提出历史和时间的重要性，倡导政治学研究要来一个“历史转向”[②]。总体来看，这一时期的历史制度主义理论与前一段相比更加成熟，并开始有意识地形成自己的理论体系。

（三）历史制度主义的理论要素

在比较政治学和比较政治经济学研究中，制度的“重新发现”开创

---

① 刘圣中：《历史制度主义：制度变迁的比较历史研究》，上海人民出版社2010年版，第109页。

② Paul Pierson, *Politics in time*: *History*, *Institutions*, *and Social Analysis*, Princeton and Oxford: Princeton University Press, 2004, p. 4.

了一个令人激动的研究议程，而历史制度主义者们在将“制度”这一核心要素置于研究议程主导位置的同时，又不约而同地把目光集中在中观层面上的历史随机性和“路径依赖”，并借鉴了行为主义学派的行动分析，将宏大制度与具体行为联接起来，巧妙地处理了结构、历史与政治行为间的关系，从而开创了政治学研究的新局面。概括起来，在历史制度主义的理论体系中主要包含制度理论和时间理论。而在阐释历史制度主义这两大理论之前，有必要对历史制度主义中的“制度”内涵有一个清晰的界定。

1. “制度”的内涵

尽管历史制度主义研究的文献林林总总，但从理论层面对“制度”的界定却存在着较大分歧。关于制度的含义，历史制度主义者目前普遍接受的是彼得·豪尔（Peter Hall）的界定。豪尔将制度界定为“在政治和经济各领域形塑个人之间关系的正式规则、顺应程序和标准化的惯例。”① 后来，豪尔又从三个层面提出了更为细化的制度概念。② 首先，广义的制度是指与民主主义和资本主义相关的基本制度和组织结构，比如，宪法中有关选举的规定和产权等经济制度。其次，中间层次的制度是指与国家和社会的基本组织结构相关的框架，主要指政党体制等政治体制的特点和国家组织的具体形式以及劳工组织的结构和资本的组织形式等。最后，狭义的制度是指公共组织模式化的习惯、规定和一般程序等，它包括正式和非正式的规制。一般而言，历史制度主义关注的是豪尔界定的第二层面，即能够在行为者和宏观结构之间起到桥梁作用的中观层面的制度。

从以上对历史制度主义中“制度”内涵的界定可以看出，虽然历史制度主义者对制度的界定较为宽泛，但他们将研究的重心更多地聚焦于中观层面的制度，并在“结构——行动”的框架中来定义制度，因此，概括来看，历史制度主义中的“制度”具有如下特征：第一，关系性。历史制度主义者所关注的是整个国家和社会制度的关系性特征，认为是政治制度在界定国家与政治行动者的利益边界，并形塑着各种相关群体的权力

① Hall, P. A. *Governing the Economy*: *The Politics of State Interbention in Britain and France*. New York: Oxford University Press, 1986. p. 19.

② Hall, P. A. The Movement from Keynesianism to monetarism: Insititutional Analysis and British Economic Policy in the 1970s. in Sven Steinmo, Kathleen Thelen and Frank Longstreth eds. *Structuring Politics*: *Historical Institutionalism in Comparative Analysis*. New York: Cambridge University Press, 1992. pp. 90 - 113.

关系。第二，结构性。在历史制度主义者看来，各种社会力量和社会角色不是被动的反应者，而是被制度组合起来影响政治进程的发展和演变。第三，稳定性。历史制度主义者认为，制度结构一旦建立起来后，就处于一种相对稳定的状态之中。第四，互补性。历史制度主义者认为，如果承认制度不是单一体而是由多种要素构成的复合体，就自然会关注通过下位制度的组合塑造上位制度的可能性。由于新制度是由多种制度组合而成的，就自然会出现制度的互补性。第五，因果关系的复杂性。历史制度主义认为，制度结构与社会和经济环境之间是一种互为因果的关系，在因果关系中，制度既可以是自变量，也可以成为因变量，制度地位的转换取决于历史发展的顺序和所处的阶段。第六，非中立性。历史制度主义者认为，任何一套制度都不可能平等对待每一个参与者，都为不同的政治行为者提供了不同的权利、资源和限制，其本身就为政治行动的展开设置了条件和偏见。

2. 制度中的历史与行为：制度理论

历史制度主义的制度理论包含制度变迁理论和制度功能理论。制度变迁是把制度当作因变量，分析制度在什么客观条件和情景下将会发生再生、转型、替换或者终止的过程，因此，从过程上来看，包括制度生成、路径依赖以及制度变迁。而制度功能理论则是反过来把制度当作自变量，分析制度作为一种重要的结构性因素是如何影响着相关的政治行为、政策选择以及政治效果的。当然，严格来说，制度变迁和制度功能是密不可分的，制度变迁导致制度功能的变化，而制度功能也推动着制度的变迁。

（1）制度中的历史：制度的生成、路径依赖与变迁

第一，制度的生成。制度在动态的历时性过程中生成并维系，故制度的生成、维系与变迁在形式上构成了制度运作过程的不同阶段，而解释制度的生成和变迁也就成为社会科学研究中的重要命题。卡尔·马克思从社会经济因素，即生产力和生产关系的矛盾运动来分析和研究政治制度的形成和变迁，而马克斯·韦伯从合法性和合理性的角度来观察政治制度的形成和变迁；行为主义则因为忽视制度而基本上没有形成成熟的制度生成理论。现代政治科学真正从自身的生成变化规律角度来研究和解释制度生成和变迁的是以诺斯为代表的新制度主义经济学家，他们从产权理论、囚徒困境和交易费用的角度对制度的生成和变迁进行分析，并构建出精致的制度生成和变迁理论模型。在新制度主义政治学中，深受新制度主义经济学

影响的理性选择制度主义从功能主义视角，并基于行为主体理性选择的假设前提下，提出了一套制度生成和变迁理论。在理性选择制度主义看来，制度的产生和存续是因为相关的利益主体为避免两害达到两利而形成的一种自我约束的契约规制，这种规则能够为相关个体带来较之于其他制度而言更多的好处。

但历史制度主义者认为，理性选择制度主义这种制度起源理论虽然为政治科学的制度起源提供了精巧的解释，但同时也存在缺陷，如它的功能主义视角、目的主义以及自愿主义色彩等[①]。因此，在融合了理性选择制度主义制度生成理论将个体视为扩大自身利益的行动者的观点，以及谢茨施耐德在 20 世纪 60 年代提出的冲突分析框架的基础上，历史制度主义提出了自己的制度生成理论的框架。第一，新制度的创设或采用是在已经充满了制度的世界中进行的。在历史制度主义者看来，现实制度的产生和变迁活动，不可能在制度真空中进行，任何一种制度的形成和发展都是在既有制度的影响或关联中产生。第二，制度起源于既存的制度偏见所引发的冲突而不是合作，或者旧制度在新环境下所面临的危机，从而引发出原有制度之下的政治主体产生改变现存权力的企图。在为建立新制度而展开的斗争中，既存制度在引发出冲突的同时，已经将一部分人置于有利地位而将另外一部分人置于不利地位。由于冲突的双方都受到了既存制度的约束或激励，因此在冲突双方的头脑中都存在着原有的制度模版，他们的思维模式和认知状况也都有可能受制于原有的制度，所以，在冲突过程中所建立起的新制度虽然体现了强势一方的利益，但是建立的新制度中必然还会残留有旧制度的成分。第三，新制度的建立虽然存在着制度设计的成分，但是制度的起源并不在于理想化的设计。这是因为制度的理性设计必须满足三个条件：（1）制度本身必须是工具性的产物，即某种制度设计是为了达到某种目的。（2）制度的设计者必须具有充分的远见，能够预测到将来可能发生的事情。（3）制度的运作必须在意料之内，即没有意外后果的发生。然而，事实上，在现实的制度设计和运作过程中，这三个条件都是很难满足的。首先，因为有些制度的选择并不一定就是为了达到某种提高效率的目的，而是由于它符合某种社会习俗或传统文化的要求；其

① 何俊志：《结构、历史与行为——历史制度主义对政治科学的重构》，复旦大学出版社 2004 年版，第 221 页。

次，任何制度的设计者都存在着一定的时间视域，不可能观测到制度运作的长远后果；再次，即使政治家能够以工具理性对待制度设计，并且能够预测到制度的长远后果，由于时间、精力和信息的限制，政治家也有可能因对形势的错误估计或对将来的错误预测而在制度设计中犯错误。最后，制度形成的偶然性。在历史制度主义看来，任何一种政治制度的形成都受制于其背景提供的机会，而这种机会又是另外一些事件的偶然性联系的结果。所以，他们在对制度的形成进行解析时，一再强调历史进程的无规则性而不是规则性。第五，历史制度主义虽然强调制度在政治生活中的重要地位，但是并不意味着制度是构造政治后果的唯一因素，利益、观念和制度三者的结构性关系也是历史制度主义关注的核心。

从以上历史制度主义对制度生成的解析可以看出，旧制度、环境和行动者是制度起源和变迁主要涉及的三个变量，制度的起源、变迁的方式和时机就取决于这三个变量之间的组合。同时，历史制度主义的制度生成理论在理论上的意义还在于，它将制度生成的研究方法从经济学制度主义和社会学制度主义的演绎推理转向归纳推理，强调要从实际历史的生发过程出发，而不是从特定的理论假设出发来探测制度的实际生发过程。在此基础上，历史制度主义进一步强调了制度的生发过程并不是一个纯粹的理性展开过程和利益博弈过程，而是一个制度、理性和观念的复杂组合过程。正是这一理论和方法上的转型，使得历史制度主义者们在现实的制度生成研究中看到了传统的演绎方法所不可能看到的制度生成的多样化过程。这无论是对于推进制度生成的理论还是拓展制度研究的理论框架，都有着重要意义。

第二，路径依赖。历史制度主义认为，新制度是各种政治力量冲突的结果，这种冲突结果的凝聚就逐步构成了新制度，而一旦正式走入某一制度之后，制度的自我强化机制，即路径依赖机制就会使得制度不断得到巩固和强化，直至新的结构因素的出现。

虽然现在把政治过程描绘成“路径依赖”日益成为社会科学家的一种共识，但“路径依赖”起初却是一个地地道道的生物学名词。20 世纪 70 年代初，美国古生物学家 Eldredge 和 Gould（1972）在研究物种灭绝问题时，发现物种进化往往是以跳跃方式而不是渐变方式进行的，偶然的随机突变因素会影响物种进化路径，并明确提出了“路径依赖”概念。① 美

① 尹贻梅、刘志高等：《路径依赖理论研究进展评析》，《外国经济与管理》2011 年第 8 期。

国经济史学家大卫（David，1985）[①] 首先把路径依赖概念引入社会科学领域，并且用它来研究技术变迁问题。随后道格拉斯·C. 诺思教授通过他的“制度研究三部曲”（《西方世界的兴起》《经济史中的结构与变迁》《制度、制度变迁与经济绩效》），将路径依赖引入经济史的研究中，使路径依赖成为新制度经济学派解释制度变迁的重要理论之一。诺思在考察了西方近代经济史后，认为一个国家在经济发展的历程中，制度变迁存在着路径依赖现象。即一种制度一旦形成，不管是否有效，都会在一定时期内持续存在并影响其后的制度选择，就像进入一种特定的路径，制度变迁只能按照这种路径走下去。而路径依赖也有不同的方向：[②] 一种情况是某种初始制度选定后，具有报酬递增的效果，促进了经济的发展，其他相关制度安排向同样的方向配合，导致有利于经济增长的进一步制度变迁。这是一种良性的路径依赖。另一种情况是某种制度演变的轨迹形成后，初始制度的效率低下，甚至开始阻碍生产活动，那些与这种制度共荣的组织为了自己的既得利益而尽力维护它。此时这个社会陷入无效制度，进入“锁定”状态，这则是恶性的路径依赖。

而真正将路径依赖引入政治学，并对路径依赖在政治制度分析中的适用性作出比较系统的回答的是历史制度主义者皮尔森，他在《回报递增、路径依赖和政治科学研究》中认为，与经济领域相比，政治和行政领域具有如下特征：首先，不存在竞争和学习等提高效率的机制；其次，行为者的视界狭隘；最后，制度具有很强的维持现状的倾向。[③] 由于这些特征的存在，政治和行政领域中的路径依赖现象显得更为普遍和突出。河连燮综合皮尔森、诺斯、莫尔、阿马波尔的观点，系统阐述了为何能将路径依赖理论适用在政治、行政领域研究的理由：（1）集体行动的主导作用；（2）制度的高度密集；（3）能够运用政治权威提高权力的非对称性；（4）其内在的复杂性和不透明[④]，由此奠定了路径依赖在历史制度主义中

---

① David, P A. Clio and the Economies of QWERTY. *American Economic Review*, 1985, 75 (2): 332 - 337.

② 杨光斌：《政治变迁中的国家与制度》，中央编译出版社 2011 年版，第 56 页。

③ Pierson, Paul. Increasing Returns, Path Dependence, and the Study of Politics, *American Political Science Review*, 2000, 94 (2).

④ ［美］保罗·皮尔逊：《回报递增、路径依赖和政治科学研究》，载何俊志、朱德米等《新制度主义政治学译文精选》，天津人民出版社 2007 年版，第 203 页。

的理论基础。那么，在政治和行政领域中的制度变迁是如何产生路径依赖的呢？历史制度主义者认为，这是因为制度变迁过程存在着制度回报递增的机制，亦即制度存在越久远，政治行为者在现有的制度中运作的时间越长，制度对行为者所带来的边际报酬将会越大，改变原有机制的成本也就越高，从而使得现有制度产生巨大的存续力量，未来制度变迁的选择范围也因此受到限制，而被“封锁”在特定的路径上。在制度变迁中，路径依赖一旦形成，之后变迁会因制度“已支付成本”的考量，便会依循原来的路径进行。且路径依赖强调，在制度形成之初所作的决定，会对未来的制度发展产生持续且巨大的决定性影响，因而也限制了未来制度变迁的方向。概括起来，历史制度主义的路径依赖，就是指制度的一种自我强化机制，即一旦某种制度被选择后，制度本身就会产生出一种自我捍卫和强化机制，使得扭转和退出这种制度的成本将随着事件的推移越来越困难。

第三，制度变迁。历史制度主义者在理论上完成了由制度形成到路径依赖的这一理论论证之后，还必然要从理论上回答另外一个问题：既然任何政治制度在产生后都表现出极大的路径依赖特征，那么，又如何解释在现实世界中大量存在的制度变迁现象呢？制度变迁的动力又来自何处？在处理这个问题时，历史制度主义者首先并不认为政治制度的路径依赖现象会一直存在下去，而是将形成之后的制度分为制度存续的正常时期和制度断裂的关键节点。他们认为，一旦制度在政治冲突中被设计出来之后，随即就会进入到路径依赖时期，在这个时期内，制度与环境之间、制度内部的各项制度之间和冲突的各方之间在既存制度之下都保持着某种平衡。但是，在制度的断裂时期，将有可能发生重大的制度变迁。正如克拉斯勒在其制度的断续性平衡理论中所指出的：“制度在经历了一段长时间的稳定之后，会在某一时期内被危机所打断，从而产生出突发性的制度变迁，自此之后，制度会再次进入静态平衡期。”① 根据制度变迁的类型，可以分为制度的功能变化、制度的演进和制度的断裂，在制度处于静态平衡时期，制度变迁主要表现为制度的功能变化和制度的演进。制度的功能变化，是指在制度的路径依赖时期，在制度自身并没有发生变迁的情况下，制度所置身的社会经济环境的变迁和制度自身的运作条件的变化可能导致

---

① Sven Stionmo, Katheen Thelen, and Frank Longstreth, eds. *Structuring Politics*: *Historical Institutionalism in Comparative Analysis*, Cambridge: Cambridge University Press, 1992, p. 9.

制度所发挥出的功能和影响的变化。此时，尽管制度自身没有发生实质性的变化，但是制度所发挥出的实际作用已经发生了很多的变化。制度的演进是指在路径依赖时期，制度自身的微调状况。制度的断裂是指制度失去调适功能，导致原有的制度不能继续存续，从而被新的制度所取代。

而关于制度变迁的动力，西伦和斯坦墨在《比较政治学中的历史制度主义》中认为，“到目前为止制度分析的一个重大的不充分之处，就是这种机械的、静态的研究取向涵盖了变迁问题，而有时又危险地陷入了制度决定论的窠臼。新近的研究文献就通过对制度的动力机制来源的明确强调，在很大程度上扩展了制度分析的边界。他们通过跨国和历时性的分析检视了政治制度与政治过程互动机制，不仅看到了制度如何调节和过滤政治，而且还集中阐明了制度本身如何受到制度之外的更大政治背景的调节。”① 并且揭示了制度变迁的四种动力机制：第一，当制度所置身于其中的社会经济环境或政治背景发生变化的情况下，可能会改变原有的排列状况，使得在原有制度框架中不那么突出的制度变得重要起来，也有可能使原本比较重要的制度变得不那么重要，并产生出相应的政治后果。第二，制度所置身于其中的社会经济环境或政治平衡发生一定改变之后，尤其是在社会经济的变化使得在原有制度框架之下出现一个新的政治行动者之时，这个新的政治行动者可能会利用现存的旧制度来服务于新的政治目标，使制度的功能发生变化。第三，在制度所置身的社会经济环境发生变化的情况下，旧制度的某些行动者也有可能利用旧制度来追求新目标，从而导致原有的制度发生功能性改变。第四，新制度、新观念的输入导致制度原有意义的改变，从而导致制度的变迁。豪尔等人尤其强调新观念的输入对于制度变迁的重要作用，他们认为，制度的变迁过程不仅仅是一种冲突的生发过程，它同时必然是一个新观念为政治精英和大众所接受并实体化或外在化的过程。一旦某一种观念被某一制度结构之下的成员所接受，就会在既定结构下产生出原有的制度框架下不可能产生的新政策，而在这些新政策的凝固剂与旧制度的相互作用过程中，也有可能导致原有制度的某些改变。

（2）制度中的行为：制度与行为的关联

由于在新制度主义的三大流派中，历史制度主义充当着整合者的角

① ［美］凯瑟琳·西伦、斯温·斯坦墨：《比较政治学中的历史制度主义》，载何俊志、朱德米等编译《新制度主义政治学译文精选》，天津人民出版社 2007 年版，第 160 页。

色，它在社会学制度主义的“文化模式”与理性选择制度主义的“微观行为”间取了一个中间值，形成了一种不同于二者的以历史为基础的结构性大事件分析法，在宏观结构与微观个体间架起了一座沟通的桥梁，有效地将制度与行为关联起来，所以，从这一方面讲，可以将历史制度主义中的制度视为一种结构性因素。如果说上述包括制度生成、路径依赖及制度变迁在内的制度理论是将制度当作因变量，依循行为——制度——结果路径，分析制度在什么客观条件和情景下将会发生再生、转型、替换和终止，那么，制度功能理论则是把制度当作自变量，依循制度——行为——结果路径，研究制度如何影响制度结构内的政治行为、组织关系、政策方式或内容以及社会现实。可以说这两大方向的研究正是组成历史制度主义制度理论框架的核心内容，尤其是后者，它巧妙地将制度与行为关联起来，克服了传统制度主义静态取向和行为主义行为取向的缺陷。斯坦莫在他的论文中指出，制度对政治生活的塑造作用主要体现在三个方面：第一，制度决定着谁能够参与某种政治活动的政治场所；第二，制度塑造着各个政治行动者的政治策略；第三，制度影响着行动者的目标确立和偏好形成。[①] 霍尔也指出，制度的作用主要体现在两个方面：一方面，制度塑造着政治行动者所追求的偏好、目标和实现目标的手段；另一方面，特定的制度结构决定了各个行动者靠近和享有权力的大小，任何一套制度体系都有为某些行动者设置特权而让另一部分人处于不利地位的情况。[②]

综合上述学者们的观点可以将制度的作用概括为如下几方面：(1) 为行动者提供机会，让行动者享有相关权利和职责，在制度规定的范围内执行团体或者个人的政治意志，因而，能够完成一定的政治任务。“历史制度主义者把制度理解为规制，规制影响政治结果，因为他们能够界定谁参与政治选择，他们建构行动者如何在政治背景下行动，最终形成信念和偏好。”[③] (2) 对行动者设定限制，让行动者按照制度的规定展开行动，并和其他人进行互动，制度保证了行动者都按照一定的原则来互相

① Sven Steinmo, The New Institutionalism, in Barry Clark and Joe Foweraker, eds. , *The Encyclopedia of Democratic Thought*, London: Routlege, 2001, p. 782.

② Peter A. Hall, *Governing the Economy: The Politics of State Interverntion in Britain and France*, New York: Oxford University Press, 1986, p. 233.

③ Sven Steinmo, "Historical Insititutionalism," in Donatella Della Porta and Michael Keating, eds. , *Approaches in the Social Sciences*, Cambridge: Cambridge University Press, 2007.

行动，而不至于超越规制之外产生互相不利的结果。（3）制度的设定将会影响行动者的偏好和目的。历史制度主义者把制度看作选择和偏好的决定性变量，历史制度主义和其他新制度主义的区别也正是前者的中心是关注偏好的形成，而不是“理性选择”的假设。

通过上述的分析，可以发现历史制度主义的制度理论由两个维度的理论构成，一个维度是将制度看作因变量的制度变迁理论，而另一维度是将制度视为自变量的制度功能理论，而制度变迁理论又包括制度生成、路径依赖和制度变迁。因此，概括起来，历史制度主义的制度理论可以用如下图形（图2－1）来展示。

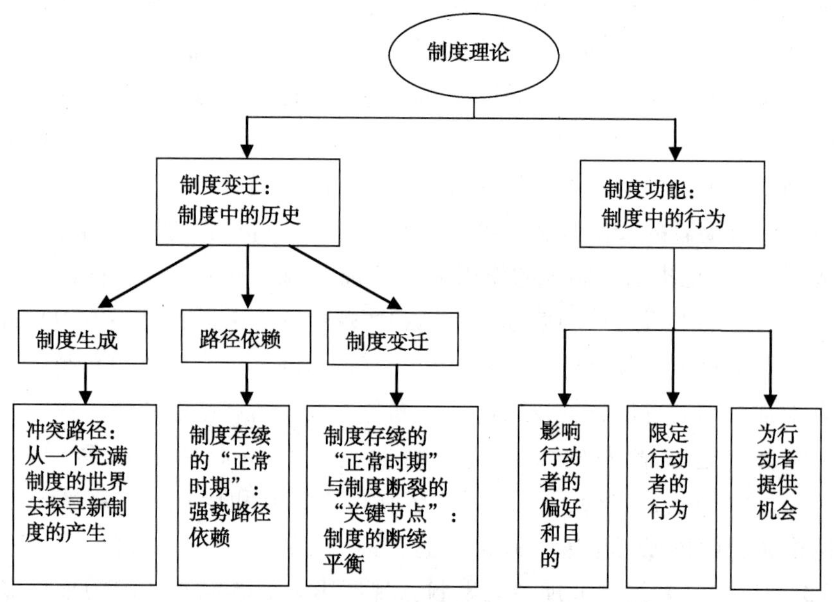

图2－1 历史制度主义制度理论框架

3. 制度与观念

尽管历史制度主义被认为有助于解释政治制度的生成与变迁，但在理论的某些方面仍存在一些不足之处：首先，历史制度主义者在探究制度的生成（起源）时，认为新制度的创设或采用是在已经充满了制度的世界中进行的，并且起源于既存的制度偏见所引发的冲突，也即历史制度主义将其解释的逻辑起点定为“制度已经既定”。但是，批评者认为，这在逻辑上带有严重的倒置倾向，即“从现有制度设置反向推导解释此项制度是如何被（或者已经被）理性选择”，此种解释的效力依赖于一个前提，即要求行动者必须明了什么是有效的制度，且懂得计算制度的得与失。可现实世界中的行动者往往无法把握宏观社会制度的成本与收益。而且，即使行动者能够对制度的有效性作出判断，判断的标准也是多样的，受文化环境、风俗习惯以及意识形态等种种因素的制约与影响。更关键的是，此论点无法解释制度的历史无效率现象。其次，历史制度主义者将制度视为结构性要素，对行动者的行为具有约束作用；与此同时，行动者的行为又会对结构性的制度产生一定的影响。那么，制度与行动者之间的互动是如何进行的？或者是说利用的中介因素是什么？最后，历史制度主义在研究制度的变迁时，将其注意力集中于“关键节点”的意义上。关键节点通常被归结为重大的外部冲击，注入战争或经济危机等重大事件打破了原有制度均衡，促成了新制度的产生，或者说构成了制度变迁的主要动力与原因，但是，在现实中，往往许多时候一项新制度的产生或者制度的变迁并非都是由外部因素的冲击导致的，内部的某些因素也是导致新制度产生或者制度变迁的动力之一。

针对上述的质疑或者说是历史制度主义理论范式上的一些缺陷，历史制度主义者积极进行理论的拓展与创新，其中最重要的一点是将观念（理念）这一重要因素纳入其研究的范畴，将制度与观念结合起来。可以说，观念与制度的结合大大增强了历史制度主义的解释力。针对上述第一个质疑，也即制度与观念之间的关系，诺思进行过深入的探讨，认为观念在制度变迁中起着至关重要的作用。晚年的诺思学问已臻炉火纯青，他对制度变迁机制的动力源泉的探究，越来越接近源头的亮光。在他追寻的知识隧道中，人们的认知因素（观念）在人类社会制度变迁中的作用越来越清晰地在他面前铺陈开来。他在晚年著作《理解经济变迁过程》一书的前言中说：“人类的演化是由参与者的感知所支配的：选择——决策，是根据这些感知做出的，这些感知能在追求政治、经济和社会组织的目标过程中降低组织的不确定性。经济变迁在很大程度上是一个由参与者对自身行动结果的感知所塑造的深思熟虑的过程。因而经济变迁在很大程度上是一个行为人对自身行动的感知所形塑的刻意过程。”① 然而，诺斯又不得不在强调谁的观念能够进入决策过程、决定制度变迁方向与速度时，指出

① 道格拉斯·C. 诺斯：《理解制度变迁的过程》，钟正生等译，杨瑞龙等校，中国人民大学出版社 2008 年版，第 2 页。

“经济规则的改变必然产生胜者和负者，因此认识到胜负者的存在，让他们有参与政治过程的权力，以及负者有能力取消拟进行的变革是绝对必要的。”“一个社会中的某些成员可能会看到问题的真正性质，但是无法改变制度。因此，必须使那些能够作出政治决策的人也具有这种想法；然而，政体能否将这种人放置到决策的位置上并不是不言自明的。”① 这实际上是隐约承认了宏观政治制度决定谁的观念能够真正起作用，这与前述强调观念在制度变迁中的关键作用的观点似乎有不一致之处。如此看来，在制度与观念谁决定谁（或者谁先于谁）这个“鸡生蛋还是蛋生鸡”式的问题上，诺思似乎也还没有给出（或许根本就不可能或者不存在）一个普适性的解释框架。

在“先有制度还是观念”这个问题上，历史制度主义一方面采取一定的回避措施，将其关注的焦点置于中层制度层面，探讨在特定的情景中观念是如何被采纳和应用的；另一方面，历史制度主义者将观念与制度纳入到“结构——能动”的框架中去进行讨论，并借用了布迪厄的“场域”概念。他们认为，制度的起源是在“场域”中发生的，场域中的制度参与者通常包括制度施动者与制度受动者，且二者之间是可以进行角色互换的。但无论是制度施动者还是制度受动者面临选择的时候，总是会借助历史或其他类似情景中的经验，“并以社会上通行的行为准则为参照系”，这就形成了吉登斯所言的结构化过程。在场域中，复杂的结构化过程使制度完成了“制度化”，成为场域行动者共享的规制体系，并成为社会秩序中的一部分；而在此过程中，观念作为一种媒介，充当认知的过滤器，行动者通过它来解释环境信号，从而对自我的利益形成感知。故制度、利益和观念之间的结构性互动成为解释制度生成和变迁动力的又一关键性变量组合。

针对上述其他方面的质疑，历史制度主义者一方面提出制度变迁的内生理论，并试图与外生理论结合起来，以期更完整地解释制度变迁；另一方面，历史制度主义者也倾向于把制度起源、稳定维持与急剧变动看成是一个统一的演化过程。总而言之，观念与制度的结合是当前历史制度主义乃至新制度主义力图开拓的空间：一方面在于弥补制度分析对变革、动态

① 道格拉斯·C. 诺斯：《理解制度变迁的过程》，钟正生等译，杨瑞龙等校，中国人民大学出版社 2008 年版，第 151 页。

和非均衡变迁关注的不足，另一方面也在弥补观念分析对政治生活的有序化、均衡状态等关注的不足。① 利伯曼指出："把理念（观念）和制度看作是整合性的、内生的解释要素，没有一方高于另一方，两者的结合能够避免政治分析的困境。"②

4. 历史中的制度：时间理论

历史制度主义的另一个标志性特征是其将历史维度纳入制度分析，这也是它区别于其他新制度主义流派的特殊之处。在历史制度主义者们那里，历史被理解成了某种事件发生的时机和环境，而这种时机和环境之中又内含有制度的遗产。③ 所以，保罗·皮尔森才提出："历史制度主义是历史的，它们认为政治发展必须被理解为一种随时间而展开的进程；同时，它又是制度的，它强调现时进程的当前含义存在于制度之中，而不管这些制度是正式的规制、政策结构还是非正式规范。"④ 历史制度主义对历史要素的考虑和运用形成了独特的时间理论，即从时间角度来分析制度演变的过程，分析时间要素对制度变迁和政策差异的影响及结果。

（1）历史进程与时间顺序

历史制度主义之所以要在历史的取向下来观察制度对政策的影响及其自身的变迁，主要基于三方面的原因⑤：第一，时间框架的延展扩大了可能要加以研究的社会经历范围，放大了政治研究的历史视界；第二，只有通过长时段追寻历史进程的方式，才能在重大事件的研究中找出原因与结果之间的确切关系；第三，只有在一个长时间段的历史框架中，才能确切分析那些缓慢的社会进程。从以上可以看出，历史制度主义特别强调要建立起长时段的历时性框架来分析重大政治问题，但同时，他们也强调，在

① 朱德米：《理念与制度：新制度主义政治学的最新进展》，《国外社会科学》2007 年第 4 期。

② Lieberman, Robert C., 2002, Ideas, Institutions, and Political Oder: Explaining Political Change, in *American Political Science Review*, Vol. 96, No. 4.

③ Ellen M. Immergut, 1998, The Theoretical of the New Institutionalism, *Politics & Society*, Vol. 26, No. 1.

④ Paul Pierson, The Path to European Integration: A Historical Insititutionalist Analysis, *Comparative Political Studies*, Vol. 29, No. 2, April 1996, p. 126.

⑤ 何俊志：《结构、历史与行为——历史制度主义对政治科学的重构》，复旦大学出版社 2004 年版，第 258—271 页。

这个放大的事件发生的历史视界，还必须遵循时间顺序，从事件发生的先后顺序中找出那些影响事件发生的确切因素。在实际的研究活动中，历史制度主义在历时性的框架中结合时间顺序进行分析时主要包括以下几方面要素：首先，历史制度主义在对事件的生发顺序进行分析时，强调先前事件对于随后事件而言具有优先性；其次，历史制度主义在分析制度、利益与行为的相关关系时，重点分析同样的因素在历史进程中的不同组合所带来的差异性后果；再次，历史制度主义在对重大事件进行分析时还建立起了“世界时间”，也即不仅考虑一国或地区的内部时间，还将与之相关的世界背景和重大事件纳入研究视界；最后，历史制度主义在展开历史分析时强调历史进程的偶然性特征。

（2）历史分期与关键节点

历史制度主义在强调了分析一项制度的变迁时必须将其置于一个长时段的历史框架中，并按照时间的先后顺序进行研究之后，他们还必须面临另外一个问题，那就是，在这个长时段的历史框架中，到底如何去详细描述一项制度的具体变迁过程呢？历史制度主义者认为要对这个长时段的历史过程进行历史分期。历史制度主义的“断续性平衡”理论认为，制度变迁是连续与断裂的交错。既然历史的发展并不是一个连续的过程，而是一个既有连续又有断裂的过程，那么，在考察一项具体制度的变迁过程时，就要通过历史分期来具体考察各个时期内该项制度自身的变迁及其对某一政策或行为的实际影响，而分期的标准就是制度变迁的历史，即作为历史“集装箱”的制度在这一时期内所处的地位。接下来，历史制度主义者还应该回答的问题是：制度的正常时期与制度的断裂时期是如何衔接的？各个历史片段又是如何连接在一起的？为什么各个国家在面临相同压力或危机时会产生出多样的制度结构，进而导致各国走上多样化的历史发展道路？对此，卡茨内尔森的观点非常形象，他提出，把国家置于不同发展道路的关键节点的宏观历史分析已经成为历史制度主义的黄油和面包。历史制度主义认为，将历史发展的各个阶段及制度变迁的各个时期连接在一起的因素就是历史发展和制度变迁之中的“关键节点”，它不仅是一种制度变迁的断裂期，也是新的历史发展道路上的重要转折点。

在对关键节点理论的研究和运用中，最有代表性的作品是科利尔夫妇的《型构政治场域》。在该书中，科利尔夫妇指出关键节点包含了三个部分：每个案例中出现的重大的变迁的观点；变迁在不同的案例中以不同的方式发生的观点；变迁后果的解释性假设。如果假设的关键节点没有产生遗产，那么这个假设就不是关键节点。科利尔夫妇的关键节点模型如下图（图2-2）所示：

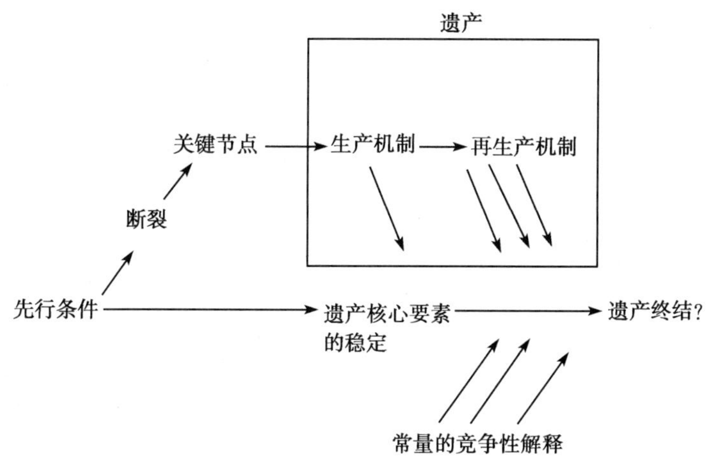

图2-2 关键节点的分析框架①

三 本研究分析框架的建构

（一）历史制度主义与本研究的逻辑关联

历史制度主义作为当前西方政治学领域前沿理论的新制度主义的三大流派之一，虽然其早在20世纪80年代初就已诞生，但被引入中国还是近几年的事。何增科、何俊志、刘圣中等学者在译介、整合、研究历史制度主义基本理论上作出了艰苦卓绝的贡献，其目的不仅是让国内学者和学生们能够了解国外政治学领域这一最新的理论范式，而且也希望国内学者和学生们能够运用这一理论去研究中国命题，解决中国问题。基于这样的意图，笔者也试图在前辈理论研究的基础上，运用历史制度主义这一理论范式，去研究一项具体的中国命题。那么，历史制度主义是否适应本书所研究主题呢？我们知道，西方学术界的研究理论是西方学者根据西方的政治现实抽象出来的，因而将其引介到中国，并用之研究中国问题，必然会遭

① 何俊志：《结构、历史与行为——历史制度主义对政治科学的重构》，复旦大学出版社2004年版，第289页。

遇理论适应性的问题。对于客观存在的理论适用性问题，“我们既不能以中国国情特殊性为借口而拒斥西方理论，也不能照搬西方理论而忽视中国的实际国情。”① 正确的做法是，认清理论适应性的本质。对于历史制度主义而言，其与本书的研究主题无论从外在气质还是内在逻辑来看，都具有高度的适恰性和关联性。

首先，历史制度主义在气质上与马克思主义表现出高度一致。当前在中国的主流意识形态上，马克思主义依然是指导中国改革和发展的主导思想。马克思也密切关注社会制度的变迁，并运用历史唯物主义哲学观，从量变与质变、偶然性与必然性来揭示社会制度的变迁过程。而历史制度主义也强调制度变迁过程中的断裂与平衡、偶然性与必然性。历史制度主义认为，制度自生成后会进入路径依赖，即制度的正常时期，虽然外在的因素无时无刻不在变化，但还不足以改变制度，但是当制度（结构）中的行动者的力量、外部环境及其他因素累积到一定程度时，制度会发生断裂或剧烈变迁；同时，在制度变迁的过程中，历史制度主义也强调制度变迁中的偶然性因素。另外，在个人作用方面，历史唯物主义认为，人是社会中现实的、具体的人。人的这种本质是在实践活动过程中形成的，并由生产力决定。显然，历史唯物主义强调了经济和政治等结构对个人偏好和观念的塑造作用。而在结构功能主义的影响下，历史制度主义在批判理性选择理论的基础上，也强调制度对个人偏好或观念的塑造作用。简言之，历史制度主义和历史唯物主义都反对把个人偏好和观念当作既定的，它们都把个人偏好和观念当作被解释变量。② 由此可见，历史制度主义的历史观和马克思主义的唯物主义、辩证法存在着天然的联系。

其次，历史制度主义注重“历史维度”的思考与本书“回归历史”的意旨高度吻合。历史制度主义和被同时称作新制度主义三大流派的理性选择制度主义和社会学制度主义所不同的地方就在于，它引入了历史分析，从历史长时段发展过程的事件序列来分析制度变迁所受到的动力影响以及制度变迁本身表现出来的复杂特征。历史制度主义摆脱了某个既定假设的限定性，以历史事实为基础，建立在对历史事实的详细解读和分析之

---

① 顾肃：《自由主义基本理念》，中央编译出版社 2003 年版，第 199 页。

② 杨光斌、高卫民：《历史唯物主义与历史制度主义：范式比较》，《马克思主义与现实》（双月刊）2011 年第 2 期。

上，以此来再现历史过程，展现历史演变中多重变量的作用及其关系。而本书在研究乡村治理的转型之路时，也强调要“回归历史”，从中国漫长的历史长河中去梳理影响乡村治理转型的制度因素及其变迁历程，寻找和建立未来乡村治理的转型之路。同时，历史制度主义强调制度在变迁过程中的“路径依赖”，即历史发展过程中前期的事件和制度范式会出现自我强化机制，从而不断提高自我的优势地位，结果是对其后发生的事件产生影响；而这也与本书的研究假设相似，本书假设在制度变迁的过程中，某些制度因子会因路径依赖规制着乡村治理的变迁路径及未来的转型方向。

再次，历史制度主义“重新发现制度”与本书研究对象“家户制传统”高度契合。制度研究一直是政治学的核心主题，从早期柏拉图、亚里士多德到启蒙时代的霍布斯、洛克、卢梭等人，再到20世纪初的传统制度主义时期，无不从政治制度建构的角度来解释政治或者提出自己的政治理想。但由于他们过于注重从宏观的、静态的规范层面去分析制度或者建构制度，从而使政治学研究逐渐脱离现实。行为主义革命之后，制度研究被人们弃置一旁，主要关心制度框架内个体或团体的行为。这是科学实证主义在政治学上寻找落脚点的逻辑结果，因为制度是没有办法进行实证的。但到了20世纪70年代末80年代初，以历史制度主义为代表的新制度主义又“重新发现制度”，他们认为社会科学的研究对象不应该仅仅局限在可以实证的个体上，还应扩展到不能实证的制度上，否则，社会科学研究永远没有抓住事物的本质。在新制度主义者那里，制度不仅包括宏观的、规范层面的正式制度，也包括观念、文化、习俗等非正式制度，不仅从静态层面去研究制度，也从动态层面去研究制度与行动间的互动。而本书在研究对象的选取上，既没有聚焦于农民个体，也没有去关注农村的那些宏观的、正式的制度或规范，而是将研究对象锁定在乡村“家户制传统”上。农村家户不仅是一个组织单位，更是中国农村的一种基本制度，本书将农村家户纳入制度层面，重点研究作为制度的“家户制传统”是如何变迁的以及对乡村治理产生的影响，这与历史制度主义聚焦中观层面的制度及其与行为的互动高度契合。

最后，历史制度主义制度的“二重性”与本书的研究路径高度重合。历史制度主义对制度的研究，一方面，将制度视为因变量，依循“行为—制度—结果”的路径，在长时段内历时性地去研究制度的变迁过程；另一方面，又将制度视为自变量，依循“制度—行为—结果”的路径，从共时性的横切面去研究制度对其框架内行为的影响以及制度与行为间的互动。而本书的研究路径是，一方面，将家户制置于中国漫长的历史长河中，从历时性层面去探究家户制传统的变迁过程；另一方面，又将家户制视为一种结构，从共时性层面去研究家户制对乡村治理的影响，从而将家户制传统的变迁与乡村治理的转型有机结合起来。

（二）本研究的历史分期

由于历史制度主义在强调分析一项制度的变迁时，必须将其置于一个长时段的历史框架中，并按照时间的先后顺序进行研究，因此，本书在分析家户制与村社制的变迁时，首先也将其放置在一个相对较长的历史时段内去梳理其变迁的过程。接下来，在这个长时段的历史框架中，到底如何去详细描述一项制度的具体变迁过程呢？历史制度主义者认为要对这个长时段的历史过程进行历史分期。历史制度主义的“断续性平衡”理论认为，制度变迁是连续与断裂的交错。既然历史的发展并不是一个连续的过程，而是一个既有连续又有断裂的过程，那么，在考察一项具体制度的变迁过程时，就要通过历史分期来具体考察各个时期内该项制度自身的变迁及其对某一政策或行为的实际影响。所以，本书根据历史制度主义的历史分期理论，结合该项制度变迁的具体情况，以及本书研究的实际需要，将家户制的变迁历程进行如下分期：

从原始社会末期至秦始皇统一六国建立起统一的中央集权的帝国，这一时期是家户制的形成期；从秦国到鸦片战争前，这一段封建统治时期，是家户制的路径依赖期；从鸦片战争起到新中国建立前的这段时间，中国社会处于动荡和变革时期，由此家户制也进入衰落期；从新中国建立至20世纪70年代末也即改革开放初，由于在中国农村实行的是人民公社制度，因此家户制处于断裂期；改革开放后，因为实行了家庭承包制，所以家户制处于复归和发展期，不过随着农村人口的流动，当前家户制也出现了一些新常态。

（三）分析框架的建构

本书研究的主题是家户制的变迁与乡村治理的转型，从这个题目可以看出，本项研究分为两条主线，一条线是研究家户制的变迁，另一条线是研究乡村治理的转型，那么，如何将这两条线有机结合起来呢？历史制度主义制度的“二重性”正好将家户制的历史变迁与乡村治理转型这两条线有机结合在一起。一方面，依循“行为—制度—结果”的路径，从历时性层面去探究家户制传统变迁的历史过程；另一方面，依循“制度—行为—结果”的路径，从共时性层面去探讨历史制度主义中“制度”的结构性意义，也即家户制度变迁过程中对乡村治理的影响。同时，为了更加凸显研究主题，本书还引入了印度的村社制作为参照系，通过二者的比较和对照，来更加清晰地凸显家户制的特征。因此，根据历史制度主义的理论框架，将本书的分析框架建构如下：

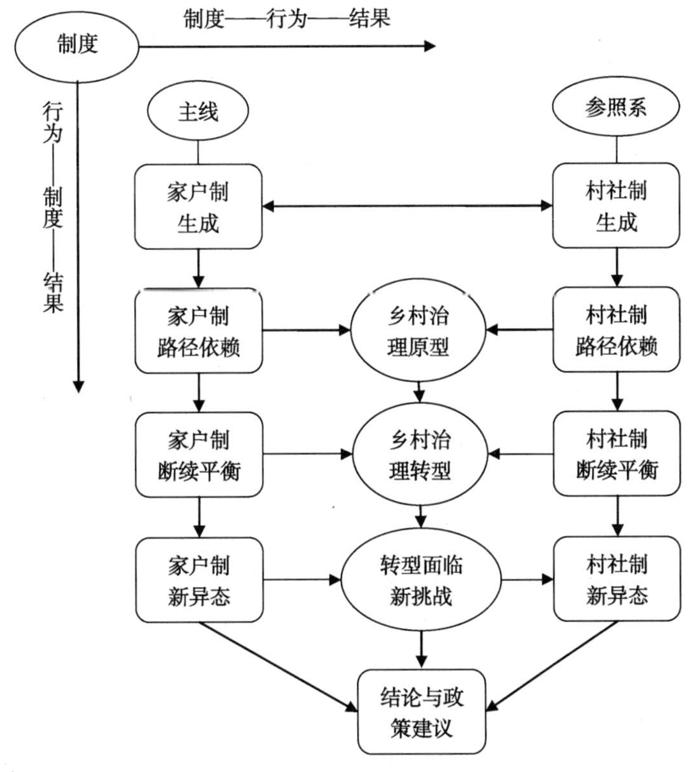

图2－3 本研究分析框架

基于上述的分析框架，本书以家户制与村社制的生成和变迁为纵坐标，以两种制度对乡村治理原型与转型的影响为横坐标，对本项研究展开谋划布局。

绪论主要围绕五个板块展开。包括问题的提出、研究意义、研究现状、分析思路与关键概念界定以及本书的创新意图与不足之处。

第一章主要是交代本书研究的视角、理论范式以及方法论。本书在借用米格代尔“社会中的国家”研究路径的基础上采用“家户——国家”

的研究视角，以历史制度主义为理论范式，并采用历史分析与比较分析、归纳演绎的方法以及质性研究与量化研究相结合的方法来进行分析。

第二章采用历史制度主义制度生成理论以及历史比较归纳法，首先走入历史的深处，运用历史分析的方法去探究家户制与村社制生成的历史过程；然后，再采用比较归纳法去分析导致两种东方制度传统生成的关键因素以及关键因素间的组合。

第三章采用历史制度主义路径依赖理论，分析了家户制与村社制在各自的路径依赖时期所形成的制度传统，以及在制度传统的形塑与影响下所形成的乡村治理原型；然后，对二者的乡村治理原型进行一个比较性分析。

第四章采用历史制度主义断续平衡理论，首先分析家户制的断裂过程，以及在断裂期也即人民公社时期所形成的乡村治理形式；接着又分析了家户制的复归过程，也即家庭承包制的形成过程，以及在家庭承包制的基础上所形成的以乡村自治为主导的乡村治理模式；最后，对家户制与村社制在断续平衡时期所推动的乡村治理转型进行一个比较性分析。

第五章从历史性分析回到现实中来，运用实地调研的数据分析了家户制、村社制在现实环境中出现的新异态；接下来分析了家户制、村社制在新异态下所导致的乡村治理转型面临的新挑战。

结论与政策建议部分主要在前文的基础上进行总结性阐释，得出具有前瞻性的结论，并根据得出的结论，提出相应的政策建议，以使这些前瞻性的结论在未来的现实中转变为实践。

四 本体论、认识论与方法论

科学研究的方法论是由其本体论与认识论决定的，而一个成熟的理论范式往往有一套自成体系的、逻辑严密的、前后连贯的本体论、认识论和方法论。因此，一项规范的学术研究，在方法论的选择上，必须严格遵循其所选择的理论范式的本体论与认识论。本书选择历史制度主义作为理论基础和研究范式，故在方法论的选择上也必须遵循其本体论与认识论的原则和要求。

（一）历史制度主义的假设：本体论问题

本体论原本指世界各种事务、现象存在（being）的真正本质，在一个理论范式中，主要指其所关注的本质。在新制度主义的各流派中，理性选择制度主义的基本假设源自经济学，其假定行动者是理性的利己主义者，其偏好既定、外生，行为动机在于个体效用的最大化；个体实现目标的手段是策略性的，能在制度规制中选出使自身利益最大化的方案，政治结果就是在行动者之间的策略均衡中产生的。因此，理性选择制度主义是“行动者为中心的制度主义”，关注行动者在制度约束下的策略性计算行为；主张政治结果的动力来自行动者理性与策略性计算；故其本体论在形式上比较倾向于能动论与意向主义，即霍尔所说的“算计途径”。社会学制度主义从组织生态的观点，假定个人的偏好与认知，受所属的社会文化所建构，个人非利益极大化的自利者，其理性与行动选择受到既有文化中的意义系统所形塑，不是工具性计算，而是适应社会情境的理性，行动者根据“适当性逻辑”的认知采取行动。在此假设与逻辑下，社会学制度主义学派认为文化是制度化行为产生的最大驱动力，并强调制度镶嵌于文化的本质与文化的诠释特征。因此，社会学制度主义的本体论倾向“结构主义”与“决定论”，即霍尔所说的“文化途径”。

而历史制度主义将其研究的焦点置于政治过程中各种团体的权力斗争，特别关注对权力分配与行为塑造有关的制度，故霍尔将制度定义为：嵌入政体或政治经济组织结构中的正式或非正式的程序、规则、规范与惯例。历史制度主义者认为，制度不仅界定行动者的策略选择，行动者的偏好、目标与理性也是制度与历史结构所塑造的，偏好内生于制度结构中行动者所处的地位；不同的行动者，所处的政治社会地位不同，偏好也有所不同，而且行动者的偏好并不固定，有时甚至相互冲突。制度相对于个体的能动，即是一种结构，从上述历史制度主义者对制度作用的观点，可以看出历史制度主义似乎倾向“结构主义”。但是，为避免过度结构主义的缺陷，历史制度主义者在研究设计上以制度为核心，将宏观的社会结构与微观的个体行动连接起来，认为个体行动不仅是制度结构的因变量，也是自变量，即行动者的行为也会对制度产生影响。历史制度主义者承认行动者确有自利倾向与策略性选择，不否认个体具有理性意图且会计算利益得失，但在制度与结构的形塑之下，又受限于讯息的不完全，行动者是“有限理性”的，在无法预测与决定行为结果的情况下，政治结果是由各种团体、利益、理念以及制度结构之间互动下的产物，故现存制度所产生的政治结果，经常是非意图性的后果与无效率的现象。上述的假设显示历史制度主义对“结构主义”与“意向主义”或“能动论”两方采取折中的立场。但也正是这种折中的立场遭到了批评，认为历史制度主义借用这两个学派对立又不相容的本体论，使其制度分析呈现难以处理的分裂，除非它发展出属于自己的本体论。针对这种质疑，历史制度主义一方面主张针对重大问题，进行个案分析或者个案间的比较，因为他们认为，内在一致的理论未必符合真实世界之经验，真实世界的复杂多元，并非结构主义或意向主义的单一面所能解释完全的，故主张回归真实世界，只有对个案的社会结构与相关行动者有长期而深刻的实际观察与认识，才能提出最适切的解释；另一方面，历史制度主义者主张将“观念”带入制度变迁的理解，透过解释观念与制度变迁的关系，在制度分析中整合行动者的能动性并探讨权力关系，而不是将行动者视为制度的“囚犯”。借由分析“观念”的创新与影响，来解释“结构——能动”的关系，捕捉政治上的限制因素与创造因素。

（二）历史制度主义的研究路径：认识论与方法论

认识论是指获取知识的方法，即学科的研究途径与方法。根据目前学界的普遍观点，认识论主要包括三大类：即采取科学解释立场的“实证主义”、现实问题导向的“实在论”以及理解文化意义或信念的“诠释主义”三种立场。[①] 因此，承袭经济学方法的理性选择制度主义，采取演绎法、实证主义的量化方法，是科学解释的态度；社会学制度主义比较倾向于诠释途径。而历史制度主义关注现实世界重大问题，接受实证主义，但不排除价值规范问题，及倾向于问题导向的实在论。学者们运用归纳法提出假设，对重大问题进行经验性的解释；同时，以质性研究为主，在选定的个案或数个个案之间，进行比较历史的分析。具体来说，其方法论主要包括以下几类：

1. 历史的方法

历史分析方法是将某事物放在特定的历史条件与政治、经济、社会环境下予以考察的方法。本书在分析家户制与村社制的变迁时，也是将二者置于各自国家的历史背景和现实环境中加以考察。而且，在历史考察的过程中，遵循历史与逻辑相统一的方法，不拘泥于具体的细节，而是尽可能

---

① Marsh，D.，& Furlong，P. （2002）. A skin not a sweater：Ontology and Epistemology in Political Scienc. In D. Marsh and G. Stoker（Eds.），*Theory and Method in Political Science*（2nd pp. 17 -41）. New York：Palgrave Macmillan Press.

地在历史分析的过程中，提炼出一些关键因子，来发现家户制与村社制在历史变迁过程中的一些主要法则。

2. 比较的方法

经验研究大多建立在比较的基础上，比较是政治学最主要的方法；透过比较分析，研究者不仅可以寻求各国的相似性，也可以发现各国的个别性或差异性。历史制度主义的比较研究类型亦是如此。本书通过将中国家户制与印度村社制进行比较，重点凸显家户制作为中国农村社会的制度传统所具有的一些特性，以及通过比较，找出乡村社会的制度变迁对乡村治理转型的一些共性的影响。

3. 归纳的方法

归纳是以经验事实为依据的，故归纳方法与历史经验事实具有天然的亲和力。本文基于中国家户制与印度村社制生成与变迁中的历史经验事实，通过归纳的方法，得出一些具有前瞻性和普适性的结论。同时，在阐释家户制与村社制的起源时，遵循历史制度主义关于制度生成的方法论要求，先采用历史分析的方法描述两种东方制度传统形成的历史过程，然后，采用比较归纳的方法，总结出导致两种不同制度形成的关键因素。

4. 质性的方法

质性研究方法是一种不依赖量化的资料与数据，而是对现象的性质直接进行描述与分析的方法，它注重对社会现象和个人生活的解释性理解，注重对现实社会和个人生活的“呈现”，较少要求对社会现象作出本质的规定。[①] 质性研究的目的，是通过理解社会事件和过程对人们的意义，探索和证明人们怎样进行互动以及人们如何理解其周围环境并与之互动，以此产生对有关社会事件与社会过程的认知。因此，本书在从历史的叙述回归到现实的场景中，对家户制新异态进行分析时，主要运用叙事分析、访谈、现场观察等质性研究方法开展研究。

① 李晓凤、佘双好编著：《质性研究方法》，武汉大学出版社 2006 年版，第 7 页。

第三章

两种东方传统：家户制与村社制的起源

“形形色色的历史种籽播撒在不同的历史土壤中，在某片土地上这一类种籽破土而出，茁发为参天大树，而在社会历史环境悬殊的另一片土地上，却遭到摧折，以致不得不让位于另一类植物群落，由此形成了风格迥异、类别歧出的社会景观。”① 在思想界，自亚里士多德以来，人们将世界分为“东西方”二元世界，其中，以西欧为代表的世界称为“西方”，以中国、印度等为代表的世界称为“东方”。在现代社会科学看来，由于地理位置的差异，使得西方诞生了悠久的商业文明，而东方则以农耕文明为主。那么，在这个以农耕文明为基础的传统东方社会里，又何以会形成两种迥然不同的制度——家户制与村社制呢？要弄清楚这一问题，就必须回溯历史，将二者置于宏观历史场景中，从历史变迁的涓涓细流中去探源索隐，找出家户制与村社制形成的源头以及走向歧路的历史节点，也即要去探寻这两种东方传统的制度起源。

关于制度的生成，从方法论上来看，历史制度主义不同于理性选择制度主义演绎推理的方法，即倾向于在制度真空中，通过一系列的理论假设，设计出精致的制度生成模型，然后用这些既有的理论模型去推理制度的生成，或者从功能主义的角度来从制度在事后履行的功能之中来推断先前的制度设计活动，而是强调要从实际历史的生发过程出发，采用比较历史分析的归纳方法，以拍摄历史连续活动的录像片而不是历史发展的片段式快照来找出影响制度生成的影响因子，这样才能够真正还原一项制度的起源，提出某种制度起源的模式。从研究路径来看，历史制度主义既不同

---

① ［美］巴林顿·摩尔：《民主和专制的社会起源——现代世界诞生时的贵族与农民》，拓夫、张东东译，华夏出版社 1987 年版，第 3 页。

于理性选择制度主义的“算计路径”，也不同于社会学制度主义的“文化路径”，而是倾向于采用一种“冲突路径”，在已经充满制度的世界中，通过研究既存制度偏见所引发的冲突而不是合作，或者旧制度在新环境下所面临的危机来探究制度的起源。在此基础上，历史制度主义进一步强调，制度的生发过程并不是一个纯粹的理性展开过程和利益博弈过程，而是一个制度、理性、观念以及环境的复杂组合过程。

因此，要探讨家户制与村社制这两种东方传统社会的制度起源，首先得从历史实际出发，用两幅生动的历史画卷来完整地展示这两种制度产生的历史过程，然后，采用比较历史分析的归纳方法，总结出这两种制度产生的模式以及相应的影响因素。花开两朵，各表一枝。接下来，笔者将首先描述中国家户制传统起源的历史画卷。那么，这幅历史画卷应该从何处开始描述呢？有这样一个据说是由史蒂芬·霍金转述的故事：一个著名科学家在作有关宇宙论的演讲，房间后面有位老妇人打断他，说他废话连篇，宇宙只是托在龟背上的一只圆盘。该科学家反问，那龟又托在何物之上？以为就此便可让她闭嘴。她却回答：“你很聪明，年轻人，但底下是无数的龟。”① 历史制度主义强调在探讨制度起源时，首先要从与之相关的旧制度中寻找冲突。在既有的制度丛林中，“宗法制”无疑是家户制产生之前农村传统社会中的基础性制度之一，也是影响家户制产生的最重要的旧制度之一，宗法制恐怕就是托起家户制的“底下无数的龟”中最重要的那只龟。所以，在描述家户制起源的历史画卷时，首先得从“宗法制”谈起。

一　宗法制度的兴起与式微

（一）宗法制度的兴起与发展

1. 原始社会末期的父家长制度

中国历史上家族制度的第一个形态，或者说家族组织的雏形，是原始社会末期的父家长制度。② 父家长制度是以个体家庭为基础结合而成的，个体家庭又是由个体婚姻产生的。恩格斯曾经说过，个体家庭和个体婚姻

① ［美］弗朗西斯·福山：《政治秩序的起源：从前人类时代到法国大革命》，毛俊杰译，广西师范大学出版社 2012 年版，第 24 页。

② 徐扬杰：《中国家族制度史》，武汉大学出版社 2012 年版，第 22 页。

的产生是一个伟大的历史进步，它同奴隶制和私有制一起，开辟了一个一直继续到今天的新时代。[①] 只不过此时的个体家庭和后来的个体家庭有所不同，此时的基于一夫一妻个体婚姻基础上产生的个体家庭，在很大程度上还只是一个基本的生活单位，还不是基本的生产单位。虽然父家长制度还是处于雏形阶段的家族制度，形态还很不完备，却也具备了一些家族制度的基本形态。从形态架构上来看，首先，具备了同一个男性祖先的子孙，若干世代聚族而居，以血缘关系为纽带，按照一定的规范结合在一起的家族组织的基本特点；其次，每个个体家庭都有一个组织领导生活和消费的家长，一般由父亲（或祖父）担任，每个家族也必须有一个族长，由最年长的父辈担任；再次，随着私有财产的继续发展，各个父家长制家族之间及家族内部的各个家庭之间，出现了严重的贫富分化；最后，虽然已经具备了家族制度的雏形，但父家长制度依然还保留有氏族民主制的残余，由家族间组成的部落和部落联盟首领，还必须通过民主选举或推举产生。从经济文化生活来看，在父家长制家族中，虽然各有自己的小家庭及其私有财产，但也还有着共同的经济文化生活，比如：家族的共财和个体家庭的各爨[②]，共同的信仰和全家族的祭祀活动以及公共墓地和埋葬制度。

父家长制家族是原始社会末期的家族组织的雏形，随着原始社会的瓦解，人类社会进入到阶级社会以后，它也就跟着解体了。当然，这里所说的“解体”，主要是说随着严格意义上私有制的产生，在家族内部出现了阶级分化，族长已变成奴隶主，同时在家族之上形成了由氏族、部落机构蜕变而成的按地域划分居民的国家政权，它的原始共产主义的性质发生了根本的变化。[③] 但是，数代聚居的父系大家族形式并没有完全溃散，还同从前一样，人们依旧生活在家族之中，血缘关系的纽带依然很强固，包括在家族里的成员，依然是同一男性祖先的子孙，仍然有着实施族长统治的组织结构和家族活动，有共同的信仰与祖先祭祀，有共同的墓地，还残留着少量的名义上公有的土地。通过父家长制家族的解体和家族内部的阶级

① 恩格斯：《家庭、私有制和国家的起源》，《马克思恩格斯选集》第 4 卷，人民出版社 1972 年版，第 63 页。

② 爨（cuàn），指生火做饭，单独讲有“居住”的意思。来源：宋·司马光《答刘蒙书》：“光虽窃托迹与侍从之臣，月俸不过数万，爨桂炊玉，晦朔不相续。”

③ 徐扬杰：《中国家族制度史》，武汉大学出版社 2012 年版，第 51 页。

分化，一部分变成了奴隶主家族，其中少数权势特别大的家族，还通过征服的手段，变成了统一方或者统一全国的政权；而其他绝大部分父家长制家族则变成了在奴隶社会中广泛存在的宗族村社，或者整个家族变成了某个征服者家族的种族奴隶。由此，在中国社会出现了两种制度形态，处于统治阶层或者政权阶层的家族逐渐演变成宗法式家族制度；而处于被统治阶层或者平民阶层的家族逐渐演变成宗族村社制。

2. 三代时期统治阶层的宗法式家族制度

奴隶制家族是中国家族制度史上的第二种家族形态，后来发展成西周、春秋时典型的宗法式家族，所以，我们通称三代时期的家族形态为宗法式家族。[①] 宗法式家族同父家长制家族的区别除了家族内部已经有了阶级分化，分裂成了奴隶主和奴隶两个对立的阶级，有些被征服的家族则整族变成了征服者家族的奴隶；族长从血缘关系方面看虽仍是父家长，但从阶级地位上看，都已是拥有剥削和奴役他人的特权的大小奴隶主了，最主要的区别是产生出了一套属于上层建筑范畴的、对内统治家族对外统治国家的宗法制度。宗法制度既然是人们制定的反映和维护宗族制度的规范和办法，那么它是怎样制定出来的？

从原始社会末期父家长制家族产生，到夏、商时发展为奴隶制家族，家族制度已经走过了上千年的历程。在此期间，家族组织基本上处于自生自灭的状况，家族之间的关系也没有一定的规范和办法，强大家族攻灭了弱小家族，要么把它们合并进来，要么把它们整个降为奴隶。家族内部除了从原始社会遗留下来的族众互助、族长统治等习惯及自然形成的族长传子制度外，也没有形成规范族众行为的系统的办法。到商代后期，人们经过长期的实践才开始认识到，需要制定一些办法来规范家族与家族、族众与族众的关系，使得宗法制度开始萌芽。到了西周时期，完整的、系统的宗法制度逐步形成。西周统治者制定宗法制度的用意，就是企图用以完善和巩固家族制度，去加强政治上的统治。对于统治家族内部的宗法制度，具体来说，其思想和原则主要包括以下几点：第一，财产和权力的嫡长子继承制原则，这是用来保证家族财产和权力不致被分割或转移、消弭宗族内部争斗的原则；第二，不以亲亲害尊尊的思想，这是规范宗子的同母兄弟即诸嫡子之间的关系的思想原则，用以维护君权的绝对权威；第三，嫡

① 徐扬杰：《中国家族制度史》，武汉大学出版社 2012 年版，第 59 页。

庶不平等的思想，这是用来规范宗子、嫡子同庶兄弟之间的关系，维护宗子嫡子特权的思想原则。① 对于统治者家族与非统治者家族之间的关系，在周家族的统率下，按照一定的制度与规范，确定相互间的隶属或统治关系，构成西周宗法式家族制度的一个整体，具体包括：第一，建立封国的姬姓和异性家族的再分封与再分裂，即周王把兄弟、同姓、姻亲及有功的异性家族分封为诸侯，让他们代表周王，作为一级政权组织，去统治一个封国。第二，对于众多的非统治者家族，居住在封国的荒僻交界地带的家族，由于各级统治者对他们鞭长莫及，故依然过着如同原始社会末期那样的自由独立生活；对于居住在周王的京畿及各封国的中心地带的广大土著家族以及已经传了若干代、同贵族家族脱离了家族关系的诸侯及大夫的疏远的后裔，他们是被统治者，由于“普天之下，莫非王土”，因此，只得去耕种名义上王有、实际上村社所有的井田；对于被征服的殷民家族和其他家族，则被降成了奴隶家族。由此，在这一时期，逐渐形成了一套完整的、系统的属于上层建筑范畴的宗法制度。

3. 三代时期平民的宗族村社

在西周春秋时期成千上万的家族组织中，除了统治阶层和贵族家族外，平民的宗族村社占绝大多数，它们是统治阶层主要的贡赋和力役源泉，可以用来分封、转赠和赏赐。由于宗族村社是以血缘关系为主，是一个男性祖先的子孙，长期聚居在一个地方，按照一定的规范结合而成的一个家族，所以族长往往是村社的领导。同时，宗族村社作为地域性的组织，也还有一些并非由血缘关系产生的领导人，比如里正、里宰、邻长等，他们管辖一个聚落或者地方的所有村社。构成宗族村社的一夫一妻的小家庭只是一个基本的生活单位，还不是基本的生产单位，那时农村社会的基本生产单位是这些个体家庭所从属的宗族村社。大体来说，“五家为邻，五邻为里，四里为族”②，大约 100 个个体家庭就构成为一个宗族村社，即所谓“百室盈止”③。平民的宗族村社是附着于土地的一种农村社会组织，以土地为主要劳动对象，而当时土地自然属于王有的，每个宗族

① 徐扬杰：《中国家族制度史》，武汉大学出版社 2012 年版，第 106 页。

② 《汉书·食货志》上；《公羊传》宣公十五年引何休注。

③ 孙达人：《中国农民变迁论——试探我国历史发展周期》，中央编译出版社 1996 年版，第 34 页。

村社对土地只有占有和使用权，所以，每隔三年就要在国王任命的官吏主持下进行土地和房舍的重新分配，叫作“换土易居”①。至于土地分配的计算标准，大致是按每个个体家庭100亩，同时要为统治者耕种10亩。这样，一个宗族公社就拥有1万亩耕地，叫“私田”，同时为统治者耕种千亩土地，叫“公田”。② 关于劳动生产，宗族村社成员依然从事集体劳动，男子的田间耕作，仍然成群结队，一齐出工。除了从事粮食生产外，村社社员也还从事其他劳动，比如男子从事狩猎，女子采桑纺织等。在群居生活方面，由于村社是按血缘关系建立的，村社成员之间还保留着许多原始社会的互助互救的习惯，包括：“有无相贷”“通财货”“饮食相召”“守望相助”以及“出入更守”等③。

概而言之，随着原始社会末期真正意义上的私有制产生后，在父家长制家族内部逐渐产生了阶级分化，一部分人（如族长等）凭借在既有旧制度或惯习中的有利地位成为统治阶层，而另一部分则沦为被统治阶层或者平民阶层。在统治阶层中，为了更好地管理家族及其财产乃至更好地统治整个王国，逐渐从实践中生产出一套属于上层建筑范畴的，对内管理家族对外统治王国的宗法制度；而在平民阶层中，则还保留了相对原始的宗族村社制度，村社社员们在名义上王有，但实际上在村社公有的土地上从事集体生产、群居生活和多样化的劳动实践，也正因如此，使得这一时期的农民具有“无泄地气、无费一家，同风俗、通财货”④ 的特点，并形成了“出入相友，守望相助，疾病相救，民是以和睦”⑤ 的社会风尚，养成了“男女有不得其所者，因相与歌咏，各言其伤”⑥ 的性格，以及锻炼了他们能够适应多样化的环境并应付各种不同挑战的能力和素质。

（二）冲突中宗法制度的式微

春秋战国时期是一个充满矛盾冲突的时代，在政治领域，篡权、战

① 《汉书·食货志》上；《公羊传》宣公十五年引何休注。

② 孙达人：《中国农民变迁论——试探我国历史发展周期》，中央编译出版社1996年版，第34页。

③ 徐扬杰：《中国家长制度史》，武汉大学出版社2012年版，第123页。

④ 《公羊传》宣公十五年引何休注。

⑤ 孙达人：《中国农民变迁论——试探我国历史发展周期》，中央编译出版社1996年版，第36页。

⑥ 《汉书·食货志》上，《公羊传》宣公十五年引何休注。

争、改革层出不穷。据有学者统计[①]，在春秋时期的294年中，各诸侯王国之间共打了1211次战役，和平岁月仅有38年，超过110个政治体灭绝。后续的254年战国时期，打了468次战役，仅有89年太平无事。各诸侯国间持续的战争和兼并使得王国的总数因此减少，但战役的规模和历时却有显著的上升。据统计，春秋时，有些战役只打一个回合，一天就完；而到战国末期，围攻可持续数月，战役可持续多年，参战将士高达50万，而宗族制度也就在这些战争冲突中逐渐走向衰落与瓦解。

首先，诸侯国持续冲突中王室地位的衰败。根据宗法制度的规定，大宗、小宗之间的关系是严格的统治与被统治关系，并且这种关系是“百世不迁”的。正因如此，对大宗地位的争夺往往引发各种冲突，在这些冲突中，各小宗纷纷凭借自身实力，要么夺取大宗的地位，要么维持名义上的小宗，而实际控制、统治大宗，要么不断扩充自身的实力，脱离大宗的统治，由此使得处于大宗和诸侯共主地位的王室日趋衰败。据有关史书记载，西周时，周王常常大会诸侯，诸侯不敢不来，周王到各地巡狩，诸侯必须亲自扈从；而到了春秋初年，举行盟会时，不是周王召集诸侯与会，反而是居于霸王地位的诸侯像指挥下属一样，召唤周王去盟会。[②] 其次，王位、君位争夺中嫡长子继承制的动摇。在宗法制中，嫡长子继承制是规定家族财产分配的重要制度，其目的是杜绝继承问题上的内部争夺。但是，到了春秋以后，情况完全变了，王位、君位的争夺层出不穷，宗子由非嫡长子继承的现象司空见惯，春秋后期，人们的嫡长子继承制观念已经变得相当淡薄。最后，新旧贵族冲突中宗法式宗族组织的瓦解。在持续的战争冲突中，除了大宗、小宗以及各小宗诸侯国间的争夺外，还包括异性大夫起来控制国君，最后夺取国君的位置，从而产生了新的贵族。这些新兴贵族在同旧势力的激烈斗争中，大批旧贵族被消灭，有些新贵族也同归于尽了，这就消灭和削弱了大批宗族组织和宗族势力。

宗法制度在这些战争冲突中走向衰落的同时，由战争中产生出的一些制度变革又加速了宗法制度的瓦解。首先，战争中官僚机构的发展削弱了宗族势力对政权的控制。最迟从西周开始直到整个春秋时期，无论是周王朝或是各诸侯国中，执掌政权的官吏都是凭借血缘关系或宗族人脉，由宗

① 许倬云：《中国古代社会史论》，广西师范大学出版社2006年版，第56—58页。

② 徐扬杰：《中国家长制度史》，武汉大学出版社2012年版，第126页。

族的族长或者宗子担任，而且几乎都是世袭的。随后，在持续的战争冲突中，各诸侯国逐渐发展出一套体系健全的官僚机构。官僚机构的发展始于军队，在战争中，由于军队征募、装备、训练、记录以及后勤补给等需要，逐渐形成了体系健全的管理军队的机构。在这种机构中，将士们论功封赏，因而，在战争中越来越多的非贵族将领，凭借自己的骁勇善战而获晋级，成为掌控军队的新贵族。这种机构随后传入文官体系，逐渐发展成为管理整个王国的官僚机构。其次，布衣卿相登上政治舞台，摆脱了旧日宗族的束缚。在官僚制度形成后，各国为了在争霸争雄中击败对手，往往大量起用才学之士，而不论家族出身，使得许多布衣卿相凭借自身才学登上政治舞台，并成为掌管或控制王国政权的新兴力量，从而使得整个官僚体系逐渐摆脱了宗族势力的束缚。最后，郡县制的兴起使政权脱离族权而独立。在西周时期，对全国的统治主要采用逐级分封的办法建立起世袭的政治统治，这种办法继续到春秋时期，各诸侯国在兼并战争中掠夺了新的土地，也用以分封国君的同姓宗族或者有功的异性宗族。随着官僚体系的建立，以及人们意识到分封的诸侯会削弱中央的权力，使得随后的诸侯国君们在新扩张的土地上不再采用分封的办法，而是通过设县、郡，并派官僚代表国君去统治那些地方，从而形成了郡县制。这种新的地方行政制度，已不具备政权和族权合一的特点，从而使政权脱离族权而独立起来，成为一种单纯的政权组织。

二　家户制传统的起源及历史地位

（一）家户制的生成及特征

通过上述的分析可以看出，在春秋战国时期持续的战争冲突中，宗法制度逐渐走向衰落，而战争冲突催生出的制度创新又进一步使宗法制度走向瓦解。与此同时，这种长期的、持续性的、大规模的战争冲突，还使得各国对兵役和税赋的需求量越来越大。各诸侯国为了能够在战争冲突中取得胜利，一方面加紧构筑坚固的城堡及军事设施，另一方面投入大量的兵力，并保持数量相当的常备军，这些都需要投入大量的人力和物质资源来支撑和完成。故此，在这一时期，各国的统治者均在想尽办法从包括平民宗族村社在内的宗族成员身上征收到更多的兵役和税赋，并为此作出了各种改革尝试，其中成效最为显著的当属秦国的商鞅变法。通过商鞅的变法，使地处西部边陲的秦国从最初的兼并“戎狄”到后来的逐鹿中原，最后成为中国政治舞台上的绝对主角。

据《史记·商君列传》记载，商鞅变法前后进行了10年，主要内容共13项，除迁都咸阳之外，主要围绕着农、战两项内容而展开。其变革的内容主要包括：（1）民有二男以上不分异者倍其赋；（2）令民父子、兄弟同室内息者为禁；（3）令民为什伍，而相收司连坐，不告者腰斩，告奸者与斩敌首同赏，匿奸者与降敌同罚；（4）集小都乡邑聚为县；（5）勠力本业耕织，致粟帛多者复其身，事末利及怠而贫者举以为收孥；（6）为田开阡陌、封疆而赋税平；（7）平斗桶、权衡、丈尺。[①] 从以上商鞅变法的内容可以看出，其变革主要包含以下几个要点：第一，废除了井田制。关于“废井田，开阡陌”的过程，史书上有诸多记载。《史记》记载，商鞅“为田，开阡陌封疆，而赋税平”。《战国策·秦策三》载蔡泽语云，商鞅“决裂阡陌，教民耕战”。《史记·秦本纪》云：“（孝公）十二介……为田开阡陌。”《文献通考·田赋考》云：“秦开阡陌，遂得买卖。”由此可知，通过“废井田，开阡陌”，从法律上明确废除井田制度及与之相关的土地公有、王有制度，将土地从奴隶主贵族手里释放出来，使民众可以通过各种法定渠道获得土地，土地私有制初步确立了下来。第二，鼓励大家族分家。规定“民有二男以上不分异者倍其赋”，即家中如有两个儿子，不分家异爨者，要加倍纳税，禁止庞大的家族同财共爨，由此将小家庭从大家族中迅速分化出来，强制推行以一夫一妻及其未成年子女构成的小家庭。第三，实行户籍税赋登记制度。在西周、春秋时期，人们都隶属自己的家族，以宗族为单位，向自己的统治者纳税赋、服劳役，宗族是当时人们的经济生活、政治生活和社会生活的基本单位。而变法实行户籍登记制度，即以小家庭为单位进行记录，包括家庭内的人口、田地以及资产等，并且“生者著，死者削”，这样在实行变法后，国家政权直接同个体小家庭打交道，一夫一妻及其未成年子女构成的小家庭作为户籍、税赋的基本单位。第四，重视农耕。通过重奖严罚，驱使个体家庭的农民“勠力本业耕织”。第五，推行郡县制。将农民按照什伍、乡、邑、县这样一套新的行政系统组织起来，进而使得原来从属于宗族组织的小家庭直接隶属封建国家，成为封建国家纳税服役的对象，成为封建统治的基

① 孙达人：《中国农民变迁论——试探我国历史发展周期》，中央编译出版社1996年版，第77页。

础性组织单位。

经过商鞅的变法，其结果不仅使秦国很快出现“道不拾遗，山无盗贼，家给人足”以及“国富兵强，天下无敌”的局面，而且使以强大的习俗为支撑的完整的家庭制度和以强大的国家行政为支撑的完整的户籍制度共同构成的家户制成为当时社会的基础性制度，自由、独立的小农家庭构成当时村落社会的内核。这种新出现的家户制度及形态在秦国统一其他六国后随即蔓延渗透到整个帝国，由此使独立的个体小农家户成为当时占绝对主导地位的家庭形态。这种社会形态，马克思称作“马铃薯集成”①，孙中山称作“一盘散沙”。总体来看，与宗法制度相比，新出现的家户制具有如下特征：第一，“五口百亩之家”是其基本形态。根据《汉书·食货志》中关于战国时期李悝为解决当时农民丰歉之年粮价波动很大而算的收支账目中的数据可以看出（具体记载转录如下②），当时一个个体家庭，一般是“一夫挟五口，治田百亩”，这不仅是普通平民的家庭形态，也是其他社会阶层的主要家庭形态。

> 籴甚贵伤民，甚贱伤农；民伤则离散，农伤则国贫。故甚贵与甚贱，其伤一也。善为国者，使民无伤而农益劝。今一夫挟五口，治田百亩，岁收亩一石半，为粟百五十石。除什一之税十五石，余百三十五石；食，人月一石半，五人终岁为粟九十石，余有四十五石，石三十，为钱千三百五十；除社闾、尝新、春秋之祠，用钱三百，余千五十。衣，人率用钱三百，五人终岁用千五百，不足四百五十。不幸疾病、死桑之费及上赋敛，又未与此。此农夫所以常困，有不劝耕之心，而令籴至于甚贵者也。是故善平籴者，必谨视观岁有上、中、下孰。上孰其收自四，余四百石；中孰自三，余三百石；下孰自倍，余百石。小饥则收百石，中饥七十石，大饥三十石。故大孰则上籴三而舍一，中孰则籴二，下孰则籴一，使民适足，贾平则止。小饥则发小孰之所敛，中饥则发中孰之所敛，大饥则发大孰之所敛而粜之。故虽

① 参见马克思《路易·波拿马的雾月十八日》，《马克思恩格斯选集》第一卷，人民出版社1972年版，第693页。

② 孙达人：《中国农民变迁论——试探我国历史发展周期》，中央编译出版社1996年版，第82页。

遇饥馑水旱，籴不贵而民不散，取有余以补不足也。行之魏国，国以富强。

第二，个体家户既是基本生活单位，也是基本生产和消费单位。在宗族制度下，大的宗族组织虽然也是由个体小家庭组成的，但这里的小家庭还仅仅是一个基本的生活单位，至于生产的基本单位一直是宗族公社。而在家户制基础上形成的个体小家庭，不仅是一个基本生活单位，而且还是一个独立的生产单位，所有的生产活动都以小家庭为单位进行。一户小农，占地百亩或数十亩，全家的劳动力和半劳动力，用简单原始的农具，在小块土地上辛勤耕作。同时，个体小家庭也是一个独立的消费单位，衣食住行等经济生活，都以小家庭为单位进行。而且，这样的个体小家庭还是一个进行社会活动和交往的单位，由家长或者家中长者代表参加社会交往活动，积累家庭的社会资本。

第三，个体家户是一种农工商结合与互补的自然经济生产单位。一家一户的个体小农家庭，除了从事农业生产外，家中的女劳动力也利用房前屋后种的桑麻，田边地角种的瓜菜，从事采桑、养蚕和织帛以及饲养家畜、家禽等方式，以补贴农业生产的不足，从而形成了农工商结合与互补的基本经济形态。

第四，个体家户是国家户籍登记以及征收税赋、兵役以及徭役的基本单位。国家在对人口的户籍进行登记时，以个体小家庭为基本单位编制户口，并确定家庭中的一位作为整个家庭的代表，也即“户主”，这样国家直接将个体小家庭置于管辖之下，而无须再经过宗族组织这一层关系；同时，国家以个体小家庭为基本单位征收税赋和征发兵徭。

（二）家户制传统的历史地位

可以说，家户制传统的生成在我国历史发展进程中有着举足轻重的历史地位。首先，家户制传统形塑出的个体家户同精耕细作的农业生产方式的完美结合，创造出了灿烂的中华农业文明。自家户制实行以来，它不仅使秦国在短期内变成了强国，并很快统一了其他六国，就像孙达人在其著作中所说：“自商鞅变法以来的100多年的实践造就了一个强大的‘五口百亩之家’——个体小农，而这种新型的农民个体生产方式又使秦国在经济上对东方六国具有‘什居其六’的优势，这两者就是秦之所以实现大统一、重农抑商之所以成为我们的传统观念的根源。"[1] 而且也创造出了既大大高于古代，也大大高于同时代世界其他地区，甚至足以与现代农业相比的单位面积产量，从而为灿烂的农业文明奠定了基础。对此，著名历史学家胡如雷在其经典著作《中国封建社会经济形态研究》中这样写道："中国封建社会有大量的自耕农经济，而自耕农在经济上又具有明显的优越性，这同样是中国封建社会在很长时期内，经济、文化比西方相应阶段远为进步的主要原因之一。"[2] 胡如雷先生这里所说的自耕农其实就是"五口百亩之家"的个体家户小农。可以说，在中国封建历史上，自耕农（个体家户小农）经济的繁荣或枯萎，实际上是测量社会经济兴衰、阶级矛盾缓和与激化的晴雨表。而且，在这样的个体家户基础上，形成了辉煌的后来学界所谓的"传统小农经济"。

其次，它形塑了中国农民的价值伦理。在家户制传统的形塑下，使得中国农民形成了强烈的家庭观念，一切行动以家庭为中心，并进而形成了一种家庭（家族）伦理或信仰。对此，金耀基先生所引用的几位学者就有如下的说法。艾勒塔斯："中国人对财富、荣誉、健康拥有强烈的动机，对家庭与祖先有能力表达虔敬，这些毫无疑问是决定性的文化因素，足以开出一种勇猛的经济行动。"勃格的论证最后也归结到传统的家族心态上："这是一套引发人民努力工作的信仰和价值，最主要的是一种深化的阶层意识，一种对家庭几乎没有保留的许诺（为了家庭，个人必须努力工作和储蓄），以及一种纪律和节俭的规范。"[3] 由此可以看出，在家户制的形塑下，家庭不仅成为个体生活和生产的基本单位，也成为个体心灵的归属乃至信仰。很多时候，中国人并不是为了个体的存在而生活和工作，家庭（家族）意识才是激发大部分中国人肯定其生命意义和工作伦理的原动力，这个原动力塑造了中国人勤劳、节俭和"卖命"工作的形象。

（三）旧制度的遗产

虽然春秋战国时期在持续的战争冲突中，宗法制度逐渐走向衰落直至

① 孙达人：《中国农民变迁论——试探我国历史发展周期》，中央编译出版社 1996 年版，第 85 页。

② 胡如雷：《中国封建社会经济形态研究》，生活·读书·新知三联书店 1979 年版，第 127 页。

③ 金耀基：《儒家伦理与经济发展：韦伯学说的重探》，载乔健主编《现代化与中国文化研讨会论文汇编》，第 133—145 页。

瓦解，家户制传统因此而诞生，但是，在新出现的家户制传统中，宗法制度的痕迹并没有完全消失，依然残留有旧制度的遗产，并持续发挥着相应的影响力。正如王沪宁所说："村落家族文化的基质在很大程度上是古代原始群体的制度的继续，所以可以说是一种'原始遗存'。"[①]

第一，个体家户依然聚族而居。家户制传统的产生，虽然将人们从宗族组织中分离出来，变成了一个个独立的个体小家庭，这些个体小家庭之上已经没有宗族组织对它们的统治与束缚了，但是这些个体小家庭依然保留着聚族而居的习惯。一个村落，居住在一块的个体小农的小家庭，它们大多是一个祖先的子孙，同宗同族。在这些宗族内部的纵向联接机制上，宗法制度和宗族权威虽然已经失去强制性作用，但是，宗族权威在很大程度上依然发挥着一定的影响力，在调节邻里关系、维持村落秩序以及处理村庄公共事务等方面起着一定的作用。著名的历史学家孙达人将这一时期家户的居住特征概括为：具有极强的小家庭观念却仍然集体群居。[②]

第二，个体家户依然保留着守望相助的品质。如前所述，在宗法制度下的宗法农民，由于其长期从事集体生产、群居生活和多样化的劳动实践，使得他们形成了"出入相友，守望相助，疾病相救，民是以和睦"的社会风尚和性格品质。在家户制传统产生后，因为个体小家庭依然聚族而居，就必然会伴随根据血缘关系而产生的联系与活动，包括族人之间的街弹相耦[③]、赡施赈济与有无相通，因而，这种"守望相助"的社会风尚和性格品质在个体小家庭中依然保留着，并构成了个体家户间的横向联接机制。

第三，个体家户间的公共仪式维系着村落共同体。在家户制传统下，个体小农家户间虽然具有一定的自由、独立性，他们直接隶属封建国家，是封建统治最基础的基层统治单元，但是，由这些具有"自由人联合体"

① 王沪宁：《当代中国村落家族文化——对中国社会现代化的一项探索》，上海人民出版社1991年版，第30页。

② 孙达人：《中国农民变迁论——试探我国历史发展周期》，中央编译出版社1996年版，第78页。

③ 街弹相耦，亦即耕作相耦，《周礼》作"合耦于锄"，就是在农忙时节，族党之间相互换工，进行简单协作，以便牵引动笨重的犁耙，所以叫作"合耦"。合耦的办法，是全村的劳动力在出工之前，齐集"街弹之室"，经过自由组合，然后奔赴合耦者之田间去耦耕。所谓街弹之室，是汉代村落中里宰的办公室，因而也是村民族众的集会场所。

特征的家户基于血缘和地缘关系聚居起来的村落依然构成了一个相对松散的村落共同体。这个村落共同体虽然不具备正式的强制性和约束力，但在这个村落共同体中，人们遵循着彼此默认、凝聚共识的村规民约，拥有着相同的风俗习惯、生活习性等精神文化层面的价值认同。而这种村落共同体内部联接机制的形成，除了依靠个体家户间日常生活中横向的交往以及宗族权威纵向的影响力之外，更多的是依靠村落中的一些公共仪式，比如祭祀、燕饮等。通过这些公共活动，将个体小家户聚集起来，一方面加强彼此间的交流，丰富公共文化生活，另一方面也在他们潜意识中形成了一种集体意识，这种集体意识对维系这个相对松散的村落共同体发挥着重要作用。这就是为什么在中国传统村落中，虽然家户制是其基本组成单位，但村落在某种程度上依然发挥着非正式性的凝聚力。

（四）一个归纳性阐释

通过上述对中国家户制传统生成过程这一历史画卷的描述与勾勒，根据历史制度主义关于制度生成的理论内核与关键要素，本书接下来将从宏观环境、旧制度、思想观念与行动者等几个方面对其进行一个归纳性的总结与阐释。

首先，宏观环境。从家户制起源的宏观环境及时代背景来看，春秋战国之交，是奴隶制社会向封建社会过渡的时代。在这个时代，一方面，随着铁制农具较多的使用以及牛耕的推广，极大地提高了当时的农业生产力；但从生产关系方面看，当时的上层建筑依然是以奴隶制为主的奴隶社会。奴隶制社会，它的特征是以奴隶主占有生产资料和生产者（奴隶）为基础的社会，其政治统治是赤裸裸的阶级压迫。维护其统治的组织形式是分封诸侯以维系天子的天下。各诸侯既是“王”的助手，又是“王”的制约力量，它是阶级统治还不甚成熟的一种松散的统治形式。尽管如此，它毕竟是奴隶主阶级专政的国家体系。奴隶主利用此国家机器对广大奴隶进行残酷的剥削和压迫，使奴隶对生产毫无兴趣，而且不断破坏生产工具，成批逃亡，阶级矛盾日益尖锐，这种生产关系日益成为生产力发展的严重障碍，此时的生产力发展要求有一种适应其发展水平的新的生产关系来代替它。

其次，旧制度。如果说奴隶制度是主导这一时期的宏观制度环境，那么，支撑这一上层建筑的核心下位制度（中观层面的制度）便是以血缘内聚力为基础、通过分封建国的宗法制度。随着宗法制度内部所蕴含的冲突矛盾在新的宏观环境背景下变得越发激烈，使得既有制度偏见所引发的冲突成为新制度产生的重要因素。宗法制度所蕴含的冲突具体表现为：第一，诸侯分封制。分封制是宗法制度的核心要素之一，“分封制下的诸侯，一方面保持宗族族群的性格，另一方面也势必发展地缘单位的政治性格”。① 随着时间的推移，宗族血缘的内聚力因代际相传而间隔式变弱，越来越难以起到有效凝聚统治力量的功能，故各诸侯国的地缘政治色彩越来越浓，独立性越来越强。到了春秋战国时期，各诸侯国的地域文化特征越来越明显，政治上则逐渐摆脱了周王室的控制。而脱离了周王室控制的各诸侯国，在对财富和疆土的驱使下逐渐走向战争和冲突。第二，财富的嫡长子继承制。在宗法制度中规定，家族的君位、王位和财富由嫡长子来继承，这也激发了宗族内大、小宗子之间的冲突和矛盾。第三，世卿世禄制度。因为世卿世禄制度的存在，使得有能力的普通人无法凸显，造成板结式的社会堵塞，当新兴的异性大夫或贵族取得一定的地位后，势必希望打破这种既得利益集团，因而，便展开了与旧贵族间的矛盾冲突。

最后，思想观念与行为。随着宏观制度环境的逐渐变化，以及上述宗法制度中这些矛盾冲突的加剧，优雅的周礼在这些诸侯国间以及各诸侯国内弱肉强食的“丛林法则”中被彻底颠覆，一些诸侯国特别是弱小的诸侯国谋求变革的思想与图强的决心逐渐产生。其中，秦国的商鞅变法，不仅使得秦国从一个弱国逐渐变强，最终统一了天下，最关键的是，商鞅变法中形成的家户制度以及高密度的小农经济在中国确立了牢固的地位。那么，接下来问题的关键是，为什么秦国的商鞅变法能够成功呢？笔者认为，原因有以下几方面：其一，弱势图存的秦国。“战国初期的秦，像一个营养不良的病人。”② 从各方面来说，当时的秦国都处于弱势地位。因为弱势，在这个弱肉强食的诸侯列国间纷争的时代，秦国寻求变法以求图强的愿望更为强烈。其二，意志坚定的国君。与民主体制下君主受制于底层意志不同，在君主专制的体制下，君主的任意空间和行动选择空间都比较大。因此，对于变法来说，君主的态度和决心十分关键。在这场变革中，作为行动者之一的当时的秦国君主秦孝公，为商鞅变

① 许倬云：《西周史》，台湾联经出版事业公司1984年版，第155页。

② 林剑鸣：《秦史稿》，陕西人民出版社1981年版，第68页。

法提供了坚实的政治支持。其三，法家争胜。变法不仅需要变法实践，也需要有一套变法思想作为指导。在当时指导各诸侯国进行变法的思想中，法家成为指导商鞅变法的主导思想。其原因在于法家强烈的“现实对应性”契合了当时的时代背景和秦国实际，尤其是其中的刑法思想，商鞅以此思想为指导制定了秦律，并以此为治，使秦国在很短的时间内，就变得国富兵强，这为后来秦国统一天下奠定了坚实的基础。其四，顺乎民意。根据马克思“经济基础决定上层建筑”的辩证思想，上层建筑也必然是对经济基础底层信号的集中表达。由于商鞅变法将土地从奴隶主贵族手里释放出来，使民众可以通过各种法定的渠道获得土地，同时，将个体小家户从大的宗族组织中解脱出来，大大激发了个体家户的活力和积极性，因而，商鞅变法不仅顺乎民意，更是底层民众意愿的集中表达，故底层民众的积极响应行为也成为新制度能够诞生的重要因素。总之，由于弱势图存的秦国所产生的巨大的变法动力和较大的变法期望，再加上国君坚定的变法意志，以法家思想来指导变法以及变法的内容符合底层民意与秦国实际，从而在君、臣、民三位一体的协调配合行动中使得商鞅变法在秦国得以成功实现。

概括而言，在从奴隶制向封建社会过渡的春秋战国时期，生产力和生产关系变得极不协调的宏观制度背景下，中观层面的宗法制度所蕴含的各种冲突逐渐加剧，而以法家为指导思想的商鞅变法在秦国取得成功使得家户制传统产生，并随着秦国统一六国而在全国范围内得以推广与巩固。但由于旧制度中一些思想的遗留，使得形成之初的家户制依然带有某些宗法的色彩，因而在这种略带宗法色彩的家户制基础上，形成了以血缘和地缘为基础的、个体小家户聚集而居的传统村落社会。

三　村社制传统的起源

亚洲是地球上最大的一个洲。如果我们从空中俯瞰亚洲大陆，就可以发现帕米尔高原就像地球的屋脊把亚洲大陆一分为二，东边与西边的差异甚至比它与欧洲的差异还要大。因此，当我们描述完位于帕米尔高原东侧的亚洲大国——中国农村社会家户制传统的起源后，再让我们将镜头拉向另一侧，去探究另一个东方大国——印度传统农村社会与中国农村社会截然不同的本源型传统，即村社制的起源。

（一）村社制的形成

关于印度村社制的起源，根据马克思的观点，它是原始社会向阶级社会过渡的产物。考古学证明，在人类社会的早期，世界上普遍存在着完全以自然的血缘关系为基础的氏族共同体。随着社会分工和交换关系的发展，原始的共同体开始分解。但由于世界各地的自然生态、社会演化进程等具体条件不同，原始共同体的解体过程从一开始就表现出差异。马克思根据共同体分解程度的不同，将全世界前资本主义时期的共同体分为三类，即亚细亚的、古典古代的和日耳曼的。其中，亚细亚的共同体在历史上出现最早，分解程度最低，因而也是一种较原始的、陈旧的形式。[①] 而印度的村社是属于亚细亚共同体的典型形式，它起源于古代原始社会的部落共同体，并在历史的进程中经历一系列的分化和解体而形成。故此，在我们探究印度村社制传统的起源时，首先得将历史的镜头聚焦到印度雅利安文明时期。

从地理环境来看，印度北面有世界上最高的山脉喜马拉雅山的阻隔，东面和西面有延伸至大海的较低山脉环绕，南边半岛又被大海包围，印度次大陆便形成了一个天然的地理区域。这一次大陆依次又可被划分为三个不同的亚地理区域：第一部分是德干半岛，由低山将其与北部分割开来，其本身形成了南部的亚地理区域，并形成为这一区域人口集聚的中心。第二部分是广阔的印度河——恒河冲击平原，它实际上还覆盖了印度北部的所有区域，曾经是上演印度大多数历史事件的舞台。它又依次可划分为两个主要区域：印度河和它西面的支流区域以及恒河、雅鲁藏布江和它们在中部和东部的支流区域。早在雅利安人到达印度之前，印度河流域已经有了较为发达的犁耕农业，并兴起了城市文明。到公元前 1700 年前后，印度河流域的城市文明虽然逐渐走向衰落，但犁耕农业依然存在。在公元前 1500 年前后，有一支操“印欧语”的游牧民族雅利安人从开伯尔山口进入印度次大陆，并在印度西北部的旁遮普定居，随后逐渐开始往东向恒河流域推进。到公元前 1000 年前后，雅利安人的活动中心逐渐从旁遮普移向恒河—朱木拿河河间地区和恒河上游，并进而向恒河中下游迁移。早期印度—雅利安部落是游牧民族，当他们第一次迁入印度河—恒河平原时，碰上的是被称作达萨（dasas）的其他定居者。从社会经济的发展水平来看，雅利安人是落后于继承哈拉巴文化的当地居民的。因此，当雅利安人开始在恒河平原安顿下来时，便在和当地居民的冲突与融合中逐渐掌握犁

① 尚会鹏：《种姓与印度教社会》，北京大学出版社 2001 年版，第 357 页。

耕技术，并改变自身的生产方式，从单一游牧业转为游牧业和农业的混合；同时，他们也逐渐改变以前游牧生活的习惯，在所到之处建立居民点和村落。

印度—雅利安的村落称为格拉马（Grama），村落带有氏族社会的残余，普遍采用农村公社的形式。村社通常由村落组成，往往一个村落就是一个村社。村落有大有小，从地理面积的大小看，小的几百英亩，大的几千英亩；从农户的多少看，据《佛本生经》[①] 记载，大者达1000户[②]，小者仅30户。[③] 村与村之间有确定的边界，村落的中心地带为居住区。居住区通常有以下固有设施：（1）盖房屋的地面；（2）圣树；（3）神庙；（4）堤坝；（5）火葬场；（6）施舍屋；（7）饮水贮所；（8）圣地；（9）公共娱乐厅和公共餐厅。[④] 居住区的周围有广阔的耕地，靠近路旁、村边或牧场的耕地常常围有栅栏，以防兽畜的侵害。耕地之外是荒地和牧场，归村民共同使用，牧场之外常常是森林地带。马克思曾这样来描述古老的印度村社："整个国家（几个较大的城市不算在内）分为许多村社，它们有完全独立的组织，自己成为一个小天地。"[⑤] 村社中的成员以农业为主，除了农业之外，也从事手工业等活动，只不过印度村社内部农业和手工业的结合方式与中国的不同。马克思在《不列颠在印度的统治》一文中说："这些家族式的公社是建立在家庭工业上面的，靠着手织业、手纺业和手力农业的特殊结合而自给自足。"[⑥] 也就是说，印度农业和手工业的结合是在村社内进行的，是通过不同种姓的家庭分别完成的，而中国古代农业和手工业的结合是在家庭内进行的，"男耕女织，耕织结合"是中国传统家户制经济的基本特点。除纺纱和织布常常由不同家庭分别完成外，村社内还有其他专门为全村居民生产和生活服务的各种手工匠人，如铁匠、木匠、陶匠等。他们为全村居民提供各种生产工具和各类生活用具；村社则以份地和份粮的形式支付他们的劳动报酬，保证他们也获得生活来源。

① 《佛本生经》是菩萨成佛以前的转生故事集。其中记载有古代印度社会生活的某些方面。

② 《佛本生经》第1卷，234（No. 41），第105页；第4卷，159（No. 466），第99页。

③ 《佛本生经》第1卷，199（No. 31），第77页。

④ 黄思骏：《印度土地制度研究》，中国社会科学出版社1998年版，第30页。

⑤ 《马克思恩格斯全集》第28卷，人民出版社1973年版，第271页。

⑥ 《马克思恩格斯全集》第9卷，人民出版社1961年版，第148页。

当然，由于印度国土辽阔，如前所述三个亚地理区域的自然环境、资源禀赋不同以及政治经济发展的不平衡，使得在同一时期，印度各地存在着发展水平不同（主要指公私比重不同）的农村公社。英国学者巴登·鲍威尔（B. H. Baden - Powell）在《印度村社的起源与变迁》一书中就特别强调："必须承认有两种类型的村社：一种是存在共有或公有现象的村社，另一种是不存在共有或公有现象的村社。"[①] 巴登·鲍威尔称前者为"共有制村社"（Joint Ownership Village），称后者为"分有制村社"（Separate Ownership Village）。（如表3－1所示）关于两种村社的具体形式，巴登·鲍威尔根据英国租税勘察资料作了进一步的研究和描述[②]：如果一个村落里的每一块耕地都被分别课税，那么这就是一个 Ryotvari 或 Raiyatvari 村落[③]。那儿没有领主，取而代之的是古来的氏族克里斯玛村落首长（patel），他被视为政府官员而享有相当的权威，负责收税，并且拥有免税且世袭的公职属地，居住在村落中央且往往有防御设施的屋子里。耕地边界之外属于村落的"共有地"。另一种情形是，一群土地所有者共同负责向国家缴纳全村的租税额（jama）。这个土地所有者团体往往有个——原先则几乎总是——"潘查亚特"（panchayat）作为其代表机构，并且握有所有关于村落与村落所属共有地（荒地）的处分权。潘查亚特将耕地分租给农民、村落工匠与村落的商人，并且自由地分割荒地，从村落共有地中分出"自营地"（Sir－Land）给个别成员，必要时也分给作为整体的村落共同体，并且同意后者可作有限的出租。在这样的村落里，并没有一个因自身的卡利斯玛特权而享有崇高地位的村落首长，有的毋宁是一个领导行政的"兰巴德"（Lanbardar），作为与国库对立的村落利益共同体的代表。土地分配权及相应的租税分摊义务，可以按世袭份额（patti）来分割，此即 pattidari 村落；也可以按别的标准来分割，特别是按各个土地所有者本身的给付能力，此即 bhaiachara 村落（有关两种村社形式的区别如表3－2所示）。

但是，无论是哪种形式的村社，它都属于村社制范畴，都具有村社

① B. H. Baden - Powell. *The Origin and Growth of Village Communities in India*. London: Swan Sonnenschein & Co., Lim. New York: Charles Scribner's Sons, 1899.

② ［德］马克斯·韦伯:《印度的宗教：印度教与佛教》，康乐、简惠美译，广西师范大学出版社2010年版，第103—104页。

③ Raiyat 意指"子民""被保护者"。

的性质。关于印度村社的性质，根据马克思在《给维·伊·查苏利奇的复信草稿》（1881）中对农村公社（村社）与原始公社比较的精辟论述，可以概括为以下几个方面：第一，原始公社建立在自己社员血统亲属关系上，农村公社是没有血缘关系的自由人的社会联合。第二，在农村公社，房屋及其附属园地已为农民所私有；相反的，公共房屋和集体住所则是各种较古公社的物质基础之一；有些农村公社，房屋已不是集体所有，但仍然定期改换占有者，个人使用权与公有制相结合，这种公社是向真正的农村公社过渡的形式。第三，在农村公社，耕地仍归公社所有，但定期在社员之间重新分配，每一农民耕种分配给自己的土地，将生产品留为己有；在较古的公社内，生产是共同进行的，产品除储备再生产部分外，根据消费需要陆续分配。同时，马克思认为“农村公社制度所固有的这种二重性能够成为它的巨大生命力的源泉”①，马克思在这里所称的“农村公社制度所固有的这种二重性”主要是指生产资料所有制（主要是土地所有制）方面的“公社二重性”，这在原则上适用于印度的农村公社。因为在马克思看来，印度村社中土地私有制的一面同西方的土地私有制是根本不同的，在村社共同体存在的情况下，只有当个人作为共同体的一个肢体即村社共同体成员时，才能成为所有者或占有者。换句话说，个人的所有权或占有权是通过村社共同体实现的。但是，我们也需要用动态的眼光去看待这种二重性，因为村社内部也会出现分化，随着时间的推移、社会生产力的发展，在不同的时间段内，公私所占的比重会有所变动。

表3-1　　印度古村社中两类村社分布的地区和面积

	省区	面积（方里）	每方里人口平均密度
共有制村社为主的地区	旁遮普	110667	188
	西北省	83286	411
	奥德	24217	522
	（总计）	218170	

① 《马克思恩格斯全集》第19卷，人民出版社1963年版，第449—450页。

续表

	省区	面积（方里）	每方里人口平均密度
分有制村社为主的地区（个别地方有共有制村社存在的痕迹）	孟加拉	151543	471
	孟买和信德	77543 47789	207 117
	马备拉斯	141189	256
	阿吉米尔	2711	200
	库尔格	1583	109
	中央省	86501	125
	比拉尔	17718	163
	阿萨姆	49004	112
	（总计）	575581	

资料来源：B. H. Baden – Powell. *The Origin and Growth of Village Communities in India*. London: Swan Sonnenschein & Co. , Lim. New York: Charles Scribner' s Sons, 1899, p. 8.

表 3 – 2　　“分有制村社”与“共有制村社”的区别

“分有制”村社（Separate Ownership Village）	“共有制村社”（Joint Ownership Village）
有一名卡利斯玛型的头人，实行世袭制	有一个“潘查亚特”（长老会），其头人不世袭
财产私有	财产共有
对税收没有连带责任（即各自交税）	统一交税
没有共同拥有的荒地或“公”地	村庄所在地和一些荒地通常共有

（二）种姓制度和宗教思想的嵌入

当雅利安人首次来到印度时，他们自己被划分为三个广义的社会阶层，被称为瓦尔纳（varnas，阶层）：分别是婆罗门（僧侣）、刹帝利（武士与贵族）以及吠舍（平民）。在雅利安人逐渐往印度西北部以及向恒河流域扩张的过程中，随着被征服的当地人的加入以及雅利安人和当地人联盟的后裔逐渐融入到雅利安社会当中，这三个阶层与第四个正在形成的首陀罗阶层一起产生了四个瓦尔纳阶层。这四个瓦尔纳为印度社会的演化提供了一个宽泛的理论框架，并将世俗与宗教的权力一分为二。在随后的实践中，瓦尔纳又进一步被细分为数百种分支式、对内通婚的职业群体，从各式祭司、商人、鞋匠到农民，形成了职业秩序的神圣化，最终演变为重叠于血缘结构之上的种姓制度（caste）。从经济层面看，种姓制度是一套严格的职业分工，在村社内部，首先是婆罗门和刹帝利，他们占有村社大部分的土地，自己不种地；其次是吠舍，他们耕种自己的土地；再次是各种工匠和手艺人，如木工、铁匠、石匠等；最后是首陀罗及其他种地或做工的劳动者。并且，根据种姓制的规定，每个成员的职业是固定的，也是世袭的。从婚姻层面看，为了维护高级种姓的特权地位，种姓制度还确定了内婚制，也即任何人通常不得与自己瓦尔纳之外的人谈婚论嫁。按照印度教传统的看法，种姓混杂是一种严重的罪恶，而且要受到严重的惩罚。根据《摩奴法典》中对此的规定，那些违背规定、同外种姓人结婚的人，要被开除种姓成为一个“堕姓人”，即沦为不可接触者。一般来说，他们只有通过“转生”在来世改变自己的地位。这种严格的内婚制原则在种姓社会占据着重要地位，以至于一些研究种姓制度的学者把族内婚视为种姓制度的本质。从等级层次看，种姓是一种森严的等级制度。在这个体系中，婆罗门凭借其“贵为家庭祭司、解答者、告解神灵与一切生活情状的顾问，以及因文笔练达而应聘为官僚政府成立以来日益需求的王侯官吏之故”①而处于种姓体系“金字塔”的顶端，正如韦伯所说的，作为一个封闭性的体制，种姓秩序彻头彻尾是婆罗门思想的产物，并且若非婆罗门之强大深入的影响力，恐怕也不能具有如此优势的支配性。紧随婆罗门之后地位由高到低的依次是刹帝利、吠舍和首陀罗，被排斥在种姓体制之外的不可接触者阶层地位最低。由此，种姓职业的世袭化和种姓内婚制共同奠定了以婆罗门为主导，等级森严、层级分明的种姓制的基础。

与此同时，在种姓的演化过程中，为了使这套森严的等级制度合理化和缜密化，人们也给种姓制度提供了一种宗教和哲学上的基本原理与思想。正如杜芒特（Dumont）所强调的，“印度教社会之所以能存在的原因也许是那种导致了地位与权力之间相互分离的制度背后的意识形态所致”。②而这种思想或者意识形态的核心，就是与玷污、纯洁与不纯洁这些观念相联系的重要性。该思想认为，职业的地位有高有低，取决于它们离污染源有多远——诸如血液、死亡、泥土、腐败的有机物等。一般认为，凡人的生存涉及物质的生物生存，而处于下层种姓的劳动者是最不纯洁的，相比之下，婆罗门是最完美的，因为遇上血液、死亡、泥土时，他

① ［德］马克斯·韦伯：《印度的宗教：印度教与佛教》，康乐、简惠美译，广西师范大学出版社 2010 年版，第 167 页。

② Dumont, *L. Homo Hierarchicus*, London, 1970, chs. 3.

们可依赖他人的服务；并且，婆罗门将自身置于社会等级制度中的特权地位：“污染物质渗透了凡人的生存，在现世和漫长的上升轮回（samsara）中，需要婆罗门主持的仪式来予以控制和削减，这是获得解脱（moksha）的必要途径”。[①] 而且，为了使固化在较低阶层的人不至于陷入绝望，婆罗门还创造了一种“业报轮回”思想，认为社会升迁在现世是不可能的，但可以指望来世，个人在来世到底获得升迁还是降级，则取决于自己在现世是否履行了所属迦提的法（dharma），即良好的行为准则；未能遵守准则的，将在来世等级制度中降级。在这种教义思想下，人在不同的社会集团从事不同的职业，履行不同的义务和责任，享有不同的地位和报酬，乃是一种神安排的自然秩序，对每个人都是公平合理的。对于一个低种姓或不可接触者来说，业报轮回思想告诉他，他悲惨的命运并非由于不合理的社会制度和人间压迫所致，而是他前生的罪孽造成的。他受的苦难是在偿还他自己前生欠下的“债务”。要改变这种地位是不可能的，唯一的办法是接受命运的安排，严格遵守“达摩”（种姓的职业以及各种行为规范和义务）。只有这样，来世才有提高地位的可能，否则，“阿特曼”会记录下你今世的“不轨”行为，来世可能会更悲惨。而高种姓认为，他们高贵的种姓地位是他们前生“善行”的结果。故马克斯·韦伯曾说：“种姓本质即为社会阶序，而婆罗门之所以踞有印度教的中心地位，根基即在于社会阶序决定于婆罗门。”[②]

由此可见，种姓制度和宗教思想的结合可谓是天衣无缝，二者结合在一起犹如一张无形的网嵌入村社中，将村社内的成员们牢牢固定在各自的位置上，使得古老的印度村社制度具有高度的稳定性。韦伯将这种结合称之为“神来之笔”的结合，他说：“种姓的正当性与业报教义，因此也就是婆罗门特有的神义论，这种可谓神来之笔的相结合，根本是一种理性的伦理思维的产物，而非任何经济‘条件’的产物。直到此种思想的产物通过再生许诺而与现实社会秩序结合，才给了这个秩序无与伦比的力量，超越过被安置在此一秩序中的人们所抱持的思想与希望，并且立下确固的架构，致使各个职业团体和贱民部族的地位，可以在社会上与宗教上被编

① ［印］哈罗德·古德尔：《印度种姓制度》，第15页。

② ［德］马克斯·韦伯：《印度的宗教：印度教与佛教》，康乐、简惠美译，广西师范大学出版社2010年版，第40页。

排妥当。”[①] 进而他认为，种姓秩序与业报轮回教义是如此理所当然且直截了当地将个人嵌入一个清楚明白的义务圈子里，并提供给个人一个如此圆满完整且形而上学的世界图像，以至于当个人开始反问自己生命在此一报应机制里到底有何“意义”时，无不感到此种伦理上的世界秩序是如此的恐怖。世界及其宇宙——社会的秩序是永恒的，个人的生命只不过是同一灵魂所宿而于无穷的时间里一再重现的一连串生命当中的一节，因此，从根本上来说是极其无谓的。也正是因为这样的思想，使得印度人的人生观与世界观所表陈的是一个永恒回转的再生之“轮”的图像。

（三）村社的形式与性质

由种姓制度和业报轮回教义嵌入所形成的印度村社构成了一个个相互独立的印度传统村落社会，马克斯·韦伯在其著作《印度的宗教：印度教与佛教》的开篇就谈道：“印度一直是个村落之国，具有极端强固的、基于血统主义的身份制”[②]。而关于嵌入了种姓制度和宗教思想的这种传统村落社会形态，马克思引用了不列颠下议院关于印度事务的官方报告中的一段描写：

> “从地理上看，一个村社就是一片占有几百到几千英亩耕地和荒地的地方；从政治上看，它很像一个地方自治体或市镇自治区。它通常设有以下一些官员和职员：帕特尔或村社首脑一般是总管村社的事务，调解居民纠纷，行使警察权力，执行村社里的收税职务——这个职务由他担任最合适，因为他有个人影响，并且对居民的状况和营生十分熟悉。卡尔纳姆负责督察耕种情况，登记一切与耕种有关的事情。还有塔利厄尔和托蒂，前者的职务是搜集关于犯罪和过失的情报，护送从一个村社到另一个村社去的行人；后者的职务范围似乎比较限于本村社，主要是保护庄稼和帮助计算收成。边界守卫员负责保护村社边界，在发生边界争议时提供证据。水库水道管理员负责分配农业用水量。有专门的婆罗门主管村社的祭神事宜。教师教村社的儿童在沙上念书和写字，另外还有管历法的婆罗门或占星师等等。村社

① ［德］马克斯·韦伯：《印度的宗教：印度教与佛教》，康乐、简惠美译，广西师范大学出版社2010年版，第168页。

② 同上书，第3页。

的管理机构通常都是由这些官员和职员组成；可是在国内某些地方，这个机构的人数并没有这么多，上述的各种职务有些由一人兼任；反之，另外也有些地方又超过上述人数。从很古的时候起，这个国家的居民就在这种简单的自治制的管理形式下生活着。村社的边界很少变动。虽然村社本身有时候受到战争、饥荒或疫病的严重损害，甚至变得一片荒凉，可是同一个村社的名字、同一条边界、同一种利益，甚至同一个家族却一个世纪又一个世纪地保持下来。居民对各个王国的崩溃和分裂毫不关心，只要他们的村社完整无损，他们并不在乎村社受哪一个国家或君主统治，因为他们内部的经济生活是仍旧没有改变的。帕特尔仍然是村社的首脑，仍然充当着全村社的裁判官和税吏。"①

而对印度这种村社内的劳动分工以及自给自足的形态，马克思在其著作《资本论》中这样描述道：

"例如，目前还部分保存着的原始的规模小的印度公社，就是建立在土地公有、农业和手工业直接结合以及固定分工之上的，这种分工在组成新公社时成为现成的计划和略图。这种公社都是一个自给自足的生产整体，它们的生产面积从一百英亩至几千英亩不等。产品的主要部分是为了满足公社本身的直接需要，而不是当作商品来生产的，因此，生产本身与整个印度社会以商品交换为媒介的分工毫无关系。变成商品的只是剩余的产品，而且有一部分到了国家手中才变成商品，从远古以来就有一定量的产品作为实物地租流入国家手中。在印度的不同地区存在着不同的公社形式。形式最简单的公社共同耕种土地，把土地的产品分配给公社成员，而每个家庭则从事纺纱织布等等，作为家庭副业。除了这些从事同类劳动的群众以外，我们还可以看到一个'首领'，他兼任法官、警官和税吏；一个记账员，登记农业账目，登记和记录与此有关的一切事项；一个官吏，捕缉罪犯，保护外来旅客并把他们从一个村庄护送到另一村庄；一个边防人员，守卫公社边界防止邻近公社入侵；一个管水员，从公共蓄水池中分配灌

① 《马克思恩格斯文集》第2卷，人民出版社2009年版，第681—682页。

溉用水；一个婆罗门，司理宗教仪式；一个教员，在沙土上教公社儿童写字读书；一个专管历法的婆罗门，以占星家的资格确定播种、收割的时间以及对各种农活有利和不利的时间；一个铁匠和一个木匠，制造和修理全部农具；一个陶工，为全村制造器皿；一个理发师，一个洗衣匠，一个银匠，有时还可以看到一个诗人，他在有些公社里代替银匠，在另外一些公社里代替教员。这十几个人的生活由全公社负担。如果人口增长了，就在未开垦的土地上按照旧公社的样子建立一个新的公社。公社的机构显示了有计划的分工，但是它不可能有工场手工业分工，因为对铁匠、木匠等等来说市场是不变的，至多根据村庄的大小，铁匠、陶工等等不是一个而是两个或三个。调节公社分工的规律在这里以自然规律的不可抗拒的权威起着作用，而每一个手工业者，例如铁匠等等，在他的工场内按照传统方式完成他职业范围内的一切操作，但是他是独立的，不承认任何权威。这些自给自足的公社不断地按照同一形式把自己再生产出来，当它们偶然遭到破坏时，会在同一地点以同一名称再建立起来［注：'从远古以来国内居民就在这种简单形式下……生活。各个村庄的边界很少变动；虽然村庄有时由于战争、饥荒和瘟疫而受到侵害，甚至被弄得荒无人烟，但是同一名称、同一边界、同一利益，甚至同一家族，会维持几百年之久。居民对王国的崩溃或分裂毫不在意，只要村庄保持完整，他们就不问村庄隶属什么权力，或受哪一个君主统治。村庄内部经济保持不变。'］，这种公社的简单的生产机体，为揭示下面这个秘密提供了一把钥匙：亚洲各国不断瓦解、不断重建和经常改朝换代，与此截然相反，亚洲的社会却没有变化。这种社会的基本经济要素的结构，不为政治领域中的风暴所触动。"①

由上述马克思对印度这种村社的描述可知，嵌入了种姓制度和宗教思想的印度村社，除了残留有一些原始氏族公社的特征之外，也出现了一些新的特征：第一，村社内已形成了以种姓制度为主的阶级结构与剥削关系；第二，村社土地所有制具有公私二重性；第三，村社内部农业与手工业相结合；第四，村社内存在着以种姓为基础的社会分工；第五，村社内

① 《马克斯恩格斯全集》第23卷，人民出版社1972年版，第395—397页。

形成了相应的权力关系与治理形式；第六，这种村社具有自给自足的性质。综合上述这些特征，可以将这种村社看作是一种“半野蛮、半文明的村社”和“宗法制的和平的社会组织”①。但马克思对印度这样的村社也曾有过这样的评价：“这些田园风味的农村公社不管看起来怎样祥和无害，却始终是东方专制制度的牢固基础，它们使人的头脑局限在极小的范围内，成为迷信的驯服工具，成为传统规制的奴隶，表现不出任何伟大的作为和历史首创精神。”② 而摩尔在其著作《民主与专制的社会起源》中谈到印度村社时，也这样写道：“这里，我们可以把种姓制度作为世袭的和内部通婚的群体组织加以描述。在种姓集团里，男子执行着某种类型的社会功能，如僧侣、武士、手工业者、种田人等等。制裁玷污罪的宗教观念强化了这种社会分工，在理论上使得等级制度严密得滴水不漏。种姓制度在当时和现在起到组织村庄共同体生活的作用，构成了印度社会的细胞和基本单元。”③ 在印度历史上，虽然也曾发生过无数次改朝换代和外族人入侵的情况，但是都未能触动印度古老村社制度稳定的根基。其原因就在于，印度社会的基础是村社，而作为村社稳定的结构性保障便是嵌入村社中的种姓制度和宗教思想，它们是维系印度村社稳定的基石。

（四）村社与国家的关系

与中国家户制传统下个体家户与国家直接发生关系不同，在印度村社制传统下，村社作为国家的基层行政单位，同国家直接发生关系。国王直接任命村长，《摩奴法论》规定国王“应该任命村落长、十村落长、百村落长和千村落长”。④ 而在向国家缴纳田赋时，也是以村社为单位。由于在村社内由种姓和宗教创造的社会分类形成了稳固的村社内部结构，这大大限制了国家权力向村社内部的渗透和掌控，因此，村社除了向国家缴纳税赋之外，其内部事务几乎不受干涉。而居民们生活在这种村社共同体之内，对王国的崩溃或分裂毫不在意。正如摩尔所说：“作为一种制度，种姓能在某一特殊地区有效地安排生活，这就意味着全国政权的存在是无关

---

① 《马克斯恩格斯全集》第9卷，人民出版社1961年版，第148页。

② 《马克思恩格斯文集》第2卷，人民出版社2009年版，第682—683页。

③ ［美］巴林顿·摩尔：《民主和专制的社会起源——现代世界诞生时的贵族与农民》，拓夫、张东东译，华夏出版社1987年版，第255页。

④ 《摩奴法论》七，115.；前引书第125页。

紧要的。凌驾于村社之上的政府一般只是外部强加的赘瘤，而不是出于需要，是一种必须忍受的事务，即便当环境变得很不协调时也不能加以改变。政府在村社里确实无事可做，因为事无巨细都由种姓包揽了。"① 只要村社保持完整，他们就不管隶属什么权力，也不管受哪个君主统治。一份英国下院关于印度事务的官方报告对此也曾描述道："（村社）居民对各国王国的崩溃和分裂毫不关心，只要他们的村社完整无损，他们并不在乎受哪一个国家或君主统治，因为他们内部的经济生活是仍旧没有改变的。"② 印度社会经济的这种基本性质在政治统治上产生了两个互为联系的特点③：第一，印度历史上长期处于分裂状态，国家的作用较小。纵观印度的历史，较大的帝国仅有三个：孔雀帝国、笈多王朝和莫卧儿帝国，加起来也才约四百余年，而且无论哪一个帝国也没有真正统一过印度，印度长期被"分解成像它的城市甚至村庄那样多的各自独立和相互敌对的国家"④。小王国的存在时间虽然比较长，但实力仍在村社。第二，由于缺乏高度统一的中央集权统治，也不能形成统一的力量以抵御外国的入侵，因此，印度长期被外来征服者所征服并长期处于外来统治之下。故马克思认为，印度历史是"一个接着一个的征服者的历史"⑤。

针对上述印度村社与国家的这种关系，摩尔曾这样说道，"在地方一级的村庄组织中，一切社会活动纳入了种姓框架，引申为某种来世观念，这使得中央政府几乎形同虚设。因此，印度农民的反对活动与中国不同，它不是以大规模农民叛乱的形式出现的。即使出现了新事物或反对派，那也往往通过新种姓或亚种姓的形式被毫无变化地吸收到原有的体制中"。⑥甚至还有学者直截了当地指出，印度的国家在经济上是多余的，它甚至没有起过最低限度的国家的作用，例如维持社会秩序等，因为这一任务已由

① ［美］巴林顿·摩尔：《民主和专制的社会起源——现代世界诞生时的贵族与农民》，拓夫、张东东译，华夏出版社 1987 年版，第 273 页。

② 《马克思恩格斯选集》第 2 卷，人民出版社 1972 年版，第 66 页。

③ 尚会鹏：《种姓与印度教社会》，北京大学出版社 2001 年版，第 372 页。

④ 《马克思恩格斯全集》第 9 卷，人民出版社 1961 年版，第 143 页。

⑤ 同上书，第 246 页。

⑥ ［美］巴林顿·摩尔：《民主和专制的社会起源——现代世界诞生时的贵族与农民》，拓夫、张东东译，华夏出版社 1987 年版，第 253 页。

种姓、村社完成了。① 而以种姓和宗教为基础形成的众多紧密结合的村社小集团，拥有高度的自主权，实现这种自主权的方式主要是依靠潘查亚特来完成的（后文将详细论述）。

四 两种制度传统起源历史比较的归纳阐释

根据历史制度主义关于制度生成的方法论要求，探究一项制度的起源，首先应该从实际历史的生发过程出发，探究该项制度生成的具体历史过程，然后再采用历史分析的归纳方法，去寻找导致这项制度生成的关键因素变量，并通过比较分析的方式凸显出导致该项制度生成的最关键因素变量及其关键因素变量间的组合方式，进而全方位、多层次地呈现和厘清该项制度生成的历史经纬。因此，笔者在采用历史分析的方法描述完家户制和村社制这两种东方制度传统生成的历史画卷后，接下来就需要采用归纳比较分析的方法来探究，在这两种制度生成的过程中，到底是哪些关键因素及其关键因素的组合导致了这两种制度的生成，并形成了风格迥异、类别歧出的社会景观。

（一）归纳性比较

在分析这两种制度分道扬镳、走向“歧路”之前，首先必须回到它们所处的共同的起点上。那么，这个共有的起点是什么呢？马克思说：“农业公社既然是原生的社会形态的最后阶段，所以它同时也是向次生的形态过渡的阶段，即以公有制为基础的社会向以私有制为基础的社会的过渡。不言而喻，次生的形态包括建立在奴隶制上和农奴制上的一系列社会。”② 也就是说我们必须首先回到原始公有制基础上的部落社会时期，即西方哲学传统中所谓的“自然状态”，这恐怕是人类社会历史演进中共有的逻辑起点，毋庸置疑，也是家户制和村社制传统产生前的共有起点。在这一时期，一切基于原始的公有制基础而形成。随着生产力水平不断发展，当物质资料有了剩余，私有制产生后，在不同的环境背景及一些偶然性因素的影响下，人类社会开始走上了不同的发展道路。在中国，自私有制形成后，原始社会出现分化，逐渐从原始社会过渡到三代（夏、商、

---

① M. Sarwer, Marxism and the Question of the Asiatic Mode of Production, p. 53. 引自尚会鹏《种姓与印度教社会》，北京大学出版社 2001 年版，第 372 页。

② 《马克思恩格斯全集》第 19 卷，人民出版社 1963 年版，第 450 页。

周）时期。由于私有制导致社会分化并形成了不同的阶级，处于支配（统治）方面的阶级为了维系这种不平等的阶级关系，一方面建立起自己的政权，另一方面，从实践中生产出一套属于上层建筑范畴的、对内管理家族对外统治王国的宗法制度（思想）。这种制度（思想）虽然在一定程度上对维系家族内部的分配秩序以及统治整个王国起到一定的作用，但与宗教思想相比，还远未达到通过教化逐渐形成统一的意识形态，以维系整个社会等级秩序的作用，世俗权力依然占据主导地位。因此，一方面，随着生产力的发展，奴隶制的生产关系已成为制约生产力发展的障碍；另一方面，随着在宗法制度中通过分封获得资源的各诸侯（宗子）实力日趋增强，为了提高自身在等级序列中的地位，争夺更多的权力和资源，纷纷产生各种冲突，包括与中央权威的冲突以及各诸侯间的冲突，旧制度所蕴含的冲突在宏观制度环境变化的情况下越发恶化。而持续的战争冲突一方面使得宗法制度逐渐式微，另一方面催生了许多新的制度，比如在持续的战争冲突中，各诸侯国逐渐发展出一套体系健全的官僚机构，郡县制的兴起使政权脱离族权而独立等；同时，持续的战争冲突还产生了对兵役和税赋的大量需求。在这种背景下，处于统治地位的阶级为了能够将自身置于更有利的地位，开始进行改革尝试。以法家思想为主导的秦国商鞅变法这种新思想、新观念的输入，正好契合了当时的背景，满足了统治者的需求，因而，在君、臣、民三位一体的行动中，商鞅变法取得成功，家户制得以产生。而秦国凭借家户制的改革，实力得到增强，并最终统一其他六国，建立起了中央集权的专制国家，家户制传统也在高度统一的集权制权威的保驾护航下，在全国得以强制性推广，使得家户制随即蔓延渗透到整个帝国，由此奠定了家户制传统的主导地位，家户制由此得以确立和巩固。由于冲突是在旧制度所提供的既有框架之内展开的，故新制度的形成过程必然会受到旧制度的塑造，所以，在家户制的形成中，依然残留有宗法制度的成分。

而印度在从公有制基础上的原始社会向阶级社会过渡的过程中，由于以职业世袭和内婚制为特征的层级分明、等级森严的种姓制度的嵌入，将人们牢牢固定在某一位置上，而宗教思想的嵌入从意识形态（思想）方面又进一步巩固和强化了这种等级序列，使得人们没有改变和打破这种常规行为模式和社会生活形式的任何激励。正如印度学者拉尔所说：“在这延续数千年的‘印度均衡’中，大多数印度人对自己身在其中的社会生活形式已经习以为常，不但感到没有理由去打破它，甚至根本没有想过从根本上去改变它，更没有想到以另外一种社会安排来取代它。”……“维系这种‘印度均衡’的第一个显著特征就是其持存久远的种姓制度。”①同时，由于宗教思想的嵌入与发展，使得印度的世俗政权始终没有取得至高无上的合法地位，物质力量被认为低于精神力量，掌管世俗权力的刹帝利在种姓序列中排在操持宗教事务的婆罗门之下。由此，使得在印度农村社会形成了以共有制大家庭为基础的公私二重性的土地所有制形式、种姓制度为基础的互惠和分配制度、笃信印度教教义，对外部政权具有极大的独立自主性而对内自给自足、高度自治的村社共同体，以及与这种组织相一致的村社制度。也正是由于印度在村社制中所形成的这种村社共同体，与中国家户制传统下形成的独立、分散的个体家户相比，难以形成中央集权的统一政权。因此，印度历史上很少有建立起统一政权的时间，即使在短暂的统一时间里，中央政权也没有在整个南亚次大陆上建立起有效的中央集权。对此现象，巴林顿·摩尔作了这样的描述：“印度社会，如同许多学者所强调的，犹如一个庞大而简单的无脊椎动物。作为协调中枢的王权，如用生物学来比喻，如同无须进行连续性操作的大脑。在印度历史的大多数时间直到现代，不存在一个把自己意志强加于整个次大陆的中央政府。”“印度社会使人联想起海星，渔夫往往气恼地把它摔碎，但每个碎块都会生出一只新的海星。这个类比不很精确，印度社会比海星要简单些，却更多样化。”② 在摩尔看来，印度这种无脊椎动物或者海星似的社会之所以能够存在，就是由于有具有独立性和自治性的村社的存在。

综合上述的分析，我们可以发现，在中国和印度分别由公有制基础上的原始社会向阶级社会过渡的进程中，由于印度社会中种姓制度和宗教思想的嵌入，二者相互加强，相互拱卫，形成了严密的、能够有效调控和维系不平等等级序列的制度和关系网络，从而使得以公有制为基础的原始村社的大部分形式得以保留，部分得以改进，从而形成了以共有制大家庭为基础的公私二重性的土地所有制形式、以种姓为基础的阶级结构和社会分

① ［印］迪帕克·拉尔：《印度均衡——公元前1500—公元2000年的印度》，赵红军主译，北京大学出版社2008年版，第4页。

② ［美］巴林顿·摩尔：《民主和专制的社会起源——现代世界诞生时的贵族与农民》，拓夫、张东东译，华夏出版社1987年版，第372页。

工的村社制度。而中国在特定的自然环境和历史背景下形成的宗法制度（思想），本身并不具备有效调控其内部所蕴含的冲突的能力，因而，随着社会的发展和生产力水平的提高，宗族内部的冲突不断，并在持续的战争冲突中，产生了制度变革的需求。秦国商鞅变法思想的引入，使得家户制出现，而高度统一的中央集权政权的建立，又使得家户制得以确立和推广，因此，家户制传统最终在中国乡村社会产生并延续和发展。

（二）进一步的提炼

关于制度的起源，是一个制度发生学意义上的问题，它要探索的是制度为什么会发生以及怎样发生等基本问题。从这个意义上来说，制度起源至少存在三个层面的含义：一是制度在根本上从无到有；二是在特定的制度环境中新制度的创立；三是从已有的制度过渡到更新的制度。由于历史制度主义强调新制度是在既有制度"丛林"中创设或产生的，故本书所说的制度起源应属于第二个层面上的制度起源。历史制度主义对于制度起源的具体路径，并没有像理性选择制度主义那样，在一系列的假设前提之下提出一个精致的理论框架，而是持务实和包容的态度，注重从实际历史的生发过程出发，采用归纳的方法来还原一项制度的真实起源，同时强调环境、旧制度、观念、行动者等核心因素。因此，本书在上述对中国家户制传统与印度村社制传统起源历史比较的归纳阐释基础上，进一步将制度的起源过程进行提炼。具体如下图所示：

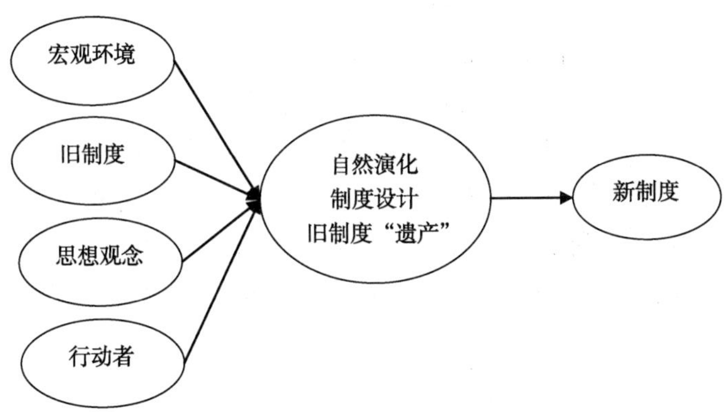

图3-1　制度起源的理论框架

由上述的框架图可知，在制度的起源过程中，宏观环境作为结构性因素，一方面在新制度产生前，是导致新制度产生的诱致性因素，另一方面，在新制度的萌芽阶段，为新制度的起源提供了成长的“沃土”。就中国家户制的产生来说，春秋战国时期，是中国社会从奴隶制社会向封建社会过渡的阶段。根据马克思的观点，此时奴隶制的生产关系已成为生产力发展的阻碍因素，故这样的宏观环境因素激发了其下位层次的旧有制度即宗法制度内部所蕴含的矛盾冲突并诱发了新制度的生成，而新制度的产生又进一步推动了宏观环境的变迁。作为“孕育”新制度的“母体”，旧制度是新制度产生的载体，一方面新制度的产生是由其内部所蕴含的冲突所导致的，但另一方面，由于旧制度塑造了行动者的偏好，以及新制度产生过程中行动者的能动性，使得行动者（无论是参与新制度设计的行动者还是被动接受新制度的行动者），都会根据已有的偏好进行有选择性的设计或接受，从而使得新产生的制度依然带有原有制度的某些痕迹。故无论是中国的家户制还是印度的村社制，或多或少均带有旧制度中的一些成分。思想观念作为制度起源中的建构性或者说行动者的设计性成分，是引导新制度产生的方向性因素，当然这种思想观念既可以是外来新思想的引入，也可以是来自内部行动者在长期的实践中有意识的思想观念。当然，本书在此并不准备去讨论制度与观念谁先产生谁后产生这样“鸡生蛋还是蛋生鸡”的问题，而是倾向于将制度与观念纳入到“结构——能动”的框架中，认为制度与观念是行动者在长期的社会变迁中相互激发、相互影响而产生的。中国家户制产生过程中以法家思想为指导的商鞅变法，以及印度村社制产生过程中由婆罗门主导的种姓制度和“业报轮回”宗教教义，均属于新制度产生过程中的思想观念范畴。与此同时，新制度的产生，除了上述这些因素之外，由于行动者的“有限理性”，新制度在产生的过程中，也带有一些自然演化的成分，或者是会受到一些历史偶然性因素的影响。比如，在印度的历史由史前人类文明向古典文明时期演进的过程中，如果没有遭受到雅利安人的入侵，而是全由印度的土著人主导而发展起来，那么，可想而知，印度的社会将又会是另一番有趣的景象了。

第四章

路径依赖：制度传统中的乡村治理原型

历史制度主义认为：新制度是在旧有制度的冲突中“孕育”，并在环境、观念及行动者等因素的相互作用中产生。一旦某项新制度正式形成之后，制度的自我强化机制，即路径依赖机制就会使得制度不断得到巩固和强化，直至新的结构因素的出现，而形成这种路径依赖的内在机制源于政治制度本身所具有的鲜明特质：即政治生活的集体性、政治制度的高度密集性、政治权威和权力的非对称性以及政治过程的复杂性和不透明性[①]。所以，当家户制和村社制形成后，他们会分别进入各自的路径依赖时期，并形成一种极为“黏糊”的范型，进而形成各自的制度传统。所谓“传统”，根据徐勇教授的界定：首先，它是一个建构性概念，是新与旧的比较和区分，旧的属于传统；其次，它是一个叙述性概念，是从过去、现在和未来的时间维度度量的。总体来看，传统是一个相对性、历时性的概念，是与当下和现代性相对而言的。[②] 所以家户制与村社制传统是相对当下和现代乡村社会而言的。既然是传统，在链式的发展轨道上，它就一定会对未来的发展产生某种影响。因此，在路径依赖时期，经过长期社会历史积淀形成的家户制和村社制传统，不仅会对这一时期的乡村社会及其治理产生影响，也会对未来乡村社会的发展及其治理转型产生深远的影响。

一　家户制变迁中的路径依赖

家户制传统自秦国商鞅变法形成后，由于其不仅满足了当时因战争冲

---

① ［美］保罗·皮尔逊：《回报递增、路径依赖和政治学研究》，载何俊志、朱德米等《新制度主义政治学译文精选》，天津人民出版社2007年版，第203页。

② 徐勇：《中国家户制传统与农村发展道路——以俄国、印度的村社传统为参照》，《中国社会科学》2013年第8期。

突而产生的对大量税赋和兵役的需求问题，而且很快让秦国出现“道不拾遗，山无盗贼，家给人足”以及“国富兵强，天下无敌”的局面，使得这项制度得到当时秦国统治阶层的普遍认同。虽然商鞅的变法因损害了当时少数保守宗法贵族阶层的利益而遭受到反对和迫害，但家户制传统最终在秦国得以确立。公元221年，秦始皇统一六国，建立了中央集权的专制国家，正如李斯所言：“昔者五帝地方千里，其外侯服、夷服，诸侯或朝或否，天子不能制。今陛下兴义兵，诛残贼，平定天下，海内为郡县，法令由一统。自上古以来未尝有，五帝所不及。”① 随着帝国的建立，家户制传统也在高度统一的集权制权威的保驾护航下，在全国得以强制性推广，使得家户制随即蔓延渗透到整个帝国，由此独立的个体小农家户成为当时占绝对主导地位的家庭形态，中央集权和高密度小农经济的结合在中国确立了牢固的地位。与此同时，几乎伴随家户制产生的郡县制和户籍赋税制度等一系列其他新制度，与家户制传统之间相互配合、相互适应和相互补充，形成了制度之间相互“拱卫”和相互联接的机制，进而使家户制传统得到稳固和强化。正如徐勇教授所说：“秦始皇的伟大功绩不在于修建万里长城，而在于形成了一个能够不断再生产的亿万自由家户小农的制度。”② 随后，中国的历朝历代也都奉行这样的小农家户制度，美国著名历史学家黄宗智曾说：“秦以后的各个朝代很大程度上执行了相同的政策。每个朝代在建立初期都试图遏制大土地所有制，并扶持小农经济。唐代推行了小耕作者的‘均田’制度。明朝政府曾下令回到战乱时抛荒土地的人民不得占有比本人胜任耕作更多的土地。清政府的政策与明代类同，对明末小户依附大户以逃避税赋的投献进行严格的限制。”③

在家户制传统下，从大的宗族组织中解脱出来的个体家户小农，拥有相当的自主性和灵活性，这大大激发了它们的积极性和主观能动性，从而培育出了当时最具效率的个体家户小农，并开创了一种“精耕细作”的农业生产方式。这种生产方式从技术方面看，不再像先前的原始农业那样

① 《史记·秦始皇本纪》，转引自孙达人《中国农民变迁论——试探我国历史发展周期》，中央编译出版社1996年版，第101页。

② 徐勇：《东方自由主义传统的发掘——兼评西方话语体系中的“东方专制主义”》，《学术月刊》2012年第4期。

③ ［美］黄宗智：《明清以来的乡村社会经济变迁：历史、理论与现实（卷二）之〈长江三角洲的小农家庭与乡村发展〉》，法律出版社2014年版，第282页。

仅仅靠风调雨顺以及土地自身的肥力，而是依靠从长期的劳动实践中习得以及祖辈传下来的经验理性，能够将气候条件、自然条件和农民的能动作用有机结合起来，进行深耕细作；从经营管理方面看，与宗族村社时期的集体式“公作”不同，个体家户是农业的基本经营单位，农业生产主要依靠个体的“私作”。自由独立的个体家户小农与精耕细作的农业生产方式，这两者的完美结合在当时不仅构成了结构极为简单、生命力极为顽强的农业生产模式，而且也创造了既大大高于古代，也大大高于同时代世界其他地区，甚至足以与现代农业相比的单位面积产量，从而提升了农业生产效率，丰富了人们的物质生活资料。正如著名历史学家孙达人所说：“没有个体小农就没有战国秦汉以来的新时代，就没有与这个时代相适应的、领先于世界的新文明”。[①] 而个体家户小农创造出来的灿烂的农业文明也反过来更加巩固和强化了家户制传统的地位。

随着家户制传统逐渐走向稳固和深化，家户制传统下培育出的个体家户小农以其强大的生命力呈现出蓬勃发展的势头。如果说在秦统一中国之前，这种个体家户小农主要集中在原秦地，特别是在它的关中，那么，到了秦汉之间，随着大统一的实现，这种秦式的个体家户小农迅速扩散至几乎整个黄河流域。据有关数据统计，截至西汉末年，全国的户数已达12356431户，其中，山东地区（即太行山以东，就是黄淮大平原）的户数发展最快，占全国总户数的61.1%。（具体如表4－1所示）

表4－1　　西汉某年全国耕地面积、户数及口数统计[②]

地区	面积	%	户数	%	口数	%
全国	4443319	100%	12356431	100%	57671399	100%
山西	1201853	27%	2269978	18.4%	9477694	16.8%
山东	501313	11.3%	7554423	61.1%	35799075	62.1%
北方	1304644	29.4%	1259707	10.2%	5820200	10.1%
南方	1435509	32.3%	1272323	10.3%	6374430	11%
全国耕地面积（顷）		耕地/全国土地面积的比率			户均拥有耕地亩数	
8270536		8.58%			66.9	

① 孙达人：《中国农民变迁论——试探我国历史发展周期》，中央编译出版社1996年版，第80页。

② 同上书，第112页。

二 家户制路径依赖中的乡村治理原型

在新制度主义的三大流派中，历史制度主义对“制度”的认识和界定可谓超越了理性制度主义对制度的界定过窄以及社会学制度主义对制度的界定过宽的困境，踏出了认识制度的第三条道路，即通过第三种制度的认识来限定制度的外延。从历史制度主义对制度的界定（具体内容见第二章）可以看出，历史制度主义对制度的使用，不仅仅局限于其实体层面，还包含有一种结构关系意义的制度观。在历史制度主义者看来，从制度、利益与观念之间的结构性互动中来分析变量之间的相互关系，才是历史制度主义分析框架的真谛所在。① 在这种结构关系意义的制度观中，制度首先作为一种结构性要素，是政治行为的制度根源，也即一项制度产生以后，一定会对制度结构内的政治行为、组织关系、政策方式或内容以及社会现实产生某种影响。这是因为：首先，制度为行为者提供机会；其次，制度对行为者设定限制；最后，制度的设定将会影响行动者的偏好和目的。在这里，制度其实成了一种自变量，即制度通过对行为的塑造而产生了某种政治后果，其关系模式表现为“制度—行为—结果”。随着家户制传统进入路径依赖的变迁稳定时期后，其作为中国传统农村社会中的一种结构性要素，也必然会对个体家户小农乃至传统村落社产生一定的影响，并进而形成具有传统乡村社会特色的乡村治理原型。

（一）制度—行为：家户制对家户及村落社会的形塑

家户制传统下的个体家户小农，在农业生产方面，主要依靠家庭劳动力，倚仗家庭自给资源，依赖传统经验技术，在小块土地上从事农业生产活动，生产出来的产品也大部分由自己消费。费孝通先生曾这样来描述它：“中国经济的基本结构是一个个并存排列在无数村子里的独立小农”，“在这种小小的生产细胞中，不但消费可以自给，生产要素也能够自给。劳力是靠自己下田，必要时和别人换换工。”② 而存在的劳动分工与合作也主要在家庭内部进行，正如费孝通先生所说：“耕种活动里分工的程度

① Peter A. Hall and Rosemary C. R. Taylor，“Political Science and Three New Institutionalisms”，*Political Studies*，XLIV（1996），pp. 946 – 967.

② 费孝通：《不是崩溃而是瘫痪》，载《乡土重构》，上海人民出版社 2006 年版，第 140—141 页。

很浅，至多在男女间有一些分工，好像女的插秧、男的锄地等。这种合作与其说是为了增加效率，不如说是因为在某一时间忙不过来，家里人出来帮帮忙罢了”。[①] 除了生产活动自给自足之外，家户中个体的日常生活及生老病死也几乎是在家户内完成的，并不依赖于各种公共服务和社会化的服务，当然，也正是因为个体家户没有公共服务的需求，所以当时的农村社会也没有发展出相应的公共设施。

因此，在家户制传统的形塑下，个体家户具有独立、自我生产和自给自足的基质，而个体家户所具有的这些基质又进一步形塑了个体小农所特有的行为逻辑。首先，乡土性。由于土地是个体家户自给自足的基础以及个体小农赖以生存的保障，故个体家户总是与土地紧紧地凝固在一起，将土地视为最重要的生产资料，在其所拥有使用权的小块土地上投入几乎全部的劳动和汗水进行精耕细作。对此，马克思曾有过精彩论述：“农民过着与世隔绝的生活，他们的劳动紧张而单调，比任何农奴制更有力地把他们束缚在一小块土地上，而且代代如此，始终如此。”[②] 而著名的华裔学者萧公权也曾指出：“经由帝国体系长时间形塑出来的中国农民，特有的态度和行为已经如此根深蒂固，经历整个中国帝制历史的沧桑而没有什么改变。那些参加了各种政治动乱的农民，和置身这些事件之外的人，他们的外观和行为基本上是相同的。一个简单的欲望——活下去的意志——左右他们的行动与反动；一个单纯的工作——耕种土地以维持生存——占去了他们的注意力和精力。”[③] 其次，保守性。因为个体家户小农从事农业生产的技术主要依靠代代相传下来的祖辈经验以及自身从长期的劳动中积累起来的实践经验，所以产生了一种依赖经验、拒绝创新和新事物的保守心态。最后，以家庭为中心。由于家户是个体小农生产和生活的基本单位，因此导致他们总是以家庭为中心，对家庭以外的事情不关心。正如马克思所说：“他们的整个生产关系固定不变，千篇一律，他们的极其重要而有决定意义的社会关系仅仅限于家庭。”[④] 正是因为家户制传统形塑出

---

① 费孝通：《乡土本色》，载《乡土中国》，上海人民出版社 2006 年版，第 2—3 页。

② ［德］马克思：《资本论》第三卷，人民出版社 1975 年版，第 909 页。

③ 萧公权：《中国乡村：论 19 世纪的帝国控制》，张皓、张升译，台北经联出版社 2014 年版，第 601 页。

④ ［德］马克思：《从巴黎到伯尔尼》，载《马克思恩格斯全集》第 5 卷，人民出版社 1958 年版，第 560 页。

来的小农家户所具备的这些基质以及个体小农所表现出来的行为逻辑，使得个体家户具有相当的自治性。

尽管个体家户独立、自我生产以及自给自足，具有相当的自治性，但是，家户并不是完全孤立，与外界“鸡犬之声相闻，老死不相往来”。首先，家户中的个体小农是社会的人，有社会交往的需求。其次，家户以小块土地为基础，具有分散性，而且当时生产水平还较低，在面临较大的工程或者自然灾害时，需要互助合作，就像马克思所说的“他们还没有脱掉自然发生的共同体的脐带”①，较低的生产水平没有提供个体家户与群体脱离的条件。因此，家户之间需要交往和互助合作，离开与他人的交往与互助合作，单独家户是很难生存下去的。而家户在交往和互助合作中，首先选择的就是与自己血缘和地缘相近的“亲戚”，即所谓“亲帮亲，邻帮邻”。只是个体家户在展开交往与互助合作时，往往是以“己”为中心，逐渐向外扩展开来，也即费孝通先生所说的“差序格局”。费孝通在《乡土中国》中对此作了一个形象的比喻：“我们的格局不是一捆一捆扎清楚的柴，而是好像把一块石头丢在水面上所发生的一圈圈推出去的波纹。每个人都是他社会影响所推出去的圈子的中心，被圈子的波纹所推及的就发生联系。每个人在某一时间某一地点所动用的圈子是不一定相同的。”②而联接这种关系的纽带就是以邻里为基础的地缘和以婚姻亲情为中心的血缘关系，正如费孝通所说：“我们社会中最重要的亲属关系就是这种丢石头形成同心圆波纹的性质。亲属关系是根据生育和婚姻事实所发生的社会关系。从生育和婚姻所结成的网络，可以一直推出去包括无穷的人，过去的、现在的和未来的人物。我们俗语里有‘一表三千里’，就是这个意思。”③ 由此，这种以个体家户为中心，以地缘和血缘亲情为纽带，具有弹性的横向的“差序格局”中的“差”，就构成了家户间的横向联接机制。

与此同时，由于个体家户的分散性，生存资源的占有量相对贫乏，为了规避生存的风险，除了需要横向的互助合作之外，它们也希望将自己嵌

① ［德］恩格斯：《家庭、私有制与国家的起源》，《马克思恩格斯全集》第206卷，第94页。

② 费孝通：《乡土中国》，上海人民出版社2006年版，第14页。

③ 邓大才：《小农政治：社会化小农与乡村治理——小农社会化对乡村治理的冲击与治理转型》，中国社会科学出版社2013年版，第86页。

入到更大的组织中寻求保护，而且个体家户独立、自给自足以及自我生产的基质以及所形塑出的个体小农的行为逻辑，使得个体家户很难组织起来，也易于受到他人的控制。正如马克思所说：小农“不能以自己的名义来保护自己的阶级利益……他们不能代表自己，一定要别人来代表他们。他们的代表一定要同时是他们的主宰，是高高站在他们上面的权威”。① 而具有“近水楼台先得月”优势的自然就是家族组织，家族组织凭借血缘关系将一个个分散的个体家户整合进来，在具有自治性的个体家户之上便形成了一个更大的自组织。这种自治组织的存在不仅为个体家户提供了一种庇护，而且也形成了个体家户间的向心力，使中国的家族村落具有高度的凝聚性。正如许烺光所说：“由于个人的初始集团是家庭，所以向心的世界观理所当然地会引导人们停留在家庭中，在家庭之外，则停留在家庭的直接延长物——家族之内，而不愿超此远离。”② 许烺光先生认为，正是因为中国乡村的这种模式，塑造了中国人“情景中心”的世界观。当然，在这个具有自治色彩的家族组织中，虽然个体家户相互间负有一定的权利和义务关系，但家户彼此间却是独立分开的，家族系统中各个家户拥有相对独立的地位和领域，也即在具有高度凝聚性的家族组织之下，是独立自由的个体家户，徐勇教授将此称之为“东方专制主义”遮蔽下的“东方自由主义传统”③ 的源泉。法国著名社会学家孔德曾说过：“整体中各个组成部分越是独立和分开，整体的级别就越高；反之，整体中各个组成部分越是不能分离，一旦分离整体就不复存在，整体的级别就越低。”④ 也即没有组成部分相对的分离，整体最终会归于分崩离析。从这个意义上来说，中国的村落家族是已经发展到相当完备程度的组织，这也正是中国村落家族文化经久不灭的重要原因之一。

但是，在具有自治性的个体家户基础上形成的这个具有自治色彩的家族组织纵向层面上，也形成了具有一定等级性的权力关系，其中家族的族

① 王沪宁：《当代中国村落家族文化——对中国社会现代化的一项探索》，上海人民出版社1991年版，第22页。

② ［美］许烺光：《宗族、种姓与俱乐部》，薛刚译，尚会鹏校，华夏出版社1990年版，第63页。

③ 徐勇：《东方自由主义传统的发掘——兼评西方话语体系中的“东方专制主义”》，《学术月刊》2012年第4期。

④ 许苏民：《中华民族文化心理素质简论》，云南人民出版社1988年版，第211页。

长或长老往往处于权力支配地位，个体家户处于被支配地位，而支撑起这种权力关系背后的逻辑，就是在村落家族组织中所形成的，基于血缘关系这一生物学意义上的秩序而拓展和外化出来的家族礼俗秩序。首先血缘关系本身就制造出一种生物学上的等级梯度，每个人根据其在血缘上的亲疏远近排定地位，每个人一出生就被决定了他在这个等级系统中的地位，而且还附有按其地位而定的不容争辩的权利和义务，比如“君为臣纲，父为子纲，夫为妻纲”等。随着家族组织的发展，家族在自身长期的活动中基于血缘关系所制造出的基础性秩序之上，又发展出一套约定俗成以及继承下来的习俗和习惯。家族成员自幼便通过耳濡目染、言传身教习得这些礼俗规范，并内化成为他们的行为模式和心理积淀。正如有学者所指出的：“无数只能靠体会领悟的格言训诫萦绕着人们的头脑，人们把它们看作是天地赖以永存、社会生活赖以维持和延续的生命攸关的原则，由此形成中华民族特别注重传统的价值观念。”① 这套依照约定俗成以及继承下来的礼俗规范维持着村落家族中的秩序，支撑着家族纵向上的权力关系。王沪宁先生将这种社会称之为“礼俗社会”②，而费孝通先生将这种治理秩序称作“礼治秩序”③。由此，这种以自治性的个体家户为基础，以血缘关系基础上形成的礼俗规范为秩序，具有刚性的、等级化的、纵向的“差序格局”中的“序”，构成村落家族内部纵向上的权力支配关系。由此可知，家族组织的存在具有两面性，或者说家族所提供的保障具有双重性：一方面，家族组织为个体家户提供了抵御外来风险的“保护膜”；但另一方面，家族内部基于血缘关系所产生的权力支配关系也对个体家户产生了一定的制约、强化和维持作用，也即家族组织是支配个体家户的力量同给予个体家户保障相平衡的“场域”。也正因如此，在家户制的形塑下，中国传统乡村社会呈现出“形散神聚”的村落形态。

从前面第二章对家户制传统起源的论述中可以看出，家户制的产生其中一个很重要的原因是，在持续的战争冲突中，新兴的中央权力一方面为了减轻宗族诸侯对抗中央权威的力量，分散宗族诸侯的实力，加强中央权

---

① 王沪宁：《当代中国村落家族文化——对中国社会现代化的一项探索》，上海人民出版社1991年版，第22页。

② 费孝通：《乡土中国》，上海人民出版社2006年版，第30页。

③ 同上。

力对社会的控制能力，另一方面为了增加税赋和兵役的来源，凭借集权统一的中央权威和庞大的官僚系统强制性推行了家户制改革，从而将个体家户从大的宗族组织中拆分开来。在家户制改革这场博弈行动中，国家很明显处于强势地位，家户处于被动地位，可以说是国家形塑出了一个个独立分散的个体家户。然而，在这场国家与家户的互动博弈中，家户也并非无所作为，在家户制传统下形塑出的分散的个体家户，为了更好的生存需要，他们在接受新制度的同时，也有选择性地保留或是继承了宗族制度中某些有利于他们生存的制度因子。而在具有自治性的个体家户基础上形成的，由以“差序格局”中的“差”构成的家户间的横向联接机制以及以“差序格局”中的“序”构成的村落家族内部纵向上的权力支配关系所形成的村落家族共同体，从很大程度上来说是一种“原始遗存”，也就是第二章中所讲的宗法制度留给家户制传统的制度遗产。当然，由个体家户主动选择而保留下来的“旧制度的遗产”所形成的村落家族共同体，犹如“金钟罩”一般罩在一个个具有自治独立的个体家户上面，形成了一个更大的带有自治色彩的共同体，使上层体制和其他社会体制无力渗透进来，从而使个体家户远离了颠簸起伏的上层政治过程，在大多数时间内有效保障了个体家户宁静的、田园诗般的生活。

那么，国家为什么会允许这种由个体家户主动选择而保留下来的“旧制度的遗产”所形成的村落家族共同体的存在呢？王沪宁先生在《当代中国村落家族文化》一书中认为：“封建时代社会体制表面上是强大的，因为它呈现出一种少有的专制形式，但实际上这种体制往往只实现了横向的整合，而没有切实地实现纵向的整合。它维持住了政治体制的存在，但并没有能力使这一体制深入基层。形成这种状态的原因是多重的，如物质生产的低水平使社会体制没有力量拓展自己的覆盖面和承受力，自然屏障阻碍着社会体制可能的努力，统治阶级关心的是自身的稳定和利益，对基层机构的无能和涣散漠不关心，如此等等。”① 吉尔伯特·罗兹曼也认为：“中国是一个幅员如此辽阔的国家，在通讯现代化实现以前，行政管理无论如何不可能有高效率，统一的措施可以规定，全国性的体制可以建立起

---

① 王沪宁：《当代中国村落家族文化——对中国社会现代化的一项探索》，上海人民出版社1991年版，第35—36页。

来，但若要求各地能把政务处理得一样好，那就难保证了。”① 正因为如此，使得中国社会的传统原型形成了皇权官僚专制政治与自治性家户小农社会的悖论共存，而这种皇权官僚专制体制只在上层和中层发生有效作用，而在基层脱节的现象，为村落家族共同体提供了存在的空间。然而，这种封建的皇权官僚专制体制虽然无力渗透到各村落共同体内，但它往往通过与村落家族中的族长（族尊）或乡绅等有影响力的领导者的接轨来将村落共同体整合进帝国，并实现其统治和调控，即利用血缘秩序和血缘基础上形成的礼治秩序服务于整个社会政治秩序，而这种对村落家族的既控制又利用实际上又提供了村落家族共同体存在的理由。这也是为什么村落家族共同体能够在中国几千年的封建社会中经久不衰的原因。毛泽东在分析中国社会性质时曾指出，中国社会存在着三种权力支配系统：一是由国、省、县、乡的政权构成的“国家系统”，二是由宗祠、支祠以及家长的族权构成的“家族系统”，三是由阎罗天子、城隍庙王以至土地菩萨以及玉皇大帝和各种神怪的神权构成的“阴间系统”和“鬼神系统”。② 在这里毛泽东将“家族系统”与“国家系统”和“鬼怪系统”置于同等的地位，足可以看出，村落家族共同体在中国社会结构中具有至关重要的地位。

需要重点强调的是，虽然在家户制传统形塑下形成的个体家户，由于其分散性，在生产力发展水平还不高、所占有的生存资料还不充分的条件下，为了规避生存风险，在家户制传统中保留了有利于自身生存的部分“旧制度的遗产”，从而形成了家族共同体，但是，这种家族共同体和印度的村社制依然有着本质的区别。印度的村社制由于种姓制度和宗教思想的嵌入，在内部形成了严密的等级制度、劳动分工和紧密的联接机制，从而使村社形成一个内部结合紧密的共同体，并作为印度农村社会的基本组织单位，以村社为单位向国家缴纳税赋以及和其他组织交往。而在具有自治性家户基础上形成的村落家族共同体，还只是一个在特定时期形成的、内部联接机制相对松散的非正式结合体，家族系统中各个家户拥有相对独立的地位和领域，农村社会的基本组成单位依然是个体家户，以个体家户

① ［美］吉尔伯特·罗兹曼主编：《中国的现代化》，江苏人民出版社 1988 年版，第 114 页。

② 毛泽东：《毛泽东选集》第 1 卷，人民出版社 1991 年版，第 31 页。

为单位向国家缴纳税赋以及与外界其他组织交往。而且随着社会生产力的发展，或者外界强大力量的介入和干预，家族共同体内部的联接机制会逐渐弱化，从而会将个体家户再次拆分出来。中国传统乡村社会也正是由于在家户制传统下形塑出的个体家户以及在个体家户基础上形成的这种特殊的共同体形式，从而使得在中国传统村落社会内形成了独特的乡村治理模式。

（二）行为—结果：家户制中的乡村治理原型

通过上述的分析可以看出，在家户制传统的形塑下，独立自治的个体家户构成了乡村治理的基础性单元，以个体家户为中心，以地缘和血缘亲情为纽带，以具有弹性的横向的“差序格局”中的“差”所形成的家户间的横向联接机制及其以自治性的个体家户为基础，以血缘关系基础上形成的礼俗规范为秩序，具有刚性的、等级化的、纵向的“差序格局”中的“序”所形成的村落家族内纵向上的权力支配关系，这两者所形成的纵横交错的“权力关系网络”[①]，构成了乡村社会的治理网络。在这个治理网络中，有特定的治理主体、治理秩序、治理结构以及所产生的治理绩效。

1. 治理主体

在家户制形塑出的传统中国乡村社会中，首先，独立自治的、充满活力的个体家户很显然是治理主体中的重要组成部分，并且是治理的基础性单元，如果离开个体家户，乡村治理便成为“无根之木，无源之水”。而且，这样一个一个独立、自治的个体家户间基于地缘和血缘关系形成的横向联接机制，构成了乡村治理横向基础性的治理网络。

其次，族长（或家族长老）。独立、自治、分散的个体家户为了规避生存风险，选择将自身嵌入家族组织中，以寻求一定保护的同时，也将自己置身于家族长老的支配之下，并且这种以族长为中心的权势结构得到了家族成员的认同，从而使得族长（或家族长老）成为乡村治理中的核心主体。许烺光先生在对中国家族村落的特征及其内部首领进行描述时曾这

① 杜赞奇在其著作《文化、权力与国家》中提出了“权力的文化网络”用来理解晚清社会中帝国政权、绅士以及其他社会阶层的相互关系，并将对文化及合法性的分析置于权力赖以生存的组织基础。本书为了凸显个体家户间横向与纵向上的联接机制，在借用这一概念的基础上，用“权力的关系网络”来描述在家户制传统形塑下的传统乡村社会内部的治理网络。（参见杜赞奇《文化、权力与国家——1900—1942 年的华北农村》，江苏人民出版社 2004 年版，第 10 页）

样写道："中国的家族与下述涉及的诸特征相关联：第一，有一个明确的组织，并且该组织拥有一套适用于实体集团的明确的行为规则；第二，委任给一个受到承认的首领个人的、有权威的领导力量，或者，形成了一个行使这种领导力量的会议集团；第三，拥有一个无愧于其成员尊敬，对其成员的行动发挥支配作用的领导力量；第四，拥有关于成员资格的正确而明细的标准以及关于成员的记录；第五，缺乏由内部紧张和分离造成的分裂；第六，以具有成员资格为荣和成员间的团结心；第七，成员间有密切的社会、经济和礼仪上的关系。"其中，该组织权威的、有核心首领地位的人物一般是家族的族长，而族长的权威和地位往往通过一系列的文化象征体现出来，比如：族谱、族祠、族规以及族产等。在这种权威的支撑下，族长作为家族利益的内外代表，行使家族的各项权力，主管家族内外事务，调解仲裁家族内部的各种矛盾纠纷，维持家族内部的秩序和稳定。可以说，族长对乡村社会的治理，不仅维护了家族内部的稳定，也奠定了整个社会稳定的基础，也正因如此，封建专制帝国的中央权威不仅默许了他们的存在，而且不同程度地加以依赖和利用。所以，族长虽然是乡村社会中的非正式领袖，但他不仅得到族员们的认同，也获取中央权威以及官僚系统的默许，因而拥有着实际治理乡村社会的权威，构成乡村治理网络中自下而上的治理权威。

再次，乡里组织领袖。在封建专制主义时期，因为乡里社会幅员广大，而且情况复杂，要让州、县官直接把乡里社会管理和统治好，那几乎不可能。于是，历代统治者就采用设立乡里制度"以民治民"的政策。清人刘淇在《里甲论》中谈及州县与里、甲、村之关系，"县何以里，里何以长也，所以统一诸村，听命于知县而佐助其化理者也。每县若干里，每里若干甲，每甲若干村，如身之使臂，臂之使指，节节而制之，故易治也。"① 根据赵秀玲教授的研究，虽然乡里制度具有复杂的演化过程、多变的称谓以及浓郁的地域性质，但它一直是作为专制主义等级制度下最基础的制度以及官僚行政机构中最底层的组织，具有强烈的官方正式色彩，乡里组织的领袖即是官方正式权威在乡村社会中的代理人。因此，乡里组织领袖也成为传统乡村社会中的治理主体之一，并且代表官方正式的自上而下的治理权威。由于不同的时代、不同的统治者其对乡里组织和乡里组

① （清）贺长龄、魏源编：《清朝经世文编》卷74，《兵政五》。

织领袖的职责有着不同的要求，故乡里组织领袖在乡村治理中所履行的职责也不尽相同，总体而言，主要是代表官方的权威执行上级官僚的任务，维护乡村社会的秩序，如“课植农桑、掌按比户口、督察奸非、催驱赋役”等。然而，乡里制度虽然是官僚行政机构的最底层，具有一定的官方色彩，但由于它置身于乡里社会，以个体家户为管理对象，依然难以完全隔断与家族组织的脐带关联，并且与家族有着相当的同构性和一致性。这种同构性表现在：第一，乡里组织有时是按照家族的方式设置的；第二，乡里组织领袖有时是由家族族长等人充任的；第三，即使乡里组织领袖不是由族长担任，它也往往会受到家族的控制和影响。由此可见，虽然乡里组织领袖是官方权威在乡村社会的代理人，具有一定的正式权威，但它已经渗入了浓郁的家族色彩，往往与家族组织保持着千丝万缕的联系，需要借助家族的权威来行使自身的职权或者直接由家族族长来充任，所以族长、乡里组织领袖不是截然分离的，而是有合有分，但无论分合，他们始终是乡村治理中处于支配地位的治理主体之一。

最后，士绅①。“绅士是大一统的专制皇权确立之后，中国传统社会中所特有的一种人物。”② 士绅作为传统乡村社会中的精英阶层，在乡村治理中也发挥着重要作用。虽然他们总是游离在传统乡村社会之上，但是“作为乡里社会的精英阶层，其主要生活和活动的范围还是乡村社会，其影响最大至深者也是乡里社会，因之，中国绅士本质上主要属于‘乡里社会’角色，而不是‘官场社会’角色。”③ 由于这些士绅要么凭借自身在官僚系统中的影响力，为乡村社会争取资源或者保护村民免遭外界侵扰；要么凭借自身的财力兴建乡村公共设施，投身乡村社会的文化教育和福利事业等公共事务；要么凭借自身的人品学识，表率乡里，从而纯化乡村风尚，教化乡里村民，所以，士绅也是乡村治理中的重要主体，而他们的治理权威往往也需要来自村民对其广泛的认同。当然，士绅的权威除了来自底层村民对他们的广泛认同之外，还必须有上层国家（中央权威）通过

---

① 注：“绅士”的称谓和势力的形成不是自古就有的，而是于明清时期得以确立、发展和壮大的，即是说明自明清始，绅士才作为一个完整的、有影响的政治、经济和文化集团出现在中国历史舞台上。而本章所说的“士绅”并不仅仅指明清时代的“绅士”，而是指中国历代的“乡里知识分子”。

② 吴晗、费孝通：《皇权与绅权》，上海观察社发行 1949 年版，第 1 页。

③ 赵秀玲：《中国乡里制度》，社会科学文献出版社 1998 年版，第 239 页。

授予其身份和资格，以保证他们的功名和一定的经济实惠、社会地位，因此，他们也必须自觉完成国家的一些代理任务：比如合作兴修村庄水利、乡约教化、调节村庄纠纷等。也正因如此，士绅成为了沟通国家和乡村社会的桥梁、媒介，在他们身上，既有自上而下的授权权威，也有自下而上的精英权威，由此，自上而下的正式权威和自下而上的非正式的精英权威在他们这里汇聚在了一起。

需要说明的是，族长、乡里组织领袖以及士绅三种身份并不是截然分开的，有的时候，国家为了更好地将乡村社会整合进帝国的统治中，往往将乡里领袖、士绅其中一种或者两种官方色彩的身份一起集中到族长身上，即使其他两种身份不集中到族长身上，乡里领袖和士绅也必须要借助家族以及族长的力量来行使自身的职权。另外，由于封建专制国家的权力归根结底属于皇帝一人所有，“普天之下，莫非王土，率土之滨，莫非王臣，”因此，在讨论乡村治理的主体时，也不能忽略皇帝这一角色。严格意义上来说，皇帝也是乡村治理中的主体之一，但是，由于“天高皇帝远”，加之村落家族共同体对外来体制的排斥，使得皇权借助庞大的官僚系统对传统乡村社会的渗透有限，而仅有的一点控制也是需要借助家族长老的力量来完成。所以，皇权在传统乡村社会中的治理力量是微弱的，这也使得传统乡村社会处于一种自治的状态，而且这种自治是基于自治的个体家户基础上形成的非正式的家族组织的自治，属于民间自组织的自治，从而奠定了中国乡村社会自治传统的基础，只不过这种自组织自治内部还处于一种少数人掌握大权的“家族专制型自治”。

2. 治理结构

通过上述对乡村治理主体的分析可以看出，在各主体间构成的网络中，以个体家户为中心，以地缘和血缘亲情为纽带，具有弹性的横向的“差序格局”中的“差”所形成的家户间的横向联接机制，构成了乡村治理中横向的基础性关系网络，而以自治性的个体家户为基础，自下而上形成的具有刚性的、等级化的、纵向的“差序格局”中的“序”，构成了乡村治理纵向上的、自下而上的家族权力支配网络，并且成为乡村治理网络中纵向上的主导性权力支配网络。虽然在乡村治理网络中纵向上的权力支配网络还包括体现在乡里组织领袖身上的自上而下的官方正式权威支配网络，以及集自下而上精英权威与自上而下授权权威于一身的士绅权力支配网络，但由于二者均需要依赖宗族权力支配网络才能发挥作用，因而处于乡村治理网络中纵向上辅助性的权力支配网络。而支撑起乡村治理网络中主导性权力支配网络，也即家族权力支配网络背后的治理秩序，就是基于血缘关系基础上所形成的“礼治秩序”。在村落家族组织内部，通过这种礼俗的规范，维系着纵向上等级性的权力关系，支撑起族长与家户间支配与被支配的治理秩序。由此，在独立自治的个体家户基础上，以家户、族长、乡里组织领袖以及士绅等为治理主体，以家户间横向的联接机制为治理的基础性关系网络，以由“礼治秩序”支撑起的自下而上的家族权力支配网络为主轴，以乡里组织领袖身上的自上而下的官方正式权威支配网络，以及集自下而上精英权威与自上而下授权权威于一身的士绅权力支配网络为辅轴的纵向上的权力支配网络，共同构成了传统乡村社会的治理结构。具体如图 4－1 所示：

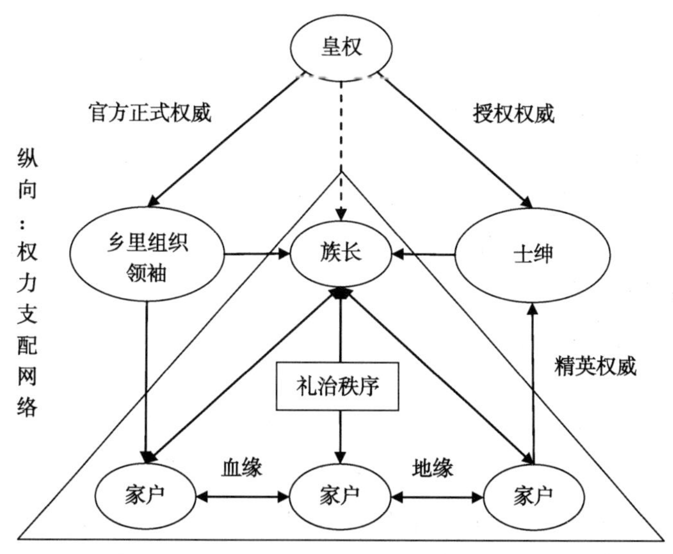

图 4－1　家户制传统中乡村治理结构原型

3. 治理绩效

由家户制传统形塑出的个体家户及传统村落社会基础上所构成的乡村治理原型，也展现出特有的治理绩效。

首先，乡村秩序的稳定性。从传统村落社会的内部来看，由于传统乡村治理的权威主要依靠礼治秩序，依靠家族共同体约定俗成和继承下来的习俗和习惯来维持秩序，这种礼俗不仅调节着共同体中各成员的关系，族员也根据礼俗认识自己的权利和义务，正如法制化外化了现代社会的主导价值一样，礼俗实际上也外化了家族共同体的秩序，并最终凝聚成村落家族成员的信仰和村落社会共同的价值观念，由此依靠礼俗来维系的乡村秩序表现出一定的稳定性。再从传统村落社会的外部来看，由以家户间横向的联接机制形成的基础性关系网络和以“礼治秩序”支撑起的纵向的权力支配网络所形成的村落家族共同体，呈现出了某种“超稳定性”，而这种超稳定性的村落家族共同体不仅强化了由礼俗规范所维系的乡村秩序的稳定性，也有效抵御了外来秩序的侵扰，就连强大的皇权官僚秩序也无力渗透进来，当它遭遇到笼罩在个体家户上面的这层“屏障”时，也不得不“借力打力”，依赖礼治秩序来服务于整个社会政治秩序。所以，总体来看，在传统村落社会中，由礼俗规范来维系的乡村秩序具有一定的稳定性，而无数个这样具有稳定的乡村秩序的村落共同体构成了整个社会稳定性的基础。

其次，乡村社会的停滞性。稳定性意味着生活方式、价值取向和心态的保守性。虽然由村落家族共同体形成的“屏障”有效抵御了外来秩序对村落家族内部秩序的侵扰，维系了乡村秩序的稳定性，但同时它也使得外部的经济力量、信息力量等其他因素无力渗透到村落共同体中来，从而使村落共同体具有一定的封闭性。这种封闭性表现为村落共同体与外部没有什么常规性的联系，没有经济的、文化的、人际的广泛交流。白居易有诗描绘过这样的状况：“徐州古丰县，有村曰朱陈。去县百余里，桑麻青氛氲；机梭声札札，牛驴走纷纷。女汲涧中水，男采山上薪。县远官事少，山深人俗淳。有财不行商，有丁不入军；家家守村业，头白不出门”。“一村唯两姓，世世为婚姻；亲疏居有族，少长游有群”。“生者不远别，嫁聚先近邻”。[①] 而村落共同体的这种封闭性带来的是乡村社会发展的停滞性。同时，在传统村落社会中，土地是个体家户获得生存的最主要资源，所以，家户世世代代围绕着固定的土地，依据耕种的特点和季节性组织劳作，使得传统村落中的家户安土重迁，具有浓重的乡土色彩。由于这种乡土性，使得村落内部处于一种静止凝固的状态，这在某些方面也

① 引自《白氏长庆集》10，《朱陈村诗》，转自王沪宁《当代中国村落家族文化——对中国社会现代化的一项探索》，上海人民出版社 1991 年版，第 28 页。

阻碍了乡村社会的发展。孙中山曾经称中国人为“凝滞民族”①，其含义就是指农村社会存在的这种稳定性阻碍了乡村社会的进步和发展。

三　村社制路径依赖中的乡村治理原型

自印度村社制形成以后，它也随即进入了一个路径依赖时期。如果说在村社制形成的初期，它还只是原始氏族公社解体向私有制过渡时期产生的一种农村组织形式，那么，随着村社制在路径依赖时期的不断完善和发展而逐渐走向成熟，这种成熟的村社制形塑出了一个个独立的、封闭的、自给自足的印度村庄。19 世纪早期，英国行政官员把印度由村社制构成的一个个村庄当作能幸存于帝国毁灭的“小小共和国”。② 根据杜蒙特（Dumont）的观点，在 19 世纪初的几十年里，英国统治者在关于印度“乡村社会”的早期记录中也这样描绘乡村：“乡村带有一点共和国的意思，自给自足，有自己的负责人，能在整个帝国崩溃中幸存下来。”③ 由此可见，印度的乡村社会由村社制形塑出了一个个独立自主、自给自足的印度村社。

在村社内，支撑起这种制度和组织形态的第一个核心要素就是种姓制度。通过种姓制度，将村社内不同的种姓分成不同的等级，并形成一套严格的职业分工。一般较高的种姓占有村社的土地，中等种姓租种土地或占有少量土地，低等种姓则没有土地，只能作为地主的帮工耕种土地，而村社内的其他种姓则从事各种服务工作与辅助工作，如从事木工、铁工、石工、瓦工、打鱼、放牧、清扫、洗衣、殡葬、看守神庙等工作。贝纳德·柯恩研究了英国统治前印度北方邦东部贝纳勒斯地区后指出：“社会和政治金字塔的底层基础是低级种姓，他们作为佃农、分成农、农奴和奴隶耕种土地，在他们之上是支配种姓拉其普特或婆罗门，他们以大家族共同控制土地，族系的建立者可能是征服者，也可能是王室赠予的接受者。”④

① 孙中山：《建国方略》，见《孙中山选集》，人民出版社 1981 年版。

② ［法］路易·杜蒙：《阶序人：卡斯特体系及其衍生现象》，王志明译，浙江大学出版社 2017 年版，第 257 页。

③ ［美］柯克·约翰逊：《电视与乡村社会变迁：对印度两村庄的民族志调查》，展明辉、张金玺译，展江校，中国人民大学出版社 2005 年版，第 89 页。

④ M. N. Srinivas, *Social Change in Modern India*, University of California Press, 1966, pp. 33 – 34.

这些不同的种姓身份不同，但都依据自己在村社中的分工发挥作用，从村社的收成中领取自己的一份劳动报酬。这些内在机制保证每个村民得到最低限度的收入，而且这些机制倾向于使所有同种姓村民的收入平均化。同时，由种姓制度形成的身份等级和职业分工世代相传，不可逾越。同一种姓的家族被看成来自同一祖先，相互之间可以通婚共餐，比邻而居，也就形成了种姓集团，不同的种姓集团之间是不能通婚、共餐、混居的。而管理种姓往往是村中的支配种姓。但值得注意的是，支配种姓可能不是而且通常不是婆罗门这种习惯上认为礼仪地位最高的种姓，只有在婆罗门碰巧控制土地的地方，这种情况才会发生。

正是在种姓制度的支配下，印度村社内部呈现出了分工明确、秩序井然的局面。印度著名经济学家迪帕克·拉尔（Deepak Lal）曾从经济学中“均衡”的视角对种姓制度进行了深入分析，并认为正是由于种姓制度的存在，使得在印度历史上相当长时期内缺乏任何中央集权政治权威的格局中，种姓制度成为一种最为可行有效的制度安排，或用经济学的行话说，它是一种帕累托次优的激励兼容制度，并长期维系着“印度均衡”。1835—1836 年曾任印度总督的查尔斯·麦特卡夫（Charles Metcafe）也对由种姓制度支撑起的印度古老的村社推崇备至。他这样写道：“当其他东西都荡然无存的时候，它们看来却生存了下来。每个村社都自成一个独立的小型国家。在我看来，这些村庄要比任何其他因素都更能说明印度民族的延续……并且在很大程度上有利于他们的幸福，有利于他们享受很大程度的自由和独立。”①

当然，这是种姓制度对印度村社有利的一面。然而，也正是由于种姓制度的存在，使得印度村社内部存在着严重的不平等，并且这种不平等的种姓制度观念根深蒂固，时至今日，这种影响依然存在，并未完全消退。同时，支撑印度村社的种姓制度在村社内部还产生了一种离散的倾向，并且这种离散的倾向要远远大于向心倾向。正如许烺光先生说的：“种姓的内在凝聚性常常是表面的，而不是真实的。”② 那么，种姓制度为

---

① G. K. Lieten, *Power*, *Politics and Rural Development*: *Essays on India*, New Delhi: Manorhar, 2003. p. 20. 引自王红生《论印度的民主》，社会科学文献出版社 2011 年版，第 29 页。

② ［美］许烺光：《宗族、种姓与俱乐部》，薛刚译，尚会鹏校，华夏出版社 1990 年版，第 87 页。

什么会在印度村社内产生这种离心的倾向呢？许烺光先生认为，虽然印度种姓制度看起来是横向的，但实际上是纵向的，因为在所有的地方，种姓包含大量这样的集团：这些集团致力于在亚种姓自身构筑的大墙之后与其他集团隔离（虽然不是在经济上，而是在礼仪、社会上）开来，同时，他们常常要求其他集团承认自己的优越性。因此，每个亚种姓集团一方面要提防自身因不当的行为而被贬入更低种姓的行列；另一方面，又想方设法提高本集团在同一层次种姓中的地位，而提高自身所在集团地位的方法就是脱离原来所属的亚种姓集团，压低同一层次种姓集团中的其他亚种姓集团，因而使得在种姓制度框架内产生了一种离心的倾向。韦伯对此也曾说道："印度的种姓秩序为此种种设下了一道（至少靠着自己的力量）无法超越的障碍。种姓之间不仅横亘着永远的仪式壁垒，更甚的是，彼此间即使没有经济上的利害冲突，多半也都相当冷漠，往往是死命的嫉妒与怨怼，原因无他，只为彼此彻彻底底皆以'社会阶序'为取向。"① 正因如此，在以种姓制度为支撑的村社制下所形塑出的印度村社，呈现出了"形聚神散"的村落形态。

如果说种姓制度是由印度传统村社中的生存经济伦理形成的一种社会制度的话，那么，与这种社会制度相对应的集体意识或社会意识形态就是宗教（印度教），它成为支撑起印度村社制这一制度和组织形态的另一核心要素。在种姓制度的具体实践过程中，为了使各种姓严格遵守本种姓的行为规范，印度教律法把"达摩"（dharma），也即种姓行为规范的履行规定为每个种姓最高的人生和宗教价值。这样，"达摩"就不再仅仅只是种姓行为规范，而且已经成为了一种宗教的教义。同时，为了使这种教义更具合理性，印度教发明了与"达摩"密切相关的另一观念，即"业报轮回"② 或者说"来世观念"。依据此观念，一个人死后，他的灵魂摆脱了原来的肉体，可以在另一个肉体躯壳中复活或再生。人的这种生生死死的不断循环，就是所谓的"轮回"。而人死后灵魂将在什么样的躯壳再生完全取决于一个人生前的行为。每个个体特别是低种姓成员只有在现世严格履行他的"达摩"，在来世才会进入高等种姓。否则，在来世，他就会

① ［德］马克斯·韦伯：《印度的宗教：印度教与佛教》，康乐、简惠美译，广西师范大学出版社2010年版，第51页。

② 王红生：《论印度的民主》，社会科学文献出版社2011年版，第29页。

被降到更低的种姓，甚至堕落为牲畜或昆虫。而在现世中，对任何一个种姓及其成员来说，与生俱来的种姓等级和地位都是无法改变的，因此，特别是低等级种姓只能寄托于通过今生对“达摩”的严格遵守而在来世能够提高自己的种姓身份。这样，通过宗教中的“业报轮回”观念，促使每个种姓及其成员都严格遵守“达摩”的规定，进而强化种姓制度的存续，而逐渐巩固起来的种姓制度又反过来维系着宗教观念的传承和发扬。所以，种姓制度和宗教观念相互交织在一起，一方面相互促进、相互拱卫，另一方面也共同支撑起印度的村社制度，构建起印度村社内部严密的组织结构。

而由种姓制度和宗教构成的，具有严密的社会等级、职业分工、行为规范和统一的集体意识或者社会意识形态的高度自治的印度村社，也形成了独具特色的乡村治理形式，这种与印度村社紧密相连的乡村治理形式就是潘查亚特（Panchayat）制度。据记载，早在公元前 1200 年前（Rig - Veda 时期），乡村实现自治的主体叫作“sabhas”，随着时间的推移，这种形式逐渐变成潘查亚特。[①] 它是由五个属于高级种姓的村社长者组成的，所以又称“五老会”（council of five persons）。前文中已提到，根据巴登·鲍威尔的记叙，印度传统村落大体有两种类型：即分有制村社与共有制村社，并且二者的治理结构有所差别。在分有制村社中，有一个克里斯玛型的头人负责村落警卫、税收等，并且头人的职位是世袭的，其职务和权益也是严格世袭的，不过可以出售、典当或瓜分；在共有制村社中，没有真正的头人，村落的事务由各家家长组成的“潘查亚特”负责处理。本书在此重点探讨的是这种“共有制村社制”中的“潘查亚特”制度。

在印度农村中，这样的潘查亚特一般有四种：种姓潘查亚特（caste Panchayat）、一般会议潘查亚特（general meeting Panchayat）、农业仆工潘查亚特（farm - retainer Panchayat）和单一目的的潘查亚特（single purpose Panchayat）。[②] 从乡村治理的角度来看，最重要的是前两种潘查亚特，它们是传统印度村落社会中最基本的治理形式。种姓潘查亚特是以种姓为基

---

① Manoj Rai, *The State of Panchayats: A Participatory Perspective*, Printed at Shivam Offset Press, New Delhi, 2003. p. 1.

② 尚会鹏：《种姓与印度教社会》，北京大学出版社 2001 年版，第 121 页。

础的乡村治理制度，大多数种姓都设有正规的种姓会议，其权力几乎触及整个种姓家族的各个领域。与此同时，在另一些村落里，有势力的种姓集团不止一个，或者“统辖种姓”与被统辖种姓的界限不甚明显，在这种情况下，则由一般会议潘查亚特管理村落公共事务。这类潘查亚特的组成人员，通常是由几个有势力的种姓推举出来的，低种姓的代表只担任一些不重要的职务。比如，南印度泰米尔纳得邦坦贾武尔县（旧译坦焦尔）中世纪时期农村的潘查亚特由婆罗门和非婆罗门的高级种姓把持，把政权、神权和地权结合在一起，执行种姓制法律，在村社内具有至高无上的权威①。一般来说，同一种姓内部的纷争，由该种姓的潘查亚特处理，而超越种姓的纷争，则由村落潘查亚特的头人出面调停。同时，村社的土地是由潘查亚特来分配，土地收成中需要上缴的部分，也是由潘查亚特来征收，并上缴给国王或者领主，故他们也往往受到国王或者领主们的尊重。由此可见，村社制传统时期的潘查亚特，从实质上来看，对上即对国王、对领主来说，是一种乡村自治组织，但对内即对广大村社社员来说，却是一种专制主义的组织。所以，有人认为古代的潘查亚特实际上是支配种姓的五老会，它既具有议事会的民主传统，又具有种姓制度不平等专制压迫的烙印。

从上述对印度传统村社内的乡村治理——潘查亚特制度来看，其内部的权力结构具有如下特点：第一，政治统治与种姓力量紧密结合在一起。从纵向层面看，其权力结构与种姓的阶序层级相匹配，一般处于统治地位的是高级种姓，处于被统治地位的是低级种姓。第二，治理的权威来自惯习、宗教教义以及对种姓和血缘的忠诚，其中，婆罗门由于主导着宗教教义的阐释以及处于高级种姓层面，故处于统治的绝对支配地位。第三，由于种姓制度所导致的村社内部的离散倾向，从而使得潘查亚特制度蕴含有某种平等和民主的成分（主要是对由多个“统辖种姓”组成的处于支配层面的高级种姓而言），但这种民主和平等的成分主要还是基于血缘资格的相同而言的，而不是来自近代意义上的对权利、义务平等的认识，因此是一种朴素、原始的意识。第四，从整体层面来看，村社与上层统治阶级的政权联系比较脆弱，故使得村社内能够长期维持公共的秩序和价值观

---

① 黄思骏、刘欣如译，陈洪进编校：《南印度农村社会三百年——坦焦尔典型调查》，中国社会科学出版社 1981 年版，第 17 页。

念，从而在政治上保持了相当大的自治。

四　一个总结性的比较分析

在新制度主义的三大流派中，历史制度主义之所以与众不同，一方面是由于它将历史的维度纳入制度分析中，依循“行为—制度—结果”的路径分析制度的变迁；另一方面，它又将制度视为一种结构关系性框架，分析制度的作用，即分析在某一横切面，制度（结构）对行为的影响以及制度与行为间的互动，采用“制度—行为—结果”路径。在制度变迁的路径中，历史制度主义认为，当一项制度形成后，在达到均衡的内外环境中首先会进入路径依赖期，并形成一种极为“黏糊”的范型，进而形成某种制度传统。自家户制和村社制形成后，它们随即分别进入各自的路径依赖时期，形成相对稳定和完善的制度传统，并形塑出各自的乡村社会传统及乡村治理原型。

在家户制传统的形塑下，中国传统乡村社会形成了一个个具有独立性的个体家户，但因为当时的生产力水平较低，个体家户还无法摆脱集体组织独立生存，因此，在独立的个体家户的基础上，形成了由以地缘和血缘亲情为纽带，具有弹性的横向的“差序格局”中的“差”所形成的家户间的横向联接机制以及由血缘关系基础上形成的礼俗规范为秩序，具有刚性的、等级化的、纵向的“差序格局”中的“序”所形成的纵向上的权力支配关系所构成的内部较为松散的、具有自治色彩的村落家族共同体；而在村社制传统的形塑下，印度乡村也形成了由种姓制度和宗教这两大核心要素支撑起的，具有严密的社会等级、职业分工、行为规范和统一的集体意识或者社会意识形态的高度自治的印度村社。但这二者有着本质的区别，在家户制传统形塑下的中国传统乡村社会里，家户是其基本组成单元，国家直接与家户发生关系，以家户为单位征收税赋；而在村社制传统形塑下的印度传统乡村社会，村社是基本单元，国家与村社发生关系，以村社为单位征收税赋。

但从中国村落社会和印度村社的治理比较来看，二者既存在区别，也存在相似之处。首先，从整体村落形式看，基于独立、自主个体家户基础形成的村落，由于家族组织对个体家户的吸纳和“笼罩”而形成的强大凝聚力，使中国村落社会呈现出“形散神聚”的形态；而由村社制度形塑出的传统印度村社，虽然形成了自给自足的、高度统一性的村社共同体，但由于种姓制度所造成的离散倾向，使得印度村社内形成的分裂性与排他性远大于其内部的凝聚性和包容性，故印度的传统村落实际上呈现出的是一种“形聚神散”的形态。其次，从二者与国家的关系看，二者与上层统治政权的联系都比较脆弱，因此，中国的村落社会和印度的村社都具有高度的自治性。虽然中国形成了高度集权统一的中央政权，但由于中央权威在当时还无法渗透进村落家族共同体中，因而，它依然具有高度的自治性，但很显然，它的自治性要比印度村社的自治性相对弱一点。因为一方面，毕竟中央权威还通过乡里组织领袖以及乡绅对村落社会进行了一定程度的控制，但印度长期处于一种分散的状态；另一方面，印度村社内部由于由种姓制度和宗教形成了紧密的联接机制，因而，对抗外部干预、抵抗外界风险的能力要更强一些。再次，从二者内部的权力结构及其治理权威来看，中国传统村落内部的权力分配与治理权威主要依据血缘关系及其由此形成的礼俗规范来进行；而印度村社内的权力分配与治理权威主要依据种姓制度所形成的“种姓阶序”以及宗教教义来进行。复次，从二者自治传统的性质来看，虽然对外来说都具有自治的共性，但对内的专制统治方面，略有差异。印度村社的治理形式也即潘查亚特（五老会），虽然是由支配种姓统治的，但需要五位长老共同协商来决策，具有一定的议事会民主色彩；而中国的村落家族社会中，家族长老往往处于主导地位，具有一定的集权色彩。最后，从二者的内部治理网络看，虽然均处于一种专制统治的状态，但印度村社内部的专制程度很显然要强于中国的村落社会，因为中国村落家族共同体内部的联接机制相对印度村社内部由种姓制度和宗教相互交织在一起的联接网络而言要相对松散一些，家户具有一定的自由性，能够通过科举考试等方式向上流通；而印度村社内部的种姓家庭被种姓制度牢牢固定在某一个阶层和位置上，而且世代相传，思想被固化，很难向上流动。概而言之，整体来看，中国的传统村落和印度的村社都具有自治性，但中国传统村落的凝聚性要高于印度传统村社。具体从乡村治理的形式与内部结构来看：从村落与国家的关系看，印度村社的自治性要高于中国的传统村落，而从内部的结构来看，印度村社的内部联接机制要强于中国传统村落内部的联接机制，故印度村社内部的阶层固化要强于中国传统村落；从治理的决策层面看，印度乡村治理结构的集权性要低于中国传统村落社会。当然，也正是由于彼此间的这些差异，使得在家户制和村社制传统的变迁过程中，二者的乡村治理转型也呈现出不同的样态。

第五章

断续平衡：制度变迁与乡村治理转型

历史制度主义者们在理论上完成了由制度形成到路径依赖的理论论证之后，接下来他们不得不去面临另一个理论难题，那就是，既然任何制度自生成后都会表现出极其强大的路径依赖特征，那么，我们又如何去解释在现实世界中大量存在的制度变迁现象呢？对于这一问题，历史制度主义者从一开始就不认为制度的路径依赖现象会永久持续下去，他们将制度变迁的过程分为制度存续的“正常时期”（Normal Periods）和制度断裂的“关键节点”（Critical Junctures）时期。也就是说，制度在冲突中被设计出来之后，随即进入一个正常的路径依赖时期，在这个时期内，制度与环境、制度内部的各项制度之间以及制度产生中冲突的各方在现有的环境中维系着某种平衡。但是，随着经济社会的发展，当这些平衡被打破之后，就将有可能发生重大的制度变迁，也即将进入制度断裂时期；在制度断裂的“关键节点”上，新的制度就出现了。而新制度一旦形成之后，它随即又会进入下一个路径依赖时期，直至新的危机出现。正如克拉斯勒（Krasner）在其制度的断续性平衡理论中指出的：“制度在经历了一段长时间的稳定之后，会在某一时期内被危机所打断，从而产生出突发性的制度变迁，自此之后，制度会再次进入静态平衡期。”① 中国家户制传统自形成后，随即进入了路径依赖时期，并在这一时期形成了特有的乡村治理原型。随着中国经济社会的发展，外部环境的变化以及家户制自身面临的一些困境，使得家户制传统也走进了制度变迁的断续平衡时期，而与之相应的，乡村治理也随即发生了一系列的转型。

---

① Sven Stionmo, Kathleen Thelen, and Frank Longstrenth, eds., *Structuring politics: Historical Institutionalism in Comparative Analysis*, Combridge: Cambridge University Press, 1992, p. 9.

一　家户制传统的断裂与乡村治理转型

（一）家户制断裂前的要素变化

1. 家户制传统自身面临发展困境

自家户制形成以来，在家户制的路径依赖时期，由于内外环境以及各种要素处于相对均衡的状态，使得个体家户得到蓬勃发展，并在一定时期内，表现出极强的自主性和积极性，创造出了灿烂的农业文明。但是，任何社会的生产发展都与它的再生产投入成正比。否则，生产就会遇到严重的困难，出现停滞、萎缩甚至破坏。在传统村落社会中，土地无疑是家户最重要的物质生产资料，而精耕细作又是其主要生产方式，所以，就中国传统村落社会及其精耕细作的农业而言，影响再生产投入的因素无外乎包括两个方面：家户是否拥有足够的土地，以及家户是否拥有一定的生产剩余，以便补充进行农业必需的其他生产资料。下面我们逐一来分析。

在家户制发展的早期，虽然个体家户在一定时期内得到发展，但总体来说，个体家户数量依然较少，相对而言可耕地也较为宽裕。但随着个体家户数量的日趋增加，中国传统村落中的人地矛盾逐渐显现出来。这是因为，可耕种的土地在一般情况下是一个稳定的常量，在正常情况下自然会有所增加，但可耕之地变为耕地并非随心所欲的易事，它要受到当时的生产力、农家的经济实力以及行政管理等诸多因素的制约，即使在最有利的时代，其增速也是很有限的。相比之下，个体家户数量的增加速度就要快得多，它往往是以几何级数递增的。由于人口增长率大大高于耕地的增长率，所以，个体家户的人均耕地呈现与日俱减的趋势。邓大才教授的著作《小农政治：社会化小农与乡村治理》中对有关数据的整理统计显示，公元2年时，中国的人均耕地面积就只有8.57亩（旧制市亩），146年是人均耕地最多的年份，也只有10.76亩，然后逐步减少，到1072年只有5.45亩。其后人均耕地面积有所增加，1393年为8.7亩，1662年为8.59亩。随着人口的大幅增长，中国人均耕地大幅缩减，1784年只有3.69亩，1887年只有2.82亩（以上数据见表5－1）。1912年至1914年人均耕地只有2.77亩，1949年为2.65亩（见表5－2）。户均耕地面积更小，1932年农民户均耕地为1.1公顷，分别只有加拿大、法国、德国、意大利和美国的户均面积的1.21%、9.4%、22%、17.46%和1.73%（见表5－3）。从以上数据可以看出，随着家户数量的增加，家户所占有的土地是逐渐减少的，这就使得传统村落社会中出现“农业内卷化”[①] 趋势，人地矛盾也变得极为紧张。

表 5-1　　中国历代人口与耕地比率

耕地		人口		每人平均市亩数（市亩/人）
年份	校正面积（百万市亩）	年代	校正数（百万人）	
2	506	2	59	8.57
105	535	105	53	10.09
146	506	146	47	10.76
976	255	961	32	7.96
1072	660	1109	121	5.45
1393	522	1391	60	8.70
1581	793	1592	200	3.96
1662	713	1662	83	8.59
1784	989	1776	268	3.69
1812	1025	1800	295	3.47
1887	1202	1848	426	2.82

资料来源：赵冈、陈钟毅著《中国土地制度史》，新星出版社 2006 年版，第 116 页；引自邓大才《小农政治：社会化小农与乡村治理——小农社会化对乡村治理的冲击与治理转型》，中国社会科学出版社 2013 年版，第 53—54 页。

表 5-2　　中国农村人口、耕地指数及人均耕地

年份	人口指数	耕地指数	人均耕地（市亩）
1812	100.00	100.00	2.87
1851	119.39	102.53	2.47
1887	102.93	107.21	2.99

① “内卷化”概念起自格尔茨（Clifford Geertz）的“农业内卷化”，是指在土地面积有限的情况下，增长的劳动力不断进入农业生产的过程。（参见 Geertz，Clifford. *Agricultural Involution：The Process Of Ecological Change In Indonesia*. Berkeley，CA：University of California Press，1963：80.）黄宗智用“过密型增长”理论（英文是 involution）分析了明清时期江南（长江三角洲）农村经济发生重大变化的根本原因或者推动农村经济的原动力。在其《华北小农经济与社会变迁》一书中文版中曾译为“内卷化”增长，意思是劳动的边际收益递减或者可以理解为在劳动生产率下降情况下的经济增长。（参见黄宗智《华北小农经济与社会变迁》，中华书局 1986 年版；《长江三角洲小农家庭与乡村发展（1368—1988）》，中华书局 1992 年版）

续表

年份	人口指数	耕地指数	人均耕地（市亩）
1912 或 1914	124.57	119.90	2.77
1932 或 1933	139.77	134.92	2.77
1949	149.36	137.53	2.65

资料来源：苑书义、董丛林著《近代中国小农经济的变迁》，人民出版社 2001 年版，第 10 页；引自邓大才《小农政治：社会化小农与乡村治理——小农社会化对乡村治理的冲击与治理转型》，中国社会科学出版社 2013 年版，第 53—54 页。

表 5-3　　中国与其他国家家户平均耕地面积比较

	中国	加拿大	法国	德国	意大利	美国
时间	1932	1930	1930	1930	1930	1930
每户平均面积	1.1	90.6	11.7	5	6.3	63.5
中国相当于其他国家%		1.21	9.4	22	17.46	1.73

资料来源：赵冈著《中国传统农村的地权分配》，新星出版社 2006 年版，第 235—240 页；引自邓大才《小农政治：社会化小农与乡村治理——小农社会化对乡村治理的冲击与治理转型》，中国社会科学出版社 2013 年版，第 53—54 页。

与此同时，葛剑雄的《略论我国封建社会各阶级人口增长的不平衡性》① 指出：一般的人口平均年增长率为 7‰，即使在一个王朝的前期社会经济状况较好时，大约也只有 10‰；而贵族、官吏和富人，简称为地主阶级，由于生活条件比较优越，其人口的自然增长率要大大高于一般农民的增长率。以西汉的皇族为例是 38‰，以明朝的宗室为例是 32‰。由此可见，地主人口的增长要远高于一般农民的人口增长。这就意味着个体家户所负担的地租和赋役逐渐加重，家户用于投入再生产的生产剩余在逐渐减少，个体家户与地主阶级或者统治阶级之间的矛盾逐渐激化。综合前面的分析，随着家户制的逐步发展，一方面，家户的增长大大高于土地占有量的增长，使家户人均耕地日益减少；另一方面，地主人口的超高速增长，使得家户所负担的地租和赋役逐渐增重，家户用于投入再生产的生产剩余在逐渐减少，这就造成了对我国个体家户小农再生产极为有害的倒宝塔形

① 葛剑雄：《略论我国封建社会各阶级人口增长的不平衡性》，《历史研究》1982 年第 6 期；引自孙达人《中国农民变迁论——试探我国历史发展周期》，中央编译出版社 1996 年版，第 108 页。

结构。正是这种结构，使得在家户制发展的前期，个体家户小农经济还可能有生产余额，但到了后期便化为乌有，结果总是弄到“男子力耕，不足粮饷；女子纺织，不足衣服”的地步为止。葛剑雄把这种结构性的矛盾称之为“中国封建社会无法消除的癌症”①。由此可见，在特定的封建社会历史环境中，家户制传统虽然在早期凭借自身的优势创造了丰富的物质财富和灿烂的农业文明，但随着其发展到中后期，则逐渐陷入自身发展的困境中，并使得传统村落社会也陷入了长期停滞乃至衰落的局面。

2. 村落家族共同体“外壳”破裂

家户制传统的实施将个体家户从大的宗族组织中拆分出来，形成了一个一个具有独立、自主性的家户，然而在当时生产水平还不是很高、生存资源的占有量还处于贫弱状态的情况下，个体家户还无法摆脱对群体的依附，因而，形成了内部具有一定联接机制的村落家族共同体，而这个共同体犹如“金钟罩”一般笼罩在个体家户之上，并一定程度上保护了家户的安宁，维系了乡村秩序的稳定。但是，自近代以来，这种村落家族共同体受到了强大的冲击，因为中国社会进入了一个大动荡、大分化、大变革的时代。冲击的力量主要来自两个方向：一是近代以来中国经济的逐步发展和西方资本主义的介入，生产力的发展和商品市场的扩大动摇着村落家族共同体的基础；二是近代以来的社会革命和政治革命，也以新的理想和新的意识形态冲撞着传统村落社会的结构。

我们首先来看第一个方面。自鸦片战争以来，外国列强用坚船利炮打开了中国的国门，使中国沦为一个半殖民地半封建的国家，严重阻碍了社会的前进。可在同时，却也因为外国资本主义的侵入，又促进了乡村社会内部资本主义的发展，破坏了个体家户小农业和小手工业相结合的自给自足的自然经济结构，对村落家族共同体赖以生存的经济前提起着严重的分解作用。同时，由于外国资本主义的侵蚀，使得大批农民和手工业者破产，从而迫使这些破产的农民不得不脱离祖祖辈辈聚族而居的村落，舍本就末，负贩他乡，或者以一技之长，流动觅食，时间一长，他们同家族其他成员的联系就弱化或断绝了，这样也使得传统村落家族内部各家户间的横向联接机制不断弱化直至断裂。另外，随着资本主义的萌芽，商业资本

① 孙达人：《中国农民变迁论——试探我国历史发展周期》，中央编译出版社 1996 年版，第 108 页。

严重地侵蚀着乡村社会，它不仅分解着传统村落社会的经济结构，弱化了家户间的横向联接机制，同时也冲击着人们的传统思想，使人们不再固守“礼俗规范”“重农贱商”的传统思想，而是大批走上弃农经商、舍本就末的道路，为增值货币而出外奔走，从而引起了家族成员的迅速分化。原来的“保护型经纪”逐渐从乡村政权中隐退，甚至向城市流动，“豪强、恶霸、痞子一类的边缘人物开始占据底层权力中心”①，充任公职演变成为了追求实际利益而不惜牺牲村庄的利益②。也就是杜赞奇所说的“赢利型经纪”。这使得村落家族共同体内部纵向上的权力支配网络出现断裂。

我们再来看第二个方面。近代中国在20世纪进入了一个翻天覆地的变革时代，这场变革的发端无疑是辛亥革命。由于辛亥革命的思想武器主要是从西方吸收的资产阶级民主思想，如天赋人权、民主共和、自由平等等，因此它对家族制度、宗法思想以及封建伦理道德进行了猛烈和深刻的批判，从而加速了村落家族共同体的破裂。而接下来，由中国共产党人领导的革命，无疑是20世纪这场变革的主流。基于对当时中国社会实际情况的清晰认知，中国共产党领导的革命是从乡村开始的，并始终将革命与土地改革结合在一起，而农村的土地改革进一步促使村落家族共同体走向瓦解。因为村落家族历来是与一定的土地关系结合在一起的，血缘关系在很大程度上渗透进土地关系，因此，土地改革对村落家族共同体的影响不可低估。中国共产党在农村实行的土地改革其基本原则是：确定贫农为无产阶级在乡村的基本力量，没收地主阶级的一切土地，平分土地，推翻豪绅地主官僚政权，建立农民政权。③ 这些原则的推行，意味着在乡村形成一种阶级意识，这种阶级意识从观念形态上超越了血缘关系，它不再依据人们在血缘关系中的地位划分每个人的身份，而是依据人们在社会经济政治关系中的地位划分每个人的身份。在中国乡村社会中这种阶级意识的形成意味着家族意识的削弱，从而加速了传统村落家族共同体的瓦解。

在来自上述两方面力量的强力冲击下，村落家族共同体内部的联接机制逐渐弱化并最终趋向断裂，而村落家族共同体的“外壳”也逐渐破裂

---

① 许纪霖：《近代中国变迁中的社会群体》，《社会科学研究》1992年第3期。

② 杜赞奇：《文化、权力与国家——1900—1942年的华北农村》，王福明译，江苏人民出版社2010年版，第149页。

③ 中共中央党史研究室编：《土地革命纪事1927—1937》，求实出版社1982年版，第11—12页。

并最终褪去，这不仅打破了由村落家族共同体维系着的内部的各项平衡，也再次将个体家户直接“暴露”在了包括国家和经济市场在内的外部环境之下。

3. 新观念的输入

历史制度主义者认为，导致制度剧烈变迁或者断裂的动力因素，除了来自内部平衡的被打破和外部环境的变化之外，还有可能来自新信息和新观念的输入。这些观念一旦被某一制度结构之下的成员接受之后，就会在既定的制度结构下产生出在原有的制度框架下不可能产生的某些新政策，而在这些新政策的凝固及其与旧制度的相互作用过程中，也有可能导致原有制度的某些改变①。20世纪的中国，是一个动荡的年代，中国面临外强凌辱和国内政局不稳的局面，人民生活在水深火热之中，“改造中国，救亡图存”成为当时中国仁人志士们的共同愿望。俄国十月革命的胜利给中国指出了一条摆脱旧时代的道路，马克思主义新思想与当时以毛泽东为代表的仁人志士们的理想抱负不谋而合，并很快被中国共产党人接受，成为指导中国共产党领导中国人民开展革命和社会改革的理论思想和意识形态。中国共产党将马克思主义理论与中国的实际国情相结合，确立了从乡村开始，彻底推翻“三座大山”，变革土地所有制，建立人民当家做主的人民共和国，并最终迈进共产主义社会的革命道路。因而，在战争年代，中国共产党在红色根据地开始率领农民积极进行土地改革和基层政权建设。俄国作为当时最大的社会主义国家，其集体村社的成功经验以及农民合作社的农村社会组织形式无疑成为我们“师法”的对象。所以，在中国共产党领导下，在农村从满足农民“耕者有其田”入手，开展了广泛的土地改革运动，实施了由土改到互助组、合作社再到人民公社的农村集体化和农民组织化的乡村改造和重构的进程。由此，新思想的输入成为家户制传统断裂的又一动力因素。

（二）家户制断裂的关键节点

根据历史制度主义的观点，制度变迁的历史总体上可以划分为制度维持的正常时期和制度变迁的断裂时期，那么，制度的正常时期与制度的断裂时期是如何衔接的？各个历史片段又是如何连接在一起，形成完整连续

① Peter A. Hall edited, *The Political Power of Economic Ideas: Keynesianism Across Nations*, Princeton: Princeton University Press, 1989, pp. 383 - 384.

的历史的？历史制度主义认为，将历史发展的各个阶段及制度变迁的各个时期连接在一起的因素就是历史发展和历史变迁之中的“关键节点”（Critical Juncture）。所谓关键节点，是指历史发展中的某一重要转折点，在这一节点上，政治冲突中的主导一方或制度设计者们的某一重要决策直接决定了下一阶段政治发展的方向和道路。① 对于家户制的变迁来说，1949 年新中国的成立无疑是其变迁历程中的关键节点，当然，毋庸置疑，它也是整个中华民族历史长河中的关键节点。

新中国成立之后，面对百废待兴的局面，党内和国民的信仰高度一致，那就是尽快实现国家的富强和人民生活的富裕，并最终进入共产主义社会。为了尽快实现这一宏伟目标，工业化方面选择重工业优先发展的战略在党内的意见高度一致；但是，自农村土地改革完成以后，如何改造以小农经济为特点的中国传统农业，特别是通过什么样的方式来组织农民发展农业，以提高农业生产效率，保证工业化发展所需的原材料的供给，党内意见则出现了分歧。根据有关学者的研究，当时党内关于发展农业的思路有两条：一条是刘少奇的思路，依据马克思生产关系一定要适应生产力的原理，根据当时中国工业化水平低的现状，仍然主张通过私有制和家庭经营的方式来发展农业；另一条是毛泽东的思路，依据列宁“小生产每日每时都在产生着资本主义”的论断，主张通过合作化的道路来发展农业。② 由于环境的不确定性、信息的非充分性、个人认知能力的有限性，党内成员对采用哪一种组织方式来发展农业生产并没有明确的预期，而关于无产阶级取得政权后，通过何种组织形式来发展农业又没有现成的经典理论，只有苏联的集体村社可以借鉴。在这种情况下，毛泽东用马克思的工场手工业理论说服了全党。最后，全党接受了毛泽东发展农业的思路。

如果说新中国国家政权的价值取向决定了改造中国传统农业的合作化路径，那么，新中国成立之初所面临的客观环境和现实问题则决定了合作化路径这一制度供给的选择速度。具体来看，一方面，土地改革后中国农村出现了新的情况。随着 1953 年春土地改革的基本完成，中国农村社会

① 何俊志：《结构、历史与行为——历史制度主义对政治科学的重构》，复旦大学出版社 2004 年版，第 286 页。

② 李孔岳：《信念、权威与制度选择——基于中国人民公社制度的思考》，《中山大学学报》（社会科学版）2006 年第 4 期。

逐渐趋于安定，农业生产也开始迅速恢复，但很快又出现了农户间“两极分化”的趋势。“两极分化”是指当时一小部分经济上升较快的农户开始买地、雇工、扩大经营，而另一部分因种种原因变得生活困难的农户则开始卖地、借债和受雇于他人，农村中的贫富分化正在悄然拉开。据当时中共山西省忻州地委关于143个村42215户农户的调查报告，已有19.5%的农户（8253户）出卖土地，共卖地39912亩，主要原因有生产生活困难、遭遇疾病或灾害等。① 如果说农村贫富分化仅仅是一个苗头的话，更加引起当时决策者担忧的是农民普遍想走旧式富农道路的心态。因此，防止历史上反复发生的土地所有权从平均化到兼并、形成大地主的轮回，是新生的人民政权必须面临的一个现实问题。另一方面，1953年前后出现的粮食收购危机及随后建立的统购统销制度，客观上需要加快农村合作化的速度，提升合作社组织的规模。合作社普遍成立前，统购统销面对的是一家一户的小农经济，交易成本高昂；农村普遍合作化后，合作社承担执行国家统购统销的任务，交易成本下降，统购统销的制度安排得以在乡村社会扎根。

因而，在理论与现实因素的共同作用下，通过在革命年代惯用的政治运动的方式，将“大”与“公”的合作化农村发展路径加之于农村社会。1951年，中共中央制定了《关于农业生产互助合作的决议》，决定推进农村的合作发展。农业合作社开始有三种形式：一是简单的劳动互助，二是常年的互助组，三是土地入股的农业生产合作组织。这是一个递进的系列，第三种为合作社的较高形式。根据相关统计，至1954年年底，全国建立初级社48万个，1956年年底，参加高级社的家户已占总农户的87.8%。② 这就是说绝大部分农民已经加入了新的组织形式。紧接着在1958年8月的北戴河会议上通过了《中共中央关于在农村建立人民公社的决议》，《决议》认为“在目前形势下，建立农林牧副渔全面发展、工农商学兵互相结合的人民公社，是指导农民加速社会主义建设，提前建成社会主义并过渡到共产主义所必须采取的基本方针”，“人民公社将是建成社会主义和逐步向共产主义过渡的最好的组织形式，它将发展成为共产主义社会的基层单位。”在《决议》公布之后一个多月的时间里，全国74

① 陈锡文等：《中国农村制度变迁60年》，人民出版社2009年版，第11页。

② 金春明：《建国后三十三年》，上海人民出版社1987年版，第68、71页。

万多个农业合作社迅速合并成为26500多个人民公社，参加人民公社的农民共12690多万户，占农民总数的99.1%。[①] 由此，人民公社制度在中国农村正式确立下来，并在农村成为社会体制的基层组织，发挥着主导作用，这也就意味着，家户制传统在中国乡村社会的变迁过程中发生了断裂。

综上可知，在家户制传统这一轮变迁的过程中，一方面由于家户制自身发展的困境导致“农业的内卷化”或者“过密化”，人地矛盾日趋突出，以及“中国封建社会无法消除的癌症”所产生的倒宝塔形结构，使得家户与地主剥削阶层矛盾冲突的加剧，并且使得整个传统乡村社会陷入停滞乃至衰落的局面；另一方面，随着外界环境变化带来的冲击，村落家族共同体内部的连接机制被削弱乃至中断，村落家族共同体“外壳”被打破，使得村落家族共同体逐步走向瓦解，从而打破了村落家族共同体长期维系着的内部的各项平衡和稳定的乡村秩序，同时，笼罩在个体家户上的这层“保护膜”也逐渐褪去，家户制陷入了闭锁（Lock - in）状态而失去了调适的功能。因此，在新观念、新信息输入并被接受的情况下，中国共产党领导的革命首先从乡村开始，并以乡村为重点，围绕土地改革重点去解决乡村中的人地矛盾以及家户与地主剥削阶层的冲突，从满足农民“耕者有其田”入手，开展广泛的土地改革运动。并且在新中国成立的关键节点上，凭借广泛的社会信念和统一的中央权威，在全国实施由土改到互助组、合作社再到人民公社的农村集体化和农民组织化的乡村改造和重构的进程。然而，与封建统治时期中央权威无法触及到村落共同体内部而不得不依赖村落家族中的族老或精英来统治不同，在这次国家对家户改造的过程中，一方面由于村落家族共同体“外壳”已破裂，个体家户直接置身于国家（政府）的管理之下；另一方面，在革命年代，随着“政党下乡”“政权下乡”，国家政权的触角已经延伸至乡村社会的任何角落，所以，在这次国家与家户间的博弈过程中，个体家户主动放弃了延续几千年的家户制传统，而选择接受人民公社制度。

（三）家户制断裂中的乡村治理转型

人民公社制度在农村确立后，随着公社形成之初的“组织军事化、生

---

① 王沪宁：《当代中国村落家族文化——对中国社会现代化的一项探索》，上海人民出版社1991年版，第55页。

活集体化、生产战斗化”的现象被纠正之后，公社建立起“三级所有，队为基础”的实体组织结构，以及“政社合一”的实践组织原则。由于这种合一性，公社体现的政治组织形式也就站住脚了，使超越家族体制的集体组织不再单单是经济组织，而且是行政组织，也就是说，人民公社具有行政管理和生产管理的双重功能，作为生产大队、生产队的上级，不但可以发号施令，而且有权对生产资料进行调配。与此同时，随着人民公社的普遍建立，保证了社会体制形式上的下伸，有效填补了社会调控在乡村中的空白，广大的个体农民作为生产队的社员被完全整合进了人民公社的体制之下。在这样的格局之下，家庭不再是人们生产生活的基本单位，而是统统受制于人民公社的组织安排。个体农民成为了村落社会中的基本单元，他们以公社社员的身份参与集体劳动，并获取与之劳动量相对应的生活物资；同时，公社对农民进行了严格的控制，他们不能随意流动，可以说，作为个体的农民，被牢牢固定在了人民公社这个组织网络中。

正是由于这样的组织形式，在人民公社体制下，乡村的治理实行基层党组织的“一元化领导”，党组织处于垂直官僚体系的核心位置，排斥和抑制其他非权力组织的存在，农村党员和广大的人民群众受其领导。从纵向来看，人民公社的党委、大队的党支部、生产队的党小组，三者为隶属关系，党小组向党支部负责，党支部向党委负责。党的领导通过公社内各级党组织一直延伸到农村社会最基层；广大的农民则通过各级党组织表达自己的愿望与要求，从而与国家紧密地连接起来。从横向来看，公社、生产大队、生产队的行政机构接受同级党组织的领导，从而使权力由政府向党组织集中（具体乡村治理结构如图 5－1 所示）。由此可见，在中国农村的人民公社体制下，党处于农村社会的绝对领导核心地位，控制了与农民有关的几乎所有生产、经营等活动。

在上述乡村治理结构的治理下，人民公社时期的乡村治理也表现出来特定的治理绩效。首先，可控的乡村秩序。在人民公社的体制下，由于权力的重新组合，以党组织为核心的国家权力史无前例地深入每一个农户中去，并通过支配农民日常的生活而将广大的农民整合进国家自上而下的权力体系中，国家行政权力进一步被强化。而随着以宗族为代表的乡村传统权威的消解，在农村基层社会中已没有任何其他的组织的权力或权威可以与国家的行政权力相对抗。因此，乡村秩序始终处于公社集权体制的可控之中。其次，缓慢的乡村经济发展。在新中国成立初期，由于全国完成了

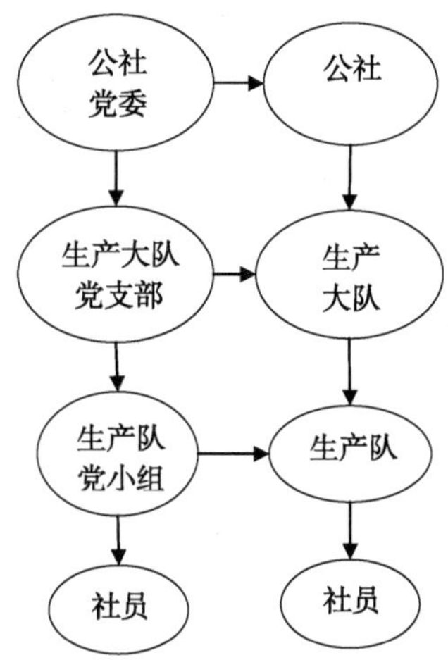

图 5-1　人民公社时期乡村治理结构

土地改革，广大的中农、贫农与雇农终于拥有了自己的土地，并推翻了压在他们头上的"三座大山"，使他们对未来的生活充满了希望。与此同时，在"建设新中国，早日实现共产主义"这一宏伟目标的感召下，广大农民的积极性被充分激发出来，他们投入极大的热情，用自己的勤劳和汗水，在短期内创造了农村经济发展的奇迹。据有关数据统计，从1949年到1957年间，农村的粮食和棉花都有大幅的增产（具体见表5-4）。但随着人民公社制度的实施，将人们牢牢控制在了人民公社这个组织网络中，抑制了农民的活力和自主性，同时，人们从事集体生产、集体劳动，缺乏激励机制，使农民没有生产与提高技术的积极性，分配上的平均主义无法调动农民的积极性，从而使得乡村经济的发展速度逐渐减缓。而且，为了支撑当时"工业优先"的发展战略，国家还通过农业税、工农产品"剪刀差"的方式从农村抽取工业化所必需的资金和原材料。所以，这一方面导致了该时期的农民仍然处于相对贫困的状态中，据相关统计数据显示，从1954年到1978年，我国恩格尔系数始终在60%—69%之间徘徊，1978年为67.7%，仅比1954年低0.9个百分点①；另一方面，也人为地拉大了城乡间的差距，逐渐在城乡间筑起了一道无形的"栅栏"。由此可见，人民公社时期的这种乡村治理模式并不符合农业经济发展的内在规

① 张培刚：《发展经济学教程》，经济科学出版社2001年版。

律，也无法有效推动乡村经济的持续发展。

表 5 - 4　　1949—1957 年粮食和棉花产量统计①

年份	粮食产量（亿斤）	棉花产量（万担）
1949	2126	889
1950	2494	1385
1951	2701	2001
1952	3088	2607
1953	3138	2349
1954	3209	2130
1955	3494	3037
1956	3650	2890
1957	3700	3280

二　家户制的复兴与乡村治理再次转型

（一）家户制的复兴

1. 政策的松动

按照杜润生老先生的说法，在农村实施改革前即“文化大革命”结束的最初，可以称之为“政策放宽”② 时期或者说是“政策松动”时期。在这之前的人民公社时期，我国实施的是农业的集体化，可是农产品的供给严重不足，农民不得温饱，城市食品严重短缺，以至于影响了国民经济的整体发展，并引发出很多社会、政治问题。

由于在当时，更多的人并未认识到问题的症结在体制，认为主要是“经营管理”和某些具体政策及干部作风有问题。领导层作出的决策也大都是针对这些“缺点”和“不良现象”的。例如：1978 年年初，邓小平在广东等地的讲话中曾首先提出，尊重生产队的自主权，反对“一平二调”、瞎指挥。1978 年 6 月，中央转发了湖南省湘西县委的报告，纠正农

---

① 张健：《中国社会历史变迁中的乡村治理研究》，博士学位论文，西北农林科技大学，2008 年。

② 杜润生：《杜润生自述：中国农村体制变革重大决策纪实》，人民出版社 2005 年版，第 96 页。

民负担不合理问题；7月，中央又转发了陕西省委关于旬邑县少数干部强迫命令、违法乱纪问题的调查报告。于是，进而要求恢复过去一系列行之有效的农村政策，包括①：

> 减轻农民负担：准备在1979年—1980年粮食年度，对负担和困难较重的地区，减免55亿斤的征购任务；
>
> 提高农产品收购价格：1978年，提高了棉花收购价，以后又提高了稻麦等多种农产品的收购价格；
>
> 增加对农业的投入：1978年，农业基本建设投资额、其他财政拨款、钢材、用电以及化肥施用量，都作了较大幅度的提高；
>
> 提倡家庭副业和多种经营：1978年4月，《人民日报》刊登了《怎样看待正当的家庭副业》；10月，发表了《毁林造田是“以粮为纲”吗?》，指出“以粮为纲”是就全国范围而言，各地区要因地制宜，有所侧重；
>
> 恢复并适度扩大自留地：许多省份实行了这一政策，有些地方自留地扩大到了耕地面积的10%；
>
> 开放集市贸易：使之很快就恢复到接近“文化大革命”以前的水平；
>
> 发展社队企业：1977年社队企业总产值比1976年增长43.7%，1978年又增长25%；全国在社队企业就业的农民达2800万人，占农村总劳动力的9.5%。

随着这些新措施的实施，给中国农村带来了一股新的气息。但是“以阶级斗争为纲”仍在禁锢着人们的思想，“学大寨”“穷过渡”还在继续。对于解决人民公社的体制问题，尚未提上日程。1978年年底，党的十一届三中全会召开。这次会议不仅决定了中国未来发展的命运，也为即将开始的农村改革奠定了基础。全会确定把全党工作重心转移到现代化经济建设上来，还提出必须集中主要精力把农业尽快搞上去。随后党中央制定了《中共中央关于加快农业发展若干问题的决定（草案）》，发到各省（市、

---

① 杜润生：《杜润生自述：中国农村体制变革重大决策纪实》，人民出版社2005年版，第96—98页。

区）讨论试行。在这个《决议》中，总的精神是，端正政策，团结农民，鼓励发展生产。其中：第一条是要尊重生产队的自主权，减少上边的干预。第二是恢复按劳分配，实行定额制，或是包工制，大包工、小包工，允许包工到组。但仍然实行统一经营，不许包产到户。第三条是恢复自留地和集市贸易。第四条是发展副业、多种经营和大力发展社队企业。第五条是让农民休养生息，减轻负担，减少粮食统购数量，适当进口一批粮食，提高若干农产品（主要是粮食）的收购价格。第六条仍提出国家要投资搞农业基本建设、商品粮基地和农业的机械化。①

通过上述《决议》中的内容可以看出，虽然它仍然留有一个“禁区”：“不许包产到户”。但总的精神是，提倡思想解放、制度创新，尊重生产队自主权，这为广大农户在具体农业实践中的制度创新提供了宽松的政治和政策环境。

2. 家户制观念的“复苏”

在新中国成立初期，一方面由于在全国范围内土地改革的成功，广大中农、贫农和雇农摆脱了地主阶层的剥削，拥有了自己的可耕种的土地；另一方面，在“早日实现共产主义”这一宏伟目标的感召下，农户接受了人民公社制度，并对其投入了极大的热情和希望。但是，经过一段时间的实践后，与人们原来的预期相反，几年的历史事实证明：集体经济是一个低效益的经济。② 它的体制背离了农业生物学特性，使农民疏远土地，无从建立起持久不衰的劳动兴趣和责任感，从而影响他们的生产积极性；而在历史上的家户制传统下，家户是将“土地”视为“命根子”，投入毕生的心血和汗水来“精耕细作”的。同时，政社合一、公民皆社员的人民公社，农户没有配置生产资料的权力，又不允许自由进出，堵塞了社员自求谋生的道路，限制了农户发展经济的自由；而在历史上的家户制传统下，个体家户历来都是拥有从事多种经营、配置自有资源的自由。以上这些不禁使广大农户对集体经济的优越性产生了怀疑。加之，国家选择优先发展重工业的赶超战略，还需要依靠农业提供原始积累，削弱了农业扩大再生产的能力，而简单再生产仅能勉强维持社员基本生存需要；再加之和

---

① 杜润生：《杜润生自述：中国农村体制变革重大决策纪实》，人民出版社 2005 年版，第 100 页。

② 同上书，第 98 页。

平时期，人口快速增长，据统计，到1971年，城市职工突破5000万，全国贫困地区扩大到2.5亿人口，粮食市场供应日趋紧张。因此，在农村集体经济时期，广大农户的生活水平不仅没有得到很好的改善，反而越发趋于贫困，这不禁加重了农户对集体经济优越性的怀疑。

历史制度主义认为，由于制度变迁中的路径依赖，使得制度产生了某种“黏性”，即使在制度发生断裂的时期，制度中的某些因子依然存在，并对后续的制度变迁产生一定的影响或规制作用。正如著名的历史制度主义者巴林顿·摩尔所说：“在两大文明形态起承转合的历史关键节点上，分崩离析的传统社会所遗留下来的大量阶级因子，会对未来历史的造型发生强烈影响。”[①] 家户制在中国乡村社会几千年的历史发展中，不仅由于变迁中长期的路径依赖，塑造出了一种极其“黏糊”的范型，并通过不断的凝聚化合，最终形成了中国乡村社会的一种制度传统，而且还通过情感塑造、精神依恋、群体仪式等形式，将其内化为人们的一种心智模式或者说是一种信仰，并深植于人们的意识之中。新中国建立之初，国家基于党内和国民广泛的共同信仰以及统一的中央权威，在农村实行以人民公社制度为基础的集体经济，从而使得家户制的变迁出现断裂，但是，家户制传统中的某些因子并没有被完全丢失，只是暂时被人民公社制度给掩盖起来，依然留存在广大农户的头脑中，只要条件许可，它会重新被“唤醒”，并对农村的改革产生一定的影响。

农民从来不会缺乏创新精神，因为他们是名副其实的实践者。随着农户对集体经济优越性的怀疑日趋加重，在“文化大革命”结束的最初到改革开放前的这段“政策放宽”的时间段里，广大农户在解放思想、制度创新的宽松政策环境中，迫于改善生计，在农业实践中开始了制度创新的艰难探索和实验，而根深蒂固于其意识中的家户制传统开始逐渐“复苏”，并指导他们进行实践探索。这一创举首先从安徽凤阳小岗村拉开帷幕。其实，在小岗村“大包干”创举之前，还有过两次标志性的探索，第一次是1956年浙江省永嘉县出现的“包产到户”，第二次是1961年曾希圣在安徽的“责任田”试点。但由于当时正值人民公社发展的关键时期，在人民公社制度严格的控制之下，并没有取得实质性的成功。而小岗

---

① ［美］巴林顿·摩尔：《民主和专制的社会起源——现代世界诞生时的贵族与农民》，拓夫、张东东译，华夏出版社1987年版，第2页。

村的实践探索是在“政策放宽”的时期，在解放思想、创新制度的大环境中拉开帷幕的。

20 世纪 70 年代，安徽省滁县地委为了贯彻中央关于放宽农村政策的一系列新规定，纠正“文革”中“左”的错误，在农村着重推行了“一组四定，分组作业，实行小段包工”等办法，并于 1977 年春组织 300 多名干部深入到 400 多个生产队开展实地调查，并写出了 130 多篇调查报告。1977 年 6 月，万里担任安徽省委第一书记，滁县将这 130 多篇调查报告综合成一份报告正式上报给了省委。万里看到滁县地委的报告后，当即批示：“滁县地委组织力量深入群众，对农村经济政策认真进行调查研究，这是个好的开端，这个问题，很值得引起各地重视。报告所提意见，可供各地参考。”① 随即，省委书记顾卓新从这 100 多篇调查报告中挑选了几十篇印成小册子，发给全省各地供其参考。1978 年，安徽省遭受历史上罕见的特大旱灾，各地纷纷开展生产自救。滁县在安徽省委的支持下，在全县选择试点，突破“三级所有，队为基础”的限制，开展“双包到组”的试验，并取得了很好的效果，得到老百姓的广泛拥护。当时曾有群众这样表达他们对改革试验的拥护：“大包干，大包干，既省事，又简单；干部满意，社员喜欢。”直到 1979 年 3 月底，滁县地区实行包产到组、大包干到组的生产队已占 68.3%。虽然这一尝试在当时引起了不小的争论，但在解放思想、实事求是的宽松氛围以及安徽省委的大力支持下，这一试验得以继续。

随着双包到组的发展，在安徽一些地方也出现了一部分生产队暗中搞起了包产到户，这其中就包括凤阳县小岗生产队暗中搞起的“大包干到户”。1979 年小岗生产队实践的结果是，粮食产量达到 6.5 万多公斤，比 1978 年增长 6 倍，18 户农民有 12 户超过万斤粮；油料产量超过合作化以来 20 年的总和；社员收入比上年增长 6 倍。从 1957 年起 23 年来，第一次向国家交售粮食和油料任务，分别超额 6 倍和 80 倍。② 凤阳小岗村试验的成功，不仅让农户再次看到了新的希望，也得到了滁县地委乃至安徽省委的认可。当时滁县地委批准他们继续试验，再干三年。在 1980 年年初安徽省委召开的全省农村工作会议上，滁县地委作了《顺应民心，积极引

① 王郁昭：《中国改革从农村突破：包产到户及其引申》，《改革》2008 年第 8 期。

② 同上。

导》的发言，并要求给大包干报个“户口”，承认它也是社会主义的一种生产责任制形式。1月11日，万里在会议总结时指出，“包产到户不是我们提出来的，问题是已经有了，孩子已经生下来了，他妈妈挺高兴。”[①]由此，大包干责任制终于在安徽省报上了“户口”，而家户制传统也在上述一系列的农村试验中悄悄“复苏”，并进而指导着农户的实践创新。

3. 家庭承包制的确立

正当安徽各地如火如荼地进行农村改革实践探索之时，中央领导层也在进行着农村改革前的政策酝酿和讨论。1979年年初，根据十一届三中全会的决议，国家农业委员会成立。农委作为国务院指导农业建设的职能机构，同时兼理党中央委托的农村工作任务，并指导各省、市、自治区农业委员会和中央相关部门的工作。1979年3月，刚成立不久的国家农委随即召开了七省三县的农村工作座谈会，这是一次专门讨论农村生产责任制问题的会议。而对于生产责任制的讨论，又主要集中在两个问题上：对“包产到组”实行什么制度安排？对“包产到户”究竟应采取什么态度？[②]在这次会议上，包括安徽在内的各地代表反映并介绍了各地所开展的包产到户的情况。经过争论，大会最后在“会议纪要”中提出：现在存在的包括“常年包工包产到组”在内的几种办法，“只要群众拥护，都可以试行”。这样就确定了对包产到组的共识。而对于包产到户，却还没有定论。会后，经过多方的讨论和协商，最终作为当时党和国家最高领导人的华国锋同意“深山、偏僻地区的孤门独户，实行包产到户，也应当许可”。[③] 1979年4月，中央批转了这个会议《纪要》，这是中央文件里第一次提出在一些特殊地区应当允许包产到户，并把它写入三中全会提出、经四中全会审定的中央关于加快农业发展的若干问题的决定中，从而为农村政策的进一步转变奠定了基础。

1980年1月，国家农委召开了人民公社经营管理会议，这是继七省三县座谈会后的又一次重要会议。在这次会后，会议向中央政治局汇报情况的会议上，邓小平最后讲了话，他说：对于“包产到户”这样的大问

---

① 王郁昭：《中国改革从农村突破：包产到户及其引申》，《改革》2008年第8期。

② 杜润生：《杜润生自述：中国农村体制变革重大决策纪实》，人民出版社2005年版，第104页。

③ 同上。

题，事先没有通气，思想毫无准备，不好回答。他讲了一个大决策：就是本世纪末实现温饱，下世纪初实现小康，分两步走，要确定目标。他说："这是个战略思想，定出这个目标是不容易的。我们要按照一千美元这个目标，考虑我国经济发展的速度，考虑农村经济的发展。现在不定出规划，不确定目标，四个现代化是没有希望的。"① 邓小平的这次讲话为今后中国农村的发展提出了一个战略性的方向和目标。随后，自 1982 年起，中共中央连续 5 年每年都发一个有关农业和农村问题的中央一号文件（如图 5－2 所示），在一次次的中央一号文件中，逐渐明确了双包到户是社会主义性质的一种生产责任制，为包产到户的实施进一步奠定了坚实的基础。这五个一号文件的主题分别为：1982 年，正式承认包产到户合法性，农业生产超常规发展；1983 年，放活农村工商业；1984 年，疏通流通渠道，以竞争促发展；1985 年，调整产业结构，取消统购统销；1986 年，增加农业投入，调整工农城乡关系。

1982 年包产到户合法性的确立犹如一股浩荡的春风，迅猛地吹遍祖国大地。据相关数据统计，到 1983 年，在全国范围内实行大包干到户的生产队达到了 95% 以上。② 而在实行大包干的具体形态中，家庭联产承包责任制成为中国农村生产责任制的主要形式。到 1991 年，党的十三届八中全会正式通过了《中共中央进一步加强农业和农村工作的决定》，在这个《决议》中，高度评价了家庭承包制，强调"作为中国农村集体经济组织一项基本制度长期稳定下来，并不断充实完善。"1993 年 3 月，全国人大正式通过决议，把家庭承包制③正式载入宪法。这就标志着家庭承包制正式成为了我国社会主义农村中的一项基本制度，同时也就意味着，家户制传统在经历了短暂的断裂期后，再次复归中国农村社会，成为农村社会中的基本制度之一。而与农村家庭承包制度相结合的农民承包经营周期也经历了由最初的"15 年不变"到"30 年不变"再到"长久不变"的提出。改革开放后，在农村经营制度改革拉开序幕后，为了给农民以稳定的心理预期，1984 年的中央一号文件（即《中共中央关于一九八

① 杜润生：《杜润生自述：中国农村体制变革重大决策纪实》，人民出版社 2005 年版，第 108 页。

② 王郁昭：《中国改革从农村突破：包产到户及其引申》，《改革》2008 年第 8 期。

③ 注：在这个过程中，"联产承包责任制"变成"家庭联产承包责任制"，后又变成"家庭承包制"。

图5-2　1982—1986年中央连续发布的五个“一号文件”

四年农村工作的通知》）明确规定：“土地承包制一般应在15年以上。在延长承包期以前群众有调整土地要求的，可以本着‘大稳定、小调整’的原则，经过充分商量后，由集体统一调整”。这是第一次以中央文件的形式规定了农村土地承包的承包期。由于各地实行土地承包的时间不同，20世纪90年代中期以后，许多地区15年承包期已经到期或即将到期，那么，土地承包期到期以后怎么办？在这样的背景下，1993年11月中央公布了《关于当前农业和农村经济发展若干政策措施》，在该文件中，对土地承包期已经或者即将到期的情况，作了明确的说明，文件要求：“为了稳定土地承包关系，鼓励农民增加投入，提高土地的生产率，在原定的承包期到期后，再延长30年不变”。到了2008年10月12日，党的十七届三中全会通过了《中共中央关于推进农村改革发展若干重大问题的决定》，在该《决定》的第三部分中，对农村土地承包周期的问题作了这样的表述：“赋予农民更加充分而有保障的土地承包经营权，现有土地承包关系要保持稳定并长久不变”。“长久不变”的政策指向十分明确，就是要更好地稳定农民对土地经营的预期，给农民吃长效“定心丸”。而农村土地承包经营权周期的这一变化进一步巩固和强化了家庭承包经营制以及中国的农村家户制度。

（二）家户制复兴中乡村治理的再次转型

随着家庭承包制在乡村的正式确立，家户制传统复归乡村社会，个体家户也再次成为乡村社会的基本单元，与此相应的，乡村治理也再次发生转型。只不过由于家庭承包制是农户自发突破人民公社体制，在实践中探索出来的新制度，所以，乡村治理这次的转型也自然是由家户来推动的。

1. 乡村失序中自治的发轫[①]

由于在人民公社时期，乡村治理是一种以基层党组织为核心的自上而下的管理体制，而家庭承包制是由农户自下而上推动，然后由中央予以确认的。因此，当公社被家庭承包制从内核解构之后，中央仍视承包为公社体制内部的改革，并没有从农村管理制度创新上给予及时指导和规划。在人民公社解体这一体制性的大变革中，尽管人民公社体制中的“生产大队”与“生产小队”相应地转变成为“村”与“组”，但它们原先拥有的众多管理与组织职能因生产经营方式的调整而逐渐流失。这使原本处于严密控制下的乡村因重大的体制性转型而出现了某种不适、无序和紊乱。比如在缺乏相应管理制度的情况下，承包引起将集体财产拆光分光的过激行为如同脱缰的野马失去了控制；农村基层组织瘫痪，公共事业无人问津；农户对一些干部利用承包乘机捞取利益、多占宅基地、以权谋私等问题十分愤恨，干群关系紧张，社会治安恶化等。面对这样的局面，分田到户后，获得了自由的农民迫切需要一个安定的社会秩序，当原有体制难以满足时，农民只得自己来创造自己的幸福生活，于是，农民再次发挥了他们天才的创造性，在失序的乡村秩序中探索出了一种新的治理模式——村民委员会。

根据徐勇教授的研究，中国第一个村民委员会的发源地在广西宜州市合寨村。[②] 1980 年，广西合寨村下的诸多自然村落召开全村大会，自发组建了一种全新的组织——村民委员会，以取代日益瓦解的生产大队。村民委员会最初功能是协助乡政府维护社会治安和兴建集体水利设施，后来逐步扩大为村民对农村基层社会、政治、经济、文化生活中诸多事务的自我

---

① 刘娅：《解体与重构——现代化进程中的“国家—乡村社会”》，中国社会科学出版社 2004 年版，第 76 页。

② 徐勇：《乡村治理与中国政治》，中国社会科学出版社 2003 年版，第 3 页。

管理，由此，村委会群众性自治组织的性质也逐渐明显起来。此后不久，在四川、山东等其他一些乡村也陆续出现了类似村民委员会性质的组织。

2. 村民自治的确立与推进

尊重实践，尊重人民群众在实践中的创造，这是共产党成为人民利益代表的源泉所在；善于总结实践经验，积极支持和引导人民的创造，这是党作为领导力量的根基所在。广西合寨村等地的农民在实践中所创造出来的自治模式为正在寻求解决农村管理失序问题的各级党委和政府找到了开启的钥匙，地方政府和中央权力部门在经过深入调研之后，对这一模式给予了充分肯定和高度评价，并将这一模式上升到法律的高度，正式确定为人民公社解体后农村管理体制的创新在全国农村推广。1982 年年底，五届全国人大第五次会议中总结了各地农村的实践经验，在宪法中确认了村民委员会的法律地位，规定村民委员会是我国农村基层社会的群众自治组织，主任、副主任和委员由村民选举产生。随后不久，全国各地根据新宪法的要求，进行了政社分开和建立村委会的试点。1983 年，中共中央、国务院联合发出《关于实行政社分开建立乡政府的通知》，对建立村委会的工作提出了具体要求。1983—1985 年，全国农村普遍完成了废除人民公社体制，建立乡政府、村委会工作。1987 年 11 月 24 日，第六届全国人民代表大会常务委员会第二十三次会议通过了《中华人民共和国村民委员会组织法（试行）》（以下简称《村组法（试行）》），并规定自 1988 年 6 月 1 日起试行。《村组法（试行）》对村民委员会的性质、地位、职责、产生、组织机构与工作方式，对村民会议的权力和组织形式作了规定，从而使村民自治作为一种新型的群众自治制度和直接民主制度在法律上初步确立起来。

随后，在村民自治产生和探索了五年以及对《村组法（试行）》经历了十余年的试行后，1998 年 11 月 4 日，第九届全国人大常委会第五次会议审议并正式通过了新的《中华人民共和国村民委员会组织法》。该法共 30 条，不仅对此前村民自治的成果加以确认，更从制度程序上作出了许多新的规定。村民自治制度的确立，不仅是民主政治建设在农村的一大进步，而且标志着农村治理模式的创造性转换。国家的基层政权定位于乡镇，在乡以下实行村民自治，由群众自己处理与自己有关的事务，由此形成“乡政村治”[①] 的格局。

3. “乡政村治”的乡村治理

(1) 治理主体。首先，家户无疑仍然是乡村治理主体中的重要组成部分，并且依然构成乡村治理的基础，只不过“此家户”已非“彼家户”了。中华民国和中华人民共和国通过“政权下乡”“组织下乡”“政策下乡”彻底翻转了中国农村社会。20 世纪初的家庭承包制将集体化、公社化的农村一下子又变回到了小农经营时期。有人曾经戏言：“辛辛苦苦几十年，一夜回到解放前。”然而，人民公社解体后，在家庭责任制的形塑下出现的个体家户，与传统村社社会中的个体家户相比较，已经发生了很大的变化。针对这种变化，徐勇教授和邓大才教授提出了“社会化小农”的概念。徐勇教授认为，当今小农受货币支出压力约束，以货币收入最大化为行为伦理，“支”“收”“往”都源于“社会”，农民的生产、生活、交往都被卷入“社会化”大分工网络，属于社会化小农。[②] 对于货币与社会化的关系，邓大才教授说得更为直接，认为社会化就是货币支出的代名词。家庭生产、生活、交往的每一个环节、每一个步骤都需要以现金购买服务和商品。社会化需要货币媒介和货币支撑，而货币支出是家庭社会化的交易成本。因此，他得出的结论是，此阶段小农已经由生存伦理转向货币伦理，“货币伦理”是此阶段的基本行为准则。一切行为与动机都围绕货币而展开。[③] 在这里，与其说是“小农社会化”，倒不如说是“家户社会化”。几经波折之后，在人民公社解体后，由家庭承包制形塑出来的家户也已经社会化了，具体表现在：第一，家户的生产动机由生存转为理性。传统家户，从事农业生产的主要动机是维持一家人的生存；而社会化的家户，由于拥有比较稳定的承包地，而且生产力水平也有了很大的提高，生存已不成问题，货币压力成为了家户的经济约束，货币收入最大化成了家户从事生产的动机。第二，家户受到的约束减少。传统的家户虽然具有一定的独立自主性，但它要受儒家的意识形态约束和宗族权威的约束；而社会化的家户，由于儒家意识形态以及宗族权威等这些因素在乡村

① 徐勇：《从村治到乡政：乡村管理的第二次制度创新》，《山东科技大学学报》（社会科学版）2002 年第 4 期。

② 徐勇、邓大才：《社会化小农：再认识农户的一种视角》，《农业经济导刊》2006 年第 11 期。

③ 邓大才：《社会化小农：动机与行为》，《华中师范大学学报》2006 年第 3 期。

社会的现代化变迁中已逐渐褪去，因而不再受这些约束，而且，随着村民自治制度的确立，个体家户小农还拥有了选举权与被选举权等政治权利。第三，家户变得更为独立。传统家户由于受到生产力发展水平不高、生产资源占有量有限等因素的制约，不得不依附于家族、地主，“人身依附关系构成了该社会的基础”①；而社会化的家户，在生产力水平不断提高、生存资源占有量不断丰富的条件下，独立性、自主性增强，改革开放后，随着家户逐步走向市场、社会，减少了对家族、村庄的依赖、依附，增强了对市场和社会的依赖。

其次，乡镇党委和政府。乡镇党委是党在乡镇一级的基层组织，是地方党委与基层党组织的结合点，领导本地区的工作，对村级组织建设负有直接领导责任。《中国共产党农村基层组织工作条例》第6条规定，乡镇党委要加强以村党支部为核心的村级组织建设。在《村组法》中也明确规定了乡镇党委要发挥领导核心作用，依照宪法和法律，支持和保障村民开展自治活动、直接行使民主权利。从以上两项规定可以看出，乡镇党委与以党支部为核心的村级各种组织是一种领导与被领导的关系。当然，乡镇党委主要还是对村党支部的领导，而对村民委员会的领导，更多的还是借助于村党支部，发挥指向、支持和保障方面的指导。但在现实操作中，也还存在一些乡镇党委习惯将村委会视为自己的下属单位，进行过度干预的现象。在“乡政村治”的体制下，乡镇是国家权力在农村的基层和末梢，以乡镇政府为载体的“乡政”权力运行是国家权力和乡村权力互为渗透、互为影响的连接点，因而，也是乡村治理中的重要主体。

再次，村民委员会。农村村民委员会是在人民公社解体后，政社分开、国家与社会分离的过程中，农民获得了生产经营自主权，形成一定的自主性社会空间，并在这一空间里建立起的社会自治制度。如果说家庭承包制使家户成为农村经济生活的主体，那么，以村民委员会为载体的村民自治则使家户成为农村政治生活中的主体。村委会由村民通过一人一票的民主选举投票产生，对村民负责，其职责是代表广大村民管理村庄公共事务，为村民服务和谋福利，并接受村民的监督。但同时，它也必须接受乡镇政府的指导，乡镇政府借助村委会来贯彻国家政策和完成国家任务。因此，村委会实际上扮演着乡镇政府的“代理人”和村庄“当家人”的双

---

① ［德］马克思：《资本论》第1卷，人民出版社1972年版，第542页。

重角色。也正因如此，当乡镇行政权力扩张和向村庄延伸的时候，往往会削弱村委会自治的权力，损害乡村的草根民主。面对这样的问题，自20世纪80年代实施村民自治以来，乡政也在不断的改革，其基本思路是转变职能，精简机构，理顺关系，扩大民主。随着乡政改革的深入推进，"乡政村治"的治理模式逐渐向"县政、乡派、村治"[①]的治理模式转换，而自农业税取消以后，乡政府又在逐渐从单一的行政管理职能向围绕为农民和农村生产生活、农村发展提供有效的资源和服务的职能转变，乡政府的角色也在逐渐由管理者向服务者转变。

最后，村党支部。村党支部是党在农村的基层组织，既是联接乡村和上级党委的桥梁和枢纽，也是乡村治理中的领导力量。2015年的中央一号文件再次明确提出，要认真贯彻落实党要管党、从严治党的要求，加强以党组织为核心的农村基层组织建设，充分发挥农村基层党组织的战斗堡垒作用，深入整顿软弱涣散的基层党组织，不断夯实党在农村基层执政的组织基础；创新和完善农村基层党组织设置，扩大组织覆盖和工作覆盖；加强乡村两级党组织班子建设，进一步选好管好用好带头人。由此可见，村党支部也是乡村治理的重要主体之一，并且处于乡村治理的领导地位。

另外，村庄精英也在乡村治理的过程中发挥着一定的影响力。虽然，随着传统乡村社会向现代乡村社会的逐渐转变，传统乡村精英逐渐退出了乡村治理的历史舞台，但在乡村社会转型的过程中，也逐渐兴起了一批新兴的、现代型的乡村精英，比如：党员身份、退役军人、种养大户、私营企业主以及返乡创业的大学生等，他们往往以某种特定的身份，以自己的人品、名望、财力、知识等，为乡村的公共事务、公益事业作出自己的贡献，引领乡村的经济建设和社会发展，并对乡村治理产生一定的影响。

（2）治理结构。如前所述，在传统乡村社会里，乡村治理的结构主要是以传统个体家户为中心，以地缘和血缘亲情为纽带，具有弹性的横向的"差序格局"中的"差"所形成的家户间的横向联接机制，构成了乡村治理中横向的基础性关系网络，而以自治性的个体家户为基础，自下而上形成的具有刚性的、等级化的、纵向的"差序格局"中的"序"，构成了乡村治理纵向上的家族权力支配网络，而支撑起乡村治理网络中主导性权力支配网络，也即家族权力支配网络背后的治理秩序，就是基于血缘关

① 徐勇：《县政、乡派、村治：乡村治理的结构性转换》，《江苏社会科学》2002年第2期。

系基础上所形成的“礼治秩序”。在人民公社时期，由于“政社合一”，实行基层党组织的“一元化领导”，所以治理结构较为简单，主要是以个体社员为基础，党组织处于垂直官僚体系的核心位置，形成“三级所有、队为基础”的自上而下的权力支配网络，而治理的秩序主要依赖政治上的阶级秩序和行政上的官僚秩序。而在村民自治时期，首先，治理的基础发生了改变，传统家户已经变成了“社会化的家户”，家户的独立性、自主性以及权利意识更强。其次，横向联接机制发生了改变。由于乡村社会的开放性越来越强，农户的流动性越来越大，使得传统乡村的“熟人社会”逐渐变成了“半熟人社会”；同时，随着农村市场的逐渐兴起，家户的社会化，家户间的交往也不再仅仅依靠基于血缘亲情建立起来的信任机制，同时也依靠市场经济中的契约机制。所以，社会化的家户间的横向联接机制是一种基于血缘亲情建立起的信任机制和基于市场交易建立起的契约机制的一种混合的联接机制。最后，纵向上的权力支配网络也发生了改变。与传统乡村社会中自上而下的家族权威支配网络以及人民公社时期自上而下的行政权威支配网络不同，村民自治时期，纵向上的权力支配网络主要是来自自下而上的草根民主，而支撑起这一权力支配网络背后的治理秩序就是民主法治。农民通过民主的程序，采用投票的方式，选举产生村民委员会，村民委员会代表村民的利益行使治理乡村社会的权力，并接受村民的监督，而保证这一民主程序得以实现的背后的逻辑就是法治，所以，这一时期乡村治理背后的逻辑秩序就是民主法治秩序。由此，在社会化的家户基础上，以家户、乡镇党委和政府、村民委员会、村党支部以及村庄现代精英等为治理主体，以由血缘和契约混合构成的家户间的横向联接机制为治理的基础性关系网络，以由民主法治秩序支撑起的自下而上的草根民主为主轴的纵向的权力支配网络，共同构成了这一时期乡村社会的治理结构。具体如图 5 - 3 所示。

（3）治理绩效。自 20 世纪 80 年代村民自治制度实施以来，以“乡政村治”为基础的乡村治理模式也表现出了特有的治理绩效。首先，乡村经济得到快速发展，农民收入显著提高。据相关数据统计①，农林牧渔业总产值从 1990 年的 7662. 1 亿元增加到 2011 年的 81303. 9 亿元；农林牧

① 国家统计局农村社会经济调查司：《中国农村统计年鉴 2012》，中国统计出版社 2012 年版，第 13 页。

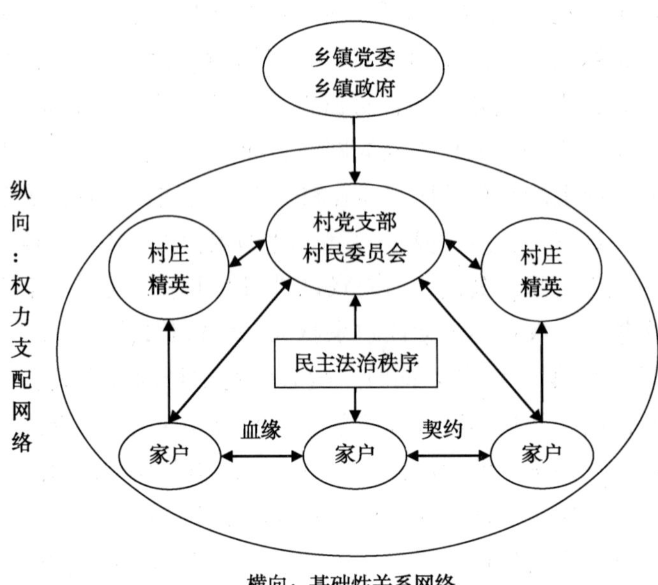

图 5－3　村民自治时期的乡村治理结构

渔业增加值从 1990 年的 5062.0 亿元增加到 2011 年的 47486.1 亿元；主要农产品的产量也显著增加，其中，粮食产量由 1990 年的 44624 万吨增加到 2011 年的 57120.8 万吨，棉花产量由 1990 年的 450.8 万吨增加到 2011 年的 658.9 万吨，油料产量从 1990 年的 1613.2 万吨增加到 2011 年的 3306.8 万吨。与此同时，农民的收入也得到了显著的提高，据统计，从 1978 年到 2011 年，农村居民家庭人均纯收入从 133.6 元增加到 6977.29 元，增长约 52.2 倍（具体如图 5－4 所示）。其次，乡村秩序总体稳定，但矛盾层出不穷。自农村实施村民自治以来，乡村治理秩序总体稳定，但由于农村社会的持续开放，内部的一些矛盾依然层出不穷：第一，由于家户的社会化，家户的利益诉求日趋多元化，再加之家户间的联接机制已不再单纯依赖基于血缘亲情基础上的信任关系，还依靠市场经济交易中的契约关系，但由于农村的市场机制并不成熟，因此，家户间因利益的纠葛冲突不断。第二，在“乡政村治”的治理模式下，由于乡政府的行政权力的扩张，压制了村民自治的权力，导致家户借助“弱者的武器”和“隐蔽的文本”对抗行政权力，干群关系变得紧张，有时在忍无可忍的情况下，也会借助“强者的武器”，因此，群体性事件和村民上访时有发生。第三，由于农村社会日趋开放，流动性增强，农村出现了三大

"留守群体"——即留守妇女、留守儿童以及留守老人，针对留守群体的治安事件常有发生，农村的社会治安问题变得较为严峻。

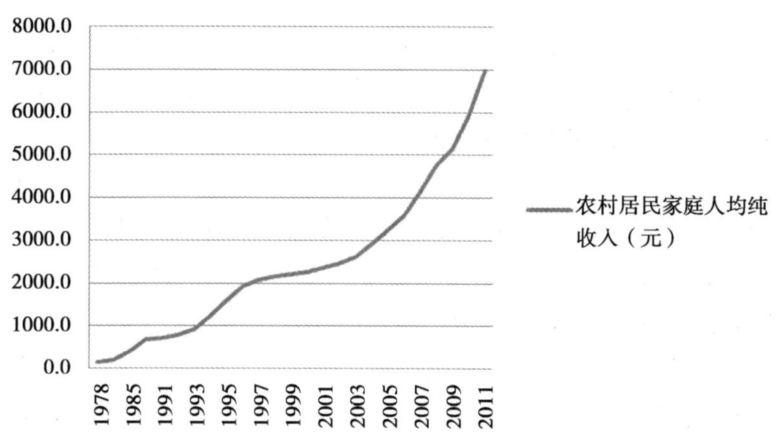

图 5－4 1978—2011 年农村居民家庭人均纯收入增长

资料来源：2012 年《中国统计年鉴》表 10－2 数据整理。

三 村社制变迁中的乡村治理转型

（一）殖民统治下村社的瓦解与乡村治理

马克思曾指出，印度是一个建立在社会成员相互排斥所造成的均势上的注定被征服的社会，他在《不列颠在印度统治的未来结果》一文中说道：

"大莫卧儿的无限权力被他的总督们打倒，总督们的权力被马拉提人打倒，马拉提人的权力被阿富汗人打倒；而在大家这样混战的时候，不列颠人闯了进来，把所有的人都征服了。既然在一个国家里，不仅存在着穆斯林和印度教徒的对立，而且存在着部落与部落、种姓与种姓的对立；既然一个社会完全建立在它的所有成员普遍的互相排斥和与生俱来的互相隔离所造成的均势上面——这样的一个国家，这样的一个社会，难道不是注定要做侵略者的战利品吗？即使我们对印度斯坦过去的历史一点都不知道，难道这样的一个巨大的不容争辩的事实，即英国甚至现在仍然用印度出钱豢养的印度人军队来奴役印度这个事实，还不够说明问题吗？所以，印度本来就逃不掉被征服的命运，而且它的全部历史，如果要算做它的历史的话，就是一次又一次被征服的历史。”①

正如马克思所说，由于印度是由一个个独立自治的、自给自足的村社组成的社会，加之其多元化的宗教及多层次的种姓集团，使得印度长期处于分崩离析的状态，这也使得印度一直不断地遭受外族的侵略。印度是世界四大文明古国之一，公元前2000年前后创造了灿烂的印度河文明。约在公元前14世纪，原居住在中亚的雅利安人中的一支进入南亚次大陆，并征服了当地土著。约公元前1000年，开始形成以人种和社会分工不同为基础的种姓制度。公元前4世纪崛起的孔雀王朝开始统一印度次大陆，公元前3世纪阿育王统治时期疆域广阔，政权强大，佛教兴盛并开始向外传播。中世纪小国林立，印度教兴起。自11世纪起，来自西北方向的穆斯林民族不断入侵并长期统治印度。1526年建立莫卧儿帝国，成为当时的世界强国之一。近代后，印度开始不断遭遇西方国家的入侵，最早的是葡萄牙，随后是荷兰、法国和英国。1600年英国入侵，建立东印度公司。自1757年，印度和英国之间爆发了普拉西大战，印度因战败而逐步沦为英国的殖民地，印度从此开始进入英国的殖民统治时期。

在英国的殖民统治下，随着印度村社的根基被逐渐摧毁，使得印度的村社制度也逐渐走向衰落。其主要表现在以下三个方面：

第一，英国殖民者推行的“土地整理”② 破坏了印度传统村社的土地所有制结构。在英属印度时期，殖民者就通过“土地整理”的方式对印度传统村社内的土地制度进行了改变，当时的英国人主要基于这样的认识：首先，英国人根据西方农业发展的经验以及自己对印度农业问题的观点，认为发展印度农业的关键是打破村社的大家族共有制，将土地变成可以买卖、分割、抵押的商品，因而，他们将土地私有制从上到下移植到印度，打破了村社时期土地原始的公有制；其次，英国人认为，要想保证对印度的榨取，只有明晰了产权，土地所有者才有可能对土地加大投资，提

① 《马克思恩格斯文集》第2卷，人民出版社2009年版，第685页。

② 所谓英属印度的土地整理，是指英国直接统治地区的土地整理，不包括五百多个土邦。在英国统治时期，土邦还保持原有的土地制度。引自黄思骏《印度土地制度研究》，中国社会科学出版社1998年版，第189页。

高劳动积极性与主动性，扩大再生产，从而使他们能够及时足额地收到地租，因此，他们在印度推行土地私有制的同时，确立了一套土地税收制度。从1793年，英国人先后实行柴明达尔制（Zamindari System）、莱特瓦尔制（Ryotwari System）以及马哈瓦尔制（Mahalwari System）。但实际上，这种改革并没有达到英国人的预先设想。其主要原因，一方面是印度社会自身的历史文化造成的。柴明达尔原本就是收税人，负责向英国人交税的莱特瓦尔和马哈瓦尔是村社中的管理阶层，也即支配种姓，他们原本就是管理地方事务的准官员，种姓传统使他们视耕种为低贱，不愿自己经营所拥有的土地，而只满足于坐收地租。另一方面，英国人的地税改革带有强烈压榨的愿望。在英国人统治前，印度农民也要交税，英国人定的税额也不一定比前人高，但英国人统治前的统治者，由于缺乏有效的统治榨取机器以及互惠分配机制，往往征收不到足额的地税。而英国人的税收机制较为完善，如果没有交够地税，就强行拍卖所有者的土地。柴明达尔等包税者实际上要交上所收的10/11，留给自己的只有1/11。[①] 所以这种土地所有权同英国人统治前的封建时期没有区别，所谓的地主仍然是包税者，而不是资本主义农场主。对此，马克思一针见血地批判这种土地制度："柴明达尔制度和莱特瓦尔制度是英国人用命令实现的两个性质相反的土地革命。一个是贵族性质的，另一个是民主性质的，一个是对英国大地主占有制的拙劣的模仿，另一个是对法国的农民占有制的拙劣模仿。但是，这两种制度是贻害无穷的，都包含着极大的内在矛盾，都不是为了耕种土地的人民群众的利益，也不是为了占有土地的掌管人的利益，而是为了从土地上征税的政府的利益。"[②]因此，在英国人的殖民统治下进行的"土地整理"，不仅使印度农民普遍贫穷，而且摧毁了印度农村公社，普遍确立起了土地私有制。

第二，英国殖民者在印度推行的兼并制度破坏了印度传统村社内的继承关系。英国在印度的统治分为直接统治和间接统治两种形式。如果说上述推行的"土地整理"是在英国殖民者直接统治管辖的范围内展开的，

---

① 王红生：《论印度的民主》，社会科学文献出版社2011年版，第40页。

② ［德］马克思：《战争问题——议会动态——印度》，《马克思恩格斯全集》第9卷，人民出版社1973年版，第242页。引自王红生《论印度的民主》，社会科学文献出版社2011年版，第40页。

那么，英国在印度推行的兼并土著王公的领地则是在间接统治地区进行的。在英属印度时期，东印度公司在征服印度的过程中意识到，兼并所有的征服地区不利于统治，因此，英国殖民者在征服印度的过程中，也保留了一部分土邦王公，让他们在英国人的监督下继续统治。在传统的印度村社内，按照传统的继承关系，土邦王公死后的地产由其儿子继承，如果没有直接继承人，则由养子继承。这种继承与过继法原则构成了在土邦王公统治的印度村社中的基石，它不仅关乎王公和公国的继承问题，而且也关乎每一个握有土地所有权和宗教信仰者的利益。长期以来，东印度公司也默认这个继承和过继法原则。然而，1848 年，东印度公司的财政异常困难，以致殖民者开始不择手段地来增加收入，其中兼并土邦王公的领地便成为其中的一个方法。当时的东印度公司公布了一份报告，声称增加收入的唯一方法是靠兼并土邦王公的领地来扩大英国的领土。据相关统计，仅在 1848 年至 1854 年的 7 年间，就有十几个独立土邦王公的领地被强制并入不列颠帝国。[①] 马克思曾这样评价说："这个原则是通过强行消灭土著王公的权力，破坏继承关系和干涉人民的宗教来实现的。"[②] 也即这种方式破坏了印度传统村社中的继承关系，动摇了印度村社制度的根基。

第三，英国殖民统治时期推行的自由贸易和农业商品化破坏了印度传统村社内的劳动分工、阶层结构以及村社的自给自足。在印度传统村社内，依靠种姓制度形成的职业分工基础上，产生了手织业、手纺业和手耕农业相结合的特殊的自然经济，并进而形成了自给自足的村社共同体。然而，英国蒸汽机和自由贸易的侵入，打破了这种自给自足的生产方式。在英国殖民者的统治下，大量机器的使用替代了被马克思称之为是印度社会结构枢纽的手纺车和手织机，而英国大量工业品的输入又进一步摧毁了印度的手工业。正如马克思所说："不列颠侵略者打碎了印度的手织机，毁掉了它的手纺车。英国起先是把印度的棉织品挤出了欧洲市场，然后是向印度斯坦输入棉纱，最后就使这个棉织品的祖国充满了英国的棉织品。从 1818 年到 1836 年，大不列颠向印度输出的棉纱增长的比例是 1∶5200。在 1824 年，输入印度的英国细棉布不过 100 万码，而到 1837 年就超过了

① 俞良早、徐芹：《经典作家东方落后国家社会发展的重要著作和基本理论》，人民出版社 2015 年版，第 197 页。

② 《马克思恩格斯全集》第 16 卷，人民出版社 2007 年版，第 207 页。

6400 万码。但是在同一时期内，达卡的人口却从 15 万人减少到 2 万人。然而，曾以制造业闻名于世的印度城市遭到这样的衰落绝不是英国统治的最坏的结果。不列颠的蒸汽和不列颠的科学在印度斯坦全境把农业和手工业的结合彻底摧毁了。”① 由此，印度传统村社的经济基础被彻底摧毁了，一个个“小小的半野蛮办文明”村社也随之遭到了破坏。

随着印度村社在英国殖民统治下逐渐走向衰落直至瓦解，与之相配套的传统村社中的潘查亚特制度也随之遭到彻底破坏。在潘查亚特制度被破坏后，英国人起初没有明确规定农村地区的地方行政制度。他们或借用现存制度，或者遇到需要临时想其他办法。但是随着历史的发展，英国殖民当局认识到，要管理好农村的共同事务，需要有统一的行政管理体制。1882 年 5 月，里彭（1880—1884 年的印度总督）决议是建立农村地方管理制度的一个重要里程碑。这个决议有两个要点：“1. 大区（不是县）应作为一个委员会或地方委员会负责的最大范围，底下的基层委员会负责很小的范围，这样它的每个委员对它的事务都可有所了解并感兴趣。2. 地方委员会应由大多数人选举出来的非官方人员构成，并由非官方的主席主持”。② 但是，里彭的决议并没有很好地被贯彻，大多数省邦县仍为地方委员会的管辖范围。从那以后，英印政府为了维持和稳定它对农村地区的政治控制，逐渐采取各种措施重组村潘查亚特。1909 年，它指定了一个“分散权力”的特别委员会。这个委员会强调，为了处理当地事务，需要恢复村潘查亚特的元气③。随后，为了在村里创立潘查亚特机构，在不同的省邦里通过了各种立法条例。这些法令大体上规定了关于村潘查亚特机构的组成、职权、财政等方面的条款。它们作为官方批准的“乡村自治机构”，在印度历史上还是第一次。但英国统治时期的村潘查亚特不同于印度古代、中世纪的村潘查亚特，还不应称作乡村自治机构。这是因为从其机构的组成看，选举是受财产条件严格限制的，只有拥有特权的社会名流才能成为其成员。从职权看，虽然把一些管理的职能，如环境卫生、照明、娱乐、市场、土地分配、税收、维持治安等等委托给他们，但是他们

---

① 《马克思恩格斯全集》第 2 卷，人民出版社 2009 年版，第 681 页。

② ［印］R. C. 马琼达等：《高级印度史》，印度麦克米伦有限公司 1978 年版，第 851 页。引自黄思骏《印度农村潘查亚特制度的历史演变》，《南亚研究季刊》1990 年第 1 期。

③ ［印］A. R. 德赛主编：《印度农村社会学》，孟买大学出版社 1975 年第 5 版，第 580 页。

的权力被置于田赋部门（县管理局）的直接控制之下，没有税务兼地方行政长官（Collector）的许诺，不能越雷池一步，所以从本质上讲，它们是为英国殖民统治服务的农村基层政权，而不是乡村自治机构。

在争取印度民族独立的斗争中，印度民族解放运动的著名领导人甘地（Mahatma Gandhi）竭力主张乡村自治（Village Swaraj）。他强调乡村的重要性，认为乡村就是印度。他说："印度不是生活在她的少数大城市里，而是生活在70万个村庄里。"① 他把每个村庄设想成为一个小共和国，重要的东西不依赖于世人而独立，在其他许多方面，村庄之间可以相互依赖。村庄的行政管理由男女五人组成的潘查亚特负责。他们由最少条件限制的成年男女选举产生（每年选举一次）。它具有行政、立法、司法权。甘地并不排斥全国有一个强大的中心，但必须以村潘查亚特为基础。他设想村潘查亚特应该负责照管乡村卫生、教育、医药管理、消除社会经济的伤残以及诸如此类的事情。至于他的乡村经济计划，则要求在非暴力的自给自足的基础上平均分配财富，充分就业，耕者和政府之间没有中间人，为了自给自足而促进乡村工业的发展。实现它的手段是实行财产托管制度和发展合作制度。他反对广泛使用机器，反对城市化和工业化，因为它们导致了乡村的贫困化和国家的大规模失业。由此可见，甘地的乡村自治思想是一种"复兴以手纺车作为农村经济基础的自给自足的农村公社思想"。这种思想当然是不足取的，也是行不通的。但他强调农村在整个国民经济中的重要作用，认为"如果乡村得到改善，整个国家也将受益"的思想至今还闪烁着光芒。它直接影响着独立以后印度共和国的宪法中要不要规定建立村潘查亚特、实行乡村自治的问题。不过独立以后的印度，村潘查亚特同甘地的设想有着本质的区别。

（二）独立后潘查亚特的重建与乡村治理转型

1. 潘查亚特制度的重建

印度独立以后，在制定印度共和国宪法的过程中，对要不要建立村潘查亚特委员会（Panchayat Raj）、实行乡村自治，有着激烈的争论。以B. R. 安伯德卡尔（B. R. Ambedkar）为主席的宪法起草委员会，在起草宪法的过程中，并没有将建立村潘查亚特作为乡村自治单位列入有关邦的政

① 《印度乡村自治：基层的民主》，第83页。引自黄思骏《试论印度独立后农村的潘查亚特制度》，《南亚研究》1988年第4期。

策指导原则的条文。1948 年 11 月召开制宪会议，讨论宪法草案，制宪会议对此表示十分惊讶。受甘地思想影响的多数成员对安伯德卡尔提出了强烈的批评。安伯德卡尔则为自己辩护说，宪法草案的基础是“个人”，而不是“乡村”。他对乡村表示十分不满。他说：“这些乡村共和国已是印度的祸因……地方主义的污水坑，愚昧无知的巢穴……我对宪法草案已经放弃乡村而采取个人作为它的单位而感到高兴。”① 但是，在制宪会议多数人批评的压力下，安伯德卡尔最后接受了 K. 桑塔南的修改建议，将有关内容写入宪法第 40 条。宪法第 40 条这样规定：“邦将采取措施组织村潘查亚特，并给它们必要的权力和权威，使它们作为地方自治单位起作用”（宪法第 40 条原文：The State shall take steps to organize village panchayats and endow them with such powers and authority as may be necessary to enable them to function as units of self - government.）。同时，宪法第 246 条还规定：“保证地方自治的顺利实施是邦的职责。”② 在宪法的规定下，各邦先后制定了有关村潘查亚持的法令，并建立起了潘查亚特制度。据统计，截至 1956 年 3 月底，印度村潘查亚特的数量已经从 1950 年至 1951 年间的 83093 个上升到 123670 个；到 1958 年 3 月底，全印已建立了 164358 个村潘查亚特，覆盖的村庄数约占全国村庄数的 4/5；到了 1965 年，村潘查亚特的数量已达 219694 个，范围几乎覆盖到印度乡村的 99%。③

村潘查亚特制度实施的初期，由于法律对村潘查亚特组织的机构设置与人员构成、权限范围与任期的规定非常粗糙，弹性很大，因此，其实效性也非常微弱。因为多数邦政府不愿意放弃对农村的直接管治，不愿意下放更多实质性的权力给村潘查亚特组织，加上县、乡两级自治政府的存在，村潘查亚特的作用极为有限。1956 年，国大党政府农村发展部组织了一个以前古吉拉特首席部长 B. 梅塔（Balvantray Mehta）为主席的研究委员会（简称“梅塔委员会”），该委员会的职责是研究推行和完善村潘

① 《印度乡村自治：基层的民主》，第 69—70 页。引自黄思骏《试论印度独立后农村的潘查亚特制度》，《南亚研究》1988 年第 4 期。

② 《印度乡村自治：基层的民主》，第 135 页。引自黄思骏《试论印度独立后农村的潘查亚特制度》，《南亚研究》1988 年第 4 期。

③ A. R. Desai, *Rural Sociology in India*, Published by Harsha Bhatkal for Popular Prakashan Pvt. Ltd.,. 2013, p. 581.

查亚特制度，促进农村发展。翌年，梅塔委员会提交了一份研究报告。在梅塔委员会的研究报告中，提出了在印度全国范围内逐步实施潘查亚特制度的指导思想、基本原则、实施的时间表以及路线图。该报告指出，印度潘查亚特制度的实施必须遵循下述五项原则：第一，应当是一个从村到县的三级结构的地方自治体；第二，应是名副其实的拥有实际权力和责任的组织；第三，这些组织应有足够的财力以保证履行其责任；第四，这些组织有权制定和实施各种计划项目；第五，建立的潘查亚特制度应当更有利于权力和责任的分散。[①] 1958 年 1 月 12 日，梅塔委员会的报告很快被印度国家开发署批准，并受到各邦政府的支持与响应。1959 年 10 月，拉贾斯坦邦和安德拉邦先后按照梅塔委员会报告的框架进行了示范性实验，构建了县、乡、村三级潘查亚特组织，随后其他各邦也纷纷效仿。据阿索卡·梅塔委员会的报告，到 1970 年，印度全国已经建立了 228593 个村潘查亚特（占村的 38%）、4033 个潘查亚特萨米蒂（占区的 81%）、262 个齐拉帕里沙德（占县的 66%）。[②]

当然，在实际执行的过程中，各邦实施的潘查亚特体制并不完全一致，尽管潘查亚特三级体制的实施过程中出现了一些差异，但是共同的地方是一样的。具体来说，从组织结构和主要职责看，确立村潘查亚特（Gran Panchayats）作为一个或几个自然村（villages）的选举单元（elected bodies），与村潘查亚特对应的有村民代表大会（Gram Village Sabha），村潘查亚特的成员称潘奇（Panch），是通过村民大会由成年公民投票选举产生的，一般任期 3—5 年不等，人数 5—31 人。村潘查亚特实际上是村民大会的行政委员会，设主席一名，是村潘查亚特的主要负责人，被赋予许多行政管理方面的职能；在大多数邦里，村潘查亚特主席由其成员选举产生，但也有一些邦，如阿萨姆、泰米尔纳杜及北方邦，村潘查亚特主席及其成员通过村民大会由其成年公民直接选举产生。另外，村潘查亚特设秘书一人，其主要职责是保管、记录账目以及照料其他日常工作。秘书属于行政工作人员，由招聘产生，但地位不一样，有的属政府雇员，有的属村潘查亚特雇员；有的属全日制雇员，有的属半日制雇员。区潘查亚特一

① 尚会鹏：《种姓与印度教社会》，北京大学出版社 2001 年版，第 126—127 页。

② 《印度乡村自治：基层的民主》，第 55 页。引自黄思骏《试论印度独立后农村的潘查亚特制度》，《南亚研究》1988 年第 4 期。

般以发展区（block）为单位建立，称潘查亚特萨米蒂（Panchayat Samiti），它是由它所管辖地区的所有的村潘查亚特主席、属于这个地区的邦立法会议成员和邦议会的成员以及某些指派的成员组成。如果说潘查亚特萨米蒂是潘查亚特三级体制中作为计划和开发单位的关键性组织的话，那么，潘查亚特萨米蒂主席又是这一组织中的关键性人物，真正的权力在他手中；他不仅是潘查亚特萨米蒂的主席，而且是所有潘查亚特萨米蒂专题委员会的主席。关于潘查亚特萨米蒂的职责，根据 B. 梅塔委员会的建议，包括发展农业、改良牲畜、促进工业、福利工作、公共卫生以及小学的管理，等等。由于潘查亚特萨米蒂的成员很多，一个季度才碰一次头，所以它是通过专题委员会（或专题常务委员会）进行工作的。潘查亚特萨米蒂通常设 3—8 个专题委员会，各专题委员会的决议和决定同潘查亚特萨米蒂的决议和决定具有同样的法律效力。齐拉帕里沙德（Zila Parishad）作为县（district）一级的指导主体（advisory body），它由县里的所有潘查亚特萨米蒂主席、属于这个地区的邦立法会议成员、邦议会成员和县级官员组成，此外，还有邦政府指派的首席行政官员和县技术官员。与该委员会同级的是县政府，但二者的区别是：前者为地方自治组织，后者为政府一级组织；前者成员由下级组织选举产生，而后者成员则由政府委任。齐拉帕里沙德通常是潘查亚特三级体制的顾问协调机构，它有权检查和批准潘查亚特萨米蒂的预算；它的主要职责是协调和加强潘查亚特萨米蒂的计划、监督其活动，在潘查亚特萨米蒂中分配由邦政府分配给县的特别拨款。另外，齐拉帕里沙德可以向邦政府就有关村潘查亚特和潘查亚特萨米蒂的工作提出建议；齐拉帕里沙德主席能视察、指导潘查亚特萨米蒂，能向潘查亚特萨米蒂的工作提出建议，不过他对潘查亚特萨米蒂的指导、建议没有约束力。从潘查亚特三级体制的财政看，其财政来源大体有三：首先是邦政府的拨款（补助），其次是税收（以田赋为主），再次是非税收收入。由此可以看出，其财政严重依赖邦政府的拨款。从潘查亚特三级体制的相互关系及其同邦政府的关系看，在组织关系与职权上，大多数邦中间一级即潘查亚特萨米蒂是计划和开发单位，拥有行政权，它受齐拉帕里沙德的一般监督，但可以不受其约束，而村潘查亚特是潘查亚特萨米蒂的代理处，它受潘查亚特萨米蒂的领导和控制。在其与邦政府的关系上，原则上政府同各级潘查亚特之间是指导与被指导的关系，不是领导与被领导的关系，它们原则上只对其下级组织负责，而不对政府负责，但实际上，由于其财政体制严重依赖邦政府的拨款，故政府对各级潘查亚特的控制和干涉是很严重的。[①]

由上述可见，印度独立后实施的新潘查亚特制度，与传统村社中的潘查亚特制度有了明显的进步，故被许多学者和政论家将其誉为印度民主发展史上一个"非凡的尝试""一个革命性的步骤"。[②] 当1959年拉贾斯坦邦首先实施这一制度时，时任印度总理尼赫鲁宣称："我们将在我国奠定民主制或潘查亚特制的基础……这是一项历史性任务，如果圣雄甘地知道……这一历史步骤已付诸实践的话，他将非常高兴。"[③] 那么，新实施的潘查亚特制度比印度传统村社中的潘查亚特制度有哪些进步呢？归纳起来，大致有如下三点：首先，从潘查亚特的产生来源看，印度传统村社中的潘查亚特主要是依据种姓出身与血缘关系，依据世袭制的原则产生的，而印度独立后新实施的潘查亚特主要是通过选举大会产生的，体现了一定的民主色彩。其次，从潘查亚特与外界的联系看，传统村社内的潘查亚特与外界的联系少，主要是处理村社内部的事务，同国家政权间的联系较为脆弱；而新潘查亚特一方面承担征税的任务，另一方面其财政经费主要依靠邦政府的拨款，故受政府的控制和干涉较为严重；与此同时，村落不再是一个封闭的系统，邦、县、地区的官员为了执行计划，政党组织为了竞选，都常常会到村里来，因而村落与外界接触的机会增多了。最后，从潘查亚特决策的民主性看，传统村社内的潘查亚特在作决策时，往往采取"全体一致"的方法，即使在统辖种姓内部以及各宗教派系之间有争论，但最后一般都会作出一致性的决定，而且决定一旦作出，便带有强制性的约束力；而新的潘查亚特在作决策时，一般采用民主投票的方式，普通村民也有机会和权利通过投票的方式来表达自己的意愿和偏好。

然而，如果我们仅仅将眼光锁定在新潘查亚特的法令、文件及政策规定上的话，那么，新实施的潘查亚特制度确实比传统村社中的潘查亚特制度民主、进步了许多。但是，如果我们将目光聚焦到现实的执行过程中时，我们就会发现，新的潘查亚特制度的进步意义并非像上述所说的那么

---

① 参见黄思骏《试论印度独立后农村的潘查亚特制度》，《南亚研究》1988年第4期。

② Bhargava, *Panchayati Raji System and Political Parties*, p. 31. 引自尚会鹏《种姓与印度教社会》，北京大学出版社2001年版，第132页。

③ 同上。

大。在新潘查亚特制度执行的实际过程中，一方面由于村潘查亚特资源贫乏，而沦为村里经济和社会精英的控制对象，旧的统治方式仍基本上保留着，很多地方是“换汤不换药”；另一方面，许多地方政府也抵制将自身权力和功能向潘查亚特转移，很多正规的选举无法举行，使得新的制度只是镶嵌在旧的行政组织中，只不过在传统统治机构中增加了低种姓和不可接触者的代表的法定名额而已。所以，其结果就是这种潘查亚特三级体制在经历了短暂的上升期（1959—1964 年）后，随即转入停滞（1965—1969 年）状态，并进而出现衰落（1970 年以后）。针对这一情况，1977 年，印度国家发展委员会再次成立了一个拥有更高权力的委员会——阿索卡·梅塔委员会（Ashok Mehta Committee）（1977 年 3 月，印度人民党取代印度国大党在中央执政，阿索卡·梅塔委员会是同年 12 月由人民党政府指定成立的）。1978 年 8 月 21 日，委员会向总理提出最后报告。报告肯定了从 1959 年以来实施潘查亚特三级体制的成绩，同时，也指出了存在的问题，提出了 132 条改进措施①。其中，最核心的一点是，报告建议实行二级结构来代替三级结构，取消村潘查亚特，建立以若干个村为基础的曼达尔潘查亚特（Mandal Panchayat）作为基层组织；取消原来发展区一级的潘查亚特萨米蒂，把权力集中到县一级的齐拉帕里沙德。自此，印度农村的村民自治制度逐渐走向衰弱。

2. 潘查亚特制度与乡村治理的进一步转型

20 世纪 80 年代末，拉·甘地政府试图再次推行潘查亚特制度建设，1989 年提出第 64 次宪法修正案，并在人民院获得通过，但遭到联邦院的否决。拉奥政府上台后，继续推进上届政府未竟的事业，提出第 73 次宪法修正案，这次修正案获得了印度全国上下各个阶层、各种政治观点的一致拥护。1992 年，国会连续通过第 73 号和 74 号宪法修正案（Constitutional Amendment）；1993 年 4 月 24 日和 7 月 1 日，两个修正案成为印度宪法第 9 章的内容。1994 年 4 月至 5 月，各邦通过了支持法案。自此，印度的基层民主与政权建设获得了宪法地位，印度乡村治理在一个全新的制度环境中得到进一步的发展与转型。

第一，确立了由直接选举产生县、区、村三级潘查亚特。首先，宪法

① Bibek Debroy, P. D. Kaushik, *Energising Rural Development Through "Panchayats"*, Published by Academic foundation, 2005, p. 81.

修正案明确规定，200 万人口以上的邦都要建立县、区、村三级潘查亚特（各级潘查亚特的职能如表 5 – 5 所示），人口少于 200 万的邦则只有县、村两级。随后，各邦虽然在各自潘查亚特及其委员会主席上的命名有所不同（具体见表 5 –6、5 –7），但除少数邦之外，其他各邦均建立起了三级潘查亚特体制。据初步统计，截至 1997 年 10 月，在印度全国范围内，共有 227698 个村级（village level）潘查亚特、5906 个区（intermediate level）潘查亚特和 474 个县级（district level）潘查雅特（具体见表 5 – 8）。其次，宪法修正案规定，村民代表大会（Gram Sabha）直接选举代表组成村潘查亚特，由若干村潘查亚特组成区潘查亚特，由全县的区潘查亚特组成县潘查亚特。每级代表席位由选举产生，各级任期都为 5 年，选举必须在任期结束前，若自治机构解散，则必须在 6 个月内选出新的自治机构。随后，各邦根据自身的实际情况，通过选举产生了各级潘查亚特。在村级潘查亚特的规模上并没有统一的标准，有的由一个自然村组成，有的由好几个自然村组成（具体如表 5 – 9 所示）。在村级潘查亚特委员会的人员构成方面，各村根据村里实际人数确定相应的比例，由村民大会直接选举产生，具体人数从 5 人至 30 人不等（具体如表 5 – 10 所示）。

表 5 – 5　　各级潘查亚特的组成及职责①

类别	组成	职责
县潘查亚特	其成员由区潘查亚特选举产生，同时由该县选举产生的国民大会的议员也是其当然成员	制订和执行社会和经济发展计划，接受来自邦和中央政府的财政支持，监督、协调和指导下级潘查亚特的运行
区潘查亚特	成员由村潘查亚特直选产生。由该区选民选出的国民大会的议员也是该区潘查亚特的当然成员	制订和执行本区发展计划，接受邦和中央政府的财政专项拨款，并且协调本级政府各部门及村潘查亚特的运行
村潘查亚特	村民大会的执行机构，潘查亚特主席由村民大会直选产生，并至少有一名专业的行政秘书或者助理	定期召开会议，执行宪法规定的 29 项职能
村民大会	涵盖人口在 1000—5000（实际执行中控制在 1200—1800 之间）之间的一个或者几个村庄，通常为了更直接和更有效率地开展工作。村民大会又会成立若干个专项代表会议	对所有选民负责，是选民表达意见的平台，直接民主的象征，每年召开四次会议

① Rajeev Ahal, Silvio Decurfins. Experiences in Panchayat – based planning in the mountains of Himachal Pradesh, lndia. http://www.iied.org，2004 年 4 月。

表 5-6　各邦不同层级上潘查亚特的名称

Panchayat at the village level		Panchayat at the Intermediate level		Panchayat at the District level	
Nomenclature	States	Nomenclature	States	Nomenclature	States
1. Gram Panchayat	1. Andhra Pradesh	1. Panchayat Samiti	1. Bihar	1. Zilla Parishad	1. Andhra Pradesh
	2. Assam		2. Haryana		2. Assam
	3. Bihar		3. Himachal Pradesh		3. Bihar
	4. Haryana		4. Maharashtra		4. Haryana
	5. Himachal Pradesh		5. Orissa		5. Himachal Pradesh
	6. Karnataka		6. Punjab		6. Karnataka
	7. Madhhya Pradesh		7. Rajasthan		7. Orissa
	8. Orissa		8. West Bengal		8. Punjab
	9. Punjab		9. Tripura		9. Rajasthan
	10. Rajasthan				10. West Bengal
	11. Uttar Pradesh				11. Tripura
	12. West Bengal				12. Arunachal
	13. Tripura				13. Manipur
	14. Arunachal				
	15. Manipur				
	16. Sikkim				
2. Village Panchayat	1. Gujarat	2. Taluka Panchyat	1. Gujarat	2. Zilla Panchyat	1. Madhya
	2. Kerala		2. Karnataka		2. Maharashtra
	3. Maharashtra				3. Uttar Pradesh
	4. Tamil Nadu				4. Sikkim
	5. Goa				
3. Village Council	1. Meghalaya	3. Anchalik Panchayat	1. Assam	3. District Panchayat	1. Gujarat
	2. Mizoram				2. Kerala
	3. Nagaland				3. Tamil Nadu

续表

Panchayat at the village level		Panchayat at the Intermediate level		Panchayat at the District level	
Nomenclature	States	Nomenclature	States	Nomenclature	States
4. Halqa Panchayat	1. Jammu & Kashmir	4. Mandal Parishad	1. Andhra Pradesh	4. District Planning& Development Board	1. Jammu Kashmir
		5. Block Panchayat	1. Kerala	5. District Council	1. Meghhalaya
		6. Janpad Panchayat	1. Madhya Pradesh		2. Mizoram
		7. Panchayat Union Council	Tamil Nadu		
		8. Kshetra Panchayat	Uttar Pradesh		
		9. Anchal Samiti	Arunachhal Pradesh		
		10. Block Development Council	Jammu& Kashmir		
		11. Block Advisory Committee	1. Goa		

资料来源：

1. Bajpai, A & Verma M. S. （1995）*Panchayati Raj in India*: *A New Thrust* Vol. 1; Sahitya Prakashan, Delhi.

2. Maithani B. P. , ed. （1997）*Local Self – government System in North – east India*: *An Appraisal*, National Institute of Rural Development, Hyderabad.

3. Mathew George, ed. （2000）*Status of Panchayat Raj in the States and Union Territories of India*, 2000.

表 5 – 7　　各邦不同层级上潘查亚特委员会主席的名称

Chairperson of the Panchayat at the village level		Chairperson of the Panchayat at the intermediate level		Chairperson of the Panchayat at the district level	
Nomenclature	States	Nomenclature	States	Nomenclature	States
1. Sarpanch	1. Andhra Pradesh	1. Chairman	1. Haryanan	1. President	1. Assam
	2. Gujarat		2. Himachal Pradesh		2. Bihar
	3. Haryanan		3. Maharashtra		3. Gujarat
	4. Madhhya Pradesh		4. Orissa		4. Haryanan

续表

Chairperson of the Panchayat at the village level		Chairperson of the Panchayat at the intermediate level		Chairperson of the Panchayat at the district level	
Nomenclature	States	Nomenclature	States	Nomenclature	States
	5. Maharashtra		5. Punjab		5. Kerala
	6. Orissa		6. Tamil Nadu		6. Madhya Pradesh
	7. Punjab		7. Tripura		7. Maharashtra
	8. Rajasthan		8. Arunachal Pradesh		8. Orissa
	9. Goa		9. Jammu& Kashmir		
	10. Jammu& Kashmir				
2. Pradhan	1. Himachal Pradesh	2. President	1. Andhra Pradesh	2. Chairman	1. Andhra Pradesh
	2. Uttar Pradesh		2. Gujarat		2. Himachal Pradesh
	3. West Bengal		3. Assam		3. Punjab
	4. Manipur		4. Kerala		4. Tamil Nadu
	5. Tripura		5. Madhya Pradesh		5. Mizoram
3. President	1. Assam	3. Adhyaksha	1. Karnataka	3. Adhyaksha	1. Karnataka
	2. Kerala				2. Uttar Pradesh
	3. Tamil Nadu				3. Sikkim
4. Adhyaksha	1. Karnataka	4. Pramukh	1. Bihar	4. Pramukh	1. Rajasthan
			2. Uttar pradesh		
5. Mukhya	1. Bihar	5. Pradhan	1. Rajasthan	5. Sabhapati	1. West Bengal
					2. Tripura
6. Sabhapati	1. Sikkim	6. Sabhapati	1. West Bengal		

资料来源：同表5－6。

表5－8　　　　　　　　印度各级潘查亚特数量统计

States/UTs	Gram Panchayats (Nos.)	Panchayats Samitis (Nos.)	Zila Parishads (Nos.)	Rural Pop. Covered (Lakh)	Villages Covered (Nos.)
Andhra Pradesh	21943	1098	22	411.35	29293

续表

States/UTs	Gram Panchayats (Nos.)	Panchayats Samitis (Nos.)	Zila Parishads (Nos.)	Rural Pop. Covered (Lakh)	Villages Covered (Nos.)
Arunachal Pradesh	2012	79	12	5.72	3737
Assam	2489	202	21	171.83	20799
Bihar	12181	725	55	611.96	76488
Goa	183	_	2	9.69	406
Gujarat	13316	184	19	234.84	18550
Haryana	5958	110	16	100.96	7064
Himachal Pradesh	2922	72	12	42.57	18850
Jammu &Kashmir	_	_	_	42.27	6900
Karnataka	5675	175	20	255.67	27024
Kerala	991	152	14	201.63	1451
Madhya Pradesh	30922	459	45	415.92	76603
Maharashtra	27619	319	29	407.91	39354
Manipur	166	_	3	6.06	672
Meghalaya, Mizoram Nagaland	Traditional Council of Village Elders Exist				
Orissa	5261	314	30	234.85	50744
Punjab	11591	138	17	121.41	12795
Rajasthan	9185	237	31	270.51	37124
Sikkim	148	_	4	2.65	440
Tamil Nadu	12584	384	28	324.56	16602
Tripura	525	16	3	23.87	863
Uttar Pradesh	58605	901	68	909.13	112566
West Bengal	3314	341	17	394.78	38047
Andaman &Nicobar Islands	67	_	1	1.02	185
Dadra & Nagar Haveli	11	_	1	1.03	72
Daman &Diu	10	_	2	7.30	462
Lakshwadweep	10	_	1	_	_
Pondicherry	10	_	1	_	334
TOTAL	227698	5906	474	5214.49	592495

注：统计截至 1997 年 10 月。

资料来源：NIRD Rural Development Statistics（2001），引自 Bibek Debroy，P. D. Kaushik，*Energising Rural Development Through "Panchayats"*，Published by Academic foundation，2005，p. 115.

表 5 －9　　印度各邦村级潘查亚特组成规模

Minimum Size	States
1. A Village or revenue village，irrestive of its size	1. Andhra Pradesh
	2. Gujarat
	3. Haryanan
	4. Kerala
	5. Maharashtra
	6. Madhya Pradesh
	7. Rajasthan
	8. Madhya Pradesh
	9. Goa
2. A village or group of village having a population of 200 or more	1. Punjab
3. A village or group of village having a population of not less than 300	1. Arunachal Pradesh
4. A village or group of village having a population of 500 or more	1. Tamil Nadu
5. A village or group of village having a population of 1000 or more	1. Aaasm
	2. Himachal Pradesh
	3. Uttar Pradesh
6. A village or group of village having a population of 2000 or more	1. Orissa
7. A village or group of village having a population of 5000 or more	1. Karnataka
8. A village or group of village having a population of 7000 or more	1. Bihar
9. An established village with its area properly Demarcated and acknowledged by the District Council/government	1. Mizoram

资料来源：同表 5 －6。

表 5 －10　　印度各邦村级潘查亚特委员会人员规模

States	Number
1. Rajasthan	At least 5
2. Aaasm	10 fixed
3. Goa	5—7
4. Jammu & Kashmir	7—11
5. Himachal Pradesh	5—13
6. Punjab	5—13 （A Gram Sabha to be treated a multi – member single constituency）
7. Kerala	10—20
8. Tamil Nadu	5—20
9. Uttar pradesh	9—15
10. Maharashtra	7—17

续表

States	Number
11. Haryanan	6—20
12. Madhhya Pradesh	10—20
13. Andhra Pradesh	5—21
14. Orissa	11—25
15. West Bengal	5—30
16. Karnataka	On member for every 400 population
17. Bihar	On member for every 500 population
18. Gujarat	7 member up to a population of 3000 and for every additional 1000 population, 2 member.
19. Arunachal Pradesh	On member for every 100 population
20. Manipur	On member for every 350 population
21. Mizoram	On member for every 10 household
22. Goa	7 member up to a population of 2500 and for every additional 1000 population, 2 member.

资料来源：同表 5 - 6。

第二，对潘查亚特职能（事权、财政以及职能）的下放作出明确规定。宪法修正案规定将事权和课税权从邦政府下放给各级潘查亚特机构。这些事权包括设计与执行经济发展和社会正义计划，其中后者与印度宪法第 11 个附件所规定的 29 个指导性任务相关。根据宪法第 243 - G 条，各邦政府可以赋予潘查亚特以必要的权利去履行其职能。宪法第 243 - H 条则规定，各邦政府给予潘查亚特诸如征收、收集和拨用税收、关税、通行税、费用等的权力，以及通过邦的统一基金对潘查亚特进行拨款补助。在 243 - I 条中，宪法还规定各邦财政委员会每 5 年对潘查亚特的财政状况进行检查，并针对执行第 243 - H 条所规定的内容提出了建议，以改善潘查亚特的财政状况。同时，宪法修正案界定了 29 项与村潘查亚特有关的工作义务①，并赋予了其 18 个方向 150 项的管理权和自主权，从而使基层的

① 印度 92《宪法》第 11 附表规定村潘查亚特享有的 29 项职权主要包括：农业、土地、小型水利和水资源管理、动物繁殖、渔业、林业、乡村工业、乡村住宅、饮用水、燃料和饲料、道路桥梁等交通设施、非传统能源资源、扶贫项目、小学教育、技术和职业教育、成人及非学历教育、图书馆、文化业、市场管理、健康和家庭卫生设施等、医务室、家庭福利、妇女和儿童发展、残疾人和落后阶层的福利等、公共分配系统等。

民主和自主有了稳定的法律保障，显示了基层民主对于邦一级和国家一级民主的重要意义。印度各邦政府对不同层级上潘查亚特的分权和监督水平如表5－11所示。

表5－11　　印度各邦政府对各层级潘查亚特的分权和监督水平

State	Village Panchayat		Panchayat at the Intermediate Level		District Panchayat	
	Inspection	Dissolution	Inspection	Dissolution	Inspection	Dissolution
1. Andhra Pradesh	Govt.	Govt.	Govt.	Govt.	Govt.	Govt.
2. Assam	—	—	—	—	—	—
3. Bihar	—	ZP/Govt	—	—	—	—
4. Gujarat	Higher Lever Panchayat Govt.	Govt.	—	—	—	—
5. Haryanan	Director CEO	—	Director CEO	—	—	—
6. Himachal Pradesh	Govt.	Govt. /P. A.	Govt.	Govt. /P. A.	—	—
7. Karnataka	CEO	Com.	CEO	Govt.	Com.	Govt.
8. Kerala	Com.	Govt.	Com.	—	—	Govt. /P. A.
9. Madhya Pradesh	Govt.	Govt. /P. A	Govt.	Govt. /P. A	Govt.	Govt. /P. A
10 . Maharashtra	CEO	Com.	Com.	Govt.	Com.	Govt.
11. Orissa	DM	Govt.	DM	—	Govt.	—
12. Punjab	Govt.	—	Govt.	—	—	—
13. Rajasthan	—	—	—	—	—	—
14. Tamil Nadu	Inspector/ DM/ Govt	—	Inspector/ DM/ Govt	—	Inspector/DM	—
15. Uttar pradesh	Govt.	—	DM/PA	—	DM/PA	—
16. West Bengal	Inspector	—	Inspector	—	Inspector	—

Note：Government includes a person or officer empowered or authorized by the state government on its behalf.

P. A. stands for Prescribed Authority and Com . for Commissioner.

第三，对妇女及弱势人群权益的法律保护。在宪法修正案中规定，在各级潘查亚特中，应为妇女和表列种姓、表列部落（backward classes）保留大量的席位，规定潘查亚特中妇女应占所有席位的1/3，表列种姓和表列部落按人口比例保留席位。它通过保留席位的形式培育和加强了边缘群体的力量，对消除社会歧视发挥了积极作用。（印度各邦对表列种姓的保留席位规定具体如表 5－12 所示）目前，据有关统计，印度在县以下有 3201227 名议员。县一级的 535 个潘查亚特有 15815 名议员，其中 200 个县有女性领导人；5912 个乡一级潘查亚特有 145412 名议员，其中 1970 个乡有女性领导人；231630 个村一级潘查亚特有 2971446 名议员，其中 77210 个村有女性领导人。在地区以下的议员中有大约 80 万名低种姓及少数名族议员。[①]

表 5－12　印度各邦对表列种姓的保留席位规定

Position of Reservation	States，Aaasm，Kerala，Orissa，Tamil Nadu，West Bengal
1. No Reservation	Haryanan（only one Panch in each Gram Panchayat）
	Punjab（only one seat，that too where the population of backward classes is over 20 percent in the Gram Panchayat area and no reservation for Sarpanch）
2. Nominal Reservation	Gujarat（one－tenth of total seats for the socially and educationally backward class）
3. One－third of total seat reserved	Andhre Pradish Karnataka
4. Reservation according to their proportion of population	Bihar，Himachal Pradesh，Rajasthan Uttar Pradesh，（but not exceeding 27%）
5. 27% of total seats	Maharashtra
6. 25% only in such panchayats where the reservation for SC and ST is 50% or less	Madhya Pradesh

资料来源：同表 5－6。

在潘查亚特自治的框架下，自治政府的民选代表为议员、地方政党领导之外协调民众之间、民众与国家机构之间关系的重要角色。由于资源和权力的下放，基层民众的需求得到了更直接、更迅速的反馈。相比一个选区只有一位议员可以沟通民意和发展项目由不同部门官员决策和执行的情况，地方自治政府的功能强化无疑可以视作“民主的深化和扩大”，地方民众对此自然是欢迎的。另外，在选举中给表列种姓和女性保留一定比例的席位的方式，也是培育这个社会弱势群体的能力和力量的重要举措。但是，潘查亚特的工作实际并不顺利，在潘查亚特后续的执行过程中，很多都偏离了宪法修正案的精神，比如：印度各邦政府在对各级潘查亚特事

① 何一峰、杨张乔：《潜力与制约——中国、印度农村现代化发展比较研究》，社会科学文献出版社 2009 年版，第 199 页。

权、财政、职能等的转移并未达到预期目标，实际权力仍被各级官僚控制，各级潘查亚特不过是空架子；由于潘查亚特的运作经费主要靠邦政府拨款，而潘查亚特的财政需求远远超过它们可以支配的特别是可以自主使用的资源，因此各级潘查亚特财政困难是普遍现象；同时，由于种姓制度和宗教思想的残留，潘查亚特仍由村庄中的一些人控制，广大的像表列种姓、表列部落、无地农民等社会底层仍愿意跟随村庄的支配种姓，缺乏参政的自我觉悟，对潘查亚特抱冷漠的态度。

四　一个总结性的比较分析

综上所述，本章根据历史制度主义的“断续平衡”理论，首先分析了中国家户制传统在制度变迁中的断裂、复兴，以及在这个过程中乡村治理发生的重大转型。通过分析发现，在家户制断裂前，一方面由于家户制自身发展的困境导致“农业的内卷化”或者“过密化”，人地矛盾日趋突出，以及“中国封建社会无法消除的癌症”所产生的倒宝塔形结构使得家户与地主剥削阶层矛盾冲突的加剧，并且使得整个传统乡村社会陷入停滞乃至衰落的局面；另一方面，随着外界环境变化带来的冲击，村落家族共同体内部的联接机制被削弱乃至中断，村落家族共同体“外壳”被打破，使得村落家族共同体逐步走向瓦解，从而打破了村落家族共同体长期维系着的内部的各项平衡和稳定的乡村秩序，同时笼罩在个体家户上的这层“保护膜”也逐渐褪去，家户制陷入了闭锁状态而失去了调适的功能。因此，在新观念、新信息输入并被接受的情况下，中国共产党领导的革命首先从乡村开始，并以乡村为重点，围绕土地改革重点去解决乡村中的人地矛盾以及家户与地主剥削阶层的冲突，从满足农民“耕者有其田”入手，开展广泛的土地改革运动。并且在新中国成立的关键节点上，凭借广泛的社会信念和统一的中央权威，在全国实施由土改到互助组、合作社再到人民公社的农村集体化和农民组织化的乡村改造和重构的进程，从而使得家户制传统发生了断裂。

在家户制断裂的时期，乡村治理也发生了转型，由传统的乡村治理模式转向人民公社体制下的基层党组织“一元化领导”的治理格局。随后到了 20 世纪 70 年代末，随着政策的逐渐松动，家户制观念在农户中逐渐复苏，由农户在基层生产实践中创造出的“大包干”逐渐被接受，并推动了高层的政策变革，在取得共识后最终上升为国家意志，从法律层面确立了农村的“家庭承包制”，传统家户制得到复归，并再次成为农村社会中的基本制度之一。随着家庭承包制在乡村的正式确立，家户制传统复归乡村社会，个体家户也再次成为乡村社会的基本单元，与此相应的，乡村治理也再次发生转型，由人民公社体制下的基层党组织“一元化领导”的治理格局再次转向由农村基层群众依法管理自己的村民自治制度。由此，使中国乡村治理在继承自治传统的同时具有了现代民主的色彩，夯实了中国基层民主的基础，有效推动了农村社会的发展。而印度村社制在英国的殖民统治下逐渐被摧毁，与此同时，在传统村社中形成的潘查亚特制度也逐渐走向衰亡。

印度独立以后，在各方的努力下又重新恢复了潘查亚特制度，并从宪法层面将这一制度确立下来，从而形成了三级体制下的潘查亚特制度。进入 90 年代后，随着环境的变化以及潘查亚特制度在具体实施过程中出现的一些新问题，在 1992 年又通过了第 73 号宪法修正案，进一步巩固了潘查亚特的法律地位，并且对潘查亚特制度的实施作出了进一步明确的指示和要求，这有力地推动了潘查亚特制度的完善及印度乡村治理的现代化转型。

通过上述的分析可以看出，在家户制和村社制的变迁过程中，由于外界环境变化、内在要素平衡被打破等原因，均出现了制度的断裂期，但由于制度的“黏性”特征，在某些传统因子的作用和影响下，制度在经历了短暂的断裂期后，又恢复了带有传统制度“遗传因子”的新制度，并进而推动了乡村治理的现代转型。从转型后的乡村治理形式来看，二者既具有相似之处，也具有不同之处。

第一，相似之处。首先，二者的历史发展路径相似。在漫长的历史变迁过程中，二者虽然都发生过制度断裂，但在“历史的关键节点”上，二者均又重新复兴了带有各自特色的村落自治传统以及与之相适应的乡村治理制度。其次，在经历过现代化转型后的乡村治理，二者均在法律层面上得到了制度保障。中国的村民自治制度被列为党的代表大会政治报告中基础政治建设的重要内容，并经全国“人民代表大会”立法通过、颁布后在全国实施；地方政府和地方“人民代表大会”在总的原则和条款范围内，对具体做法作了适当调整；随着实施的历史和现实的变化状况，全国“人民代表大会”作出重新修订。印度的潘查亚特制度自印度独立后，被列入宪法中，并在 1993 年的宪法修正案中进一步加以明确和深化；并且，潘查亚特制度得到了执政党领导人的高度重视，纳入执政党的社会改造计划，再经过立法程序变成国家意志。国家作为潘查亚特制度的设计者和推行者，说服地方政府，逐渐在各地进行试点、示范，然后全面推广实行。二者在具体实施的过程中都经历了从不完善到逐渐完善的运行过程。最后，二者对推动各自国家的基层民主和农村发展起到关键作用。发扬民主是调动广大农民积极性的有效办法，发展农村基层民主有利于促进农村物质文明和精神文明建设。中国的村民自治制度让农村基层群众依法管理自己的事情，既完善了社会主义民主制度，又有效推动了农村的基础民主和农村社会的发展。印度的潘查亚特制度通过扩大基层民主，使处于社会底层的农村民众获得平等的政治参与机会，为在农村消除贫困、消除社会不平等创造了有利条件；通过谋求农民与政府的合作，为印度农村的现代化建设动员了广泛的社会力量。

第二，不同之处。首先，二者在不同的政治体制下发挥着村民自治功能。中国共产党一直处于中国社会的执政地位，是领导中国社会各项事业的核心力量。在中国村民自治制度中，其自治组织在政治上接受党的农村基层组织的领导，党组织的成员可以担任村委会主任；党组织不仅介入村民自治组织，对它进行政治上的领导和支持，而且介入村内重大事务的决策，为其提供组织上的保障，可以说，党的力量在民主化的、离散化的村民选举中起着引导、凝聚与维护秩序的作用。而印度在多党制的政治选举中，各党派均将自己的基础深植于基层社会，通过获得更多的基层民众的支持来获取政治权力，因而就不可避免地要围绕权力展开政治斗争。由于竞争激烈，党派政治向社会领域不断扩散，加之印度农村种姓集团、宗教集团等利益群体繁多，政党系统整合能力下降导致的政治的碎裂，这些在给印度的乡村自治带来权力的分散或民主化以及广泛的福利分配的同时，也导致了民粹主义政策的一些负面后果，农村基层社会的政治暴力事件突出可见。其次，二者在乡村自治上与政府行政的边界关系不同。中国农村村民自治的特色是“乡政村治”，乡镇为一级地方政府，村则为一级自治组织，政府依法行政和村民依法自治实现有效衔接。随着乡镇机构综合体制改革的深入，政府的一部分职责剥离并落实到村，公共服务和公共管理延伸到村，增加了村民自治的实际权力，政府政务与乡村村务理论上有边界，但操作上边界很难界定，因而，在一定程度上妨碍了乡村自治。印度的村民自治中，实施村、区、县三级自治管理，这三级自治组织都具有相对的独立性，各自的分工与职权范围边界清晰，村务与政务完全分开；村、区、县三级自治组织虽存在上下隶属关系，但并不存在权力上的上下级关系。县、区两级潘查亚特实际上是行政化的地方政府机构，其政务不延伸到村的范围。最后，不同的村庄内部联接机制导致不同程度的乡村治理现代化转型。中国传统村落社会内部是基于以地缘和血缘关系为纽带的横向的基础性关系网络和以礼治秩序为支撑的纵向的权力支配网络而构建起来的村庄内部联接机制，由于这种联接机制相对来说比较松散。近代以来，在经历了几次冲击之后，这种联接机制基本上被打断了。进入 20 世纪 80 年代，传统村落在经历了现代化的洗礼后，随着家庭承包制的建立，村庄内部逐渐建立起以血缘和契约为纽带的横向的基础性关系网络和以民主法治为支撑的纵向的权力支配网络所构成的村庄联接机制，这种联接机制进一步形成了中国乡村治理的制度性网络。虽然这种制度性网络还处于不断加强和完善的阶段，但从某种程度上来说，已经具备了现代乡村治理的某些特质，下一步需要做的是进一步强化这种联接机制，进而促进村民更加积极和主动地参与乡村治理。而印度传统乡村社会内部是由种姓制度和宗教共同构筑起的等级森严、关系紧密的联接机制，虽然经历了殖民统治和独立后乡村现代化的冲击，但村庄内部的这种联接机制由于根深蒂固，并没有消失，所以，在这种基础上建立起的基层民主自治制度，虽然形式上具有现代化的特征，但实际上印度农村仍然不同程度地受着种姓制度和宗教势力的影响，不同种姓的政治经济地位仍有较大的不同，其在村民自治中的影响也不同；而不同宗教派别在农村基层形成不同的势力，对村民自治的成分结构也产生较强的作用。无论是种姓制度影响还是宗教派别影响，低等种姓在村民自治中总是处于弱势地位，所以，印度下一步需要做的是进一步弱化村庄内这种传统遗留下来的联接机制，真正实现乡村治理的现代化转型。

第六章

家户制、村社制新异态与乡村治理转型新挑战

“一二十亿农民站在工业文明的入口处：这就是在20世纪下半叶当今世界向社会科学提出的主要问题。”① 这是半个世纪前法国著名农村社会学家H. 孟德拉斯提出的命题，并在以法国农村现代化道路为背景，对欧洲乡村社会第二次世界大战以后的变迁过程研究后得出农民将会“终结”的预测。随后他的预言在以欧洲大陆为主的西方世界得到证实，农业人口从农村向城市迁移成为各国现代化进程中的普遍规律。加拿大学者道格·桑德斯也曾说：“未来的后人对于21世纪最鲜明的记忆，除了气候变化造成的影响之外，大概就是人口最终阶段的大迁徙，彻底从乡间的农业生活移入城市。”② 中国自20世纪初以来，也逐渐被卷入席卷全球的工业化和现代化浪潮中，特别是自改革开放后，中国步入了城市化和工业化的快车道，中国的农民也踏上了“人类最后的大迁徙”之路，开始了大规模、长距离和长时间的流动。国家统计局抽样调查结果显示，2013年全国农民工总量已达26894万人，比上年增加633万人，增长2.4%。其中，外出农民工16610万人，增加274万人，增长1.7%；本地农民工10284万人，增加359万人，增长3.6%。③ 在大量农民纵向流向城镇的同时，部分农民也开始在乡村内部实现横向流动，从偏远贫穷地区流向经济发达的农村地区。如作为我国经济发展较早的温州地区，第六次人口普查

① ［法］H. 蒙德拉斯：《农民的终结》，李培林译，社会科学文献出版社1991年版，第1页。

② ［加拿大］道格·桑德斯：《落脚城市——最后的人类大迁徙与我们的未来》，陈信宏译，上海译文出版社2012年版，第1页。

③ 国家统计局：《2013年全国农民工监测调查报告》，国家统计局网站，http：//www. stats. gov. cn/tjsj/zxfb/201405/t20140512_ 551585. html。

显示，以2010年11月1日零时为标准时点，市外流入人口284.22万人，占全市常住人口的31.16%，大部分分布在各乡镇。2012年，仅温州边防支队飞云江边防派出所辖区就有外来务工人员3.5万余人，3倍于本地居民人数。[①] 在这样的背景下，我国农村的家户制也呈现出新异态，而这种新异态也使得乡村治理的转型面临一系列新挑战。

一 中国乡村社会中家户制新异态

（一）离散的家户与留守问题

1. 离散家户的形成

改革开放以来，随着工业化和城镇化的逐步发展，数以亿计的农户从乡村走向城镇，从农业转移到第二、三产业。但是由于我国存在以户籍制度为核心的城乡二元制度以及区域发展不平衡、城乡发展不均衡等特殊的国情，使得农户在转移过程中呈现出了自身的特点：其一，不是以家庭为单位举家迁徙，而是以家庭中青壮年个人转移为主、家庭留守农村的分散式迁移。自2003年有相关数据公布以来，在农村外出务工者中举家外出者比例基本都维持在20%左右，这就意味着有将近80%的农户家庭处于分散状态。其二，农户在转移过程中存在“性别差序格局”。监测报告数据显示，2012年全国农民工中，男性农民工占66.4%，女性仅占33.6%，农村女性劳动力转移明显滞后于农村男性劳动力。这种持续30多年大规模“家庭分散化”和“性别差序化”的人口流动，虽然使我国城市因单身进城的农民工对一张床的需求更甚于安顿全家的窝棚，而没有出现像印度、巴西等国那样的贫民窟问题，但在农村却出现了大量的留守群体（留守儿童、留守妇女和留守老人），并且她们的家庭处于一种“离散化”的状态。这里所谓的“家庭离散”，并非指家庭解体，而是指同一家庭的成员由原来共同生活在同一空间中转变为分散生活在不同空间中，虽然他们还是同一个家庭的成员，但却过着一种分离的共同生活。因此，在中国特殊的现实国情下，农村家户在转移的过程中呈现出了家庭离散的新异态。

2. 家户的离散对留守群体生存与发展的影响

毋庸置疑，农村留守群体的家庭离散是我国农村经济社会发展中出现

---

① 李增元：《开放、流动社会中的农村社区治理改革与创新》，《社会主义研究》2014年第2期。

的异态，在宏观层面上是不经济的，在家庭层面上也是不人道的；而且，这种异态已经给包括留守儿童、留守妇女和留守老人在内的群体的生存和发展带来了一系列影响深远、亟待治理的问题。为了使研究的问题更加具体和有针对性，本书采用国家社科基金项目《“四化同步”发展背景下的农村留守妇女家庭离散问题治理及公共政策研究》（批准号：13AZZ008）[①] 在 H 省 36 个村庄对 812 名留守妇女的抽样调查和 120 名留守妇女的深度访谈所收集到的数据和资料为基础，重点分析家户的离散对农村留守妇女生存与发展所带来的影响。通过分析发现，家户的离散对于农村留守妇女而言是一种非正常的生存状态，农村留守妇女之不同于非留守妇女，其根本特征也就在于核心家庭成员的分离；而且，留守妇女面临的百般困难、千种问题，归根到底也在于家户的离散。

（1）家户的离散所导致的身体安全问题

第一，黑夜恐惧，身体缺乏安全感。留守妇女因为丈夫不在家，其人身安全感明显下降。问卷分析数据显示，丈夫外出务工期间，12.8%的留守妇女曾遭遇过被抢，8.7%的曾遭遇过被骗，6.9%的曾遭遇过被骚扰等安全问题；除此之外，还有些留守妇女曾遭遇过被骂、被打等安全问题。另外，课题组在调查中还发现，留守妇女群体中普遍存在着害怕村庄暗夜的现象，在访谈中许多留守妇女都谈到，一到天黑心里就紧张，屋外稍微有点风吹草动就会吓出一身冷汗，因而有的留守妇女需要开着电视机睡觉；即使有少数留守妇女受到欺负时却也不敢吱声，怕丢人，“家丑不可外扬”的道德桎梏让留守妇女选择了沉默，而沉默又加重了她们的痛苦和恐惧。

> 案例 1：玉，35 岁，因丈夫外出务工而留守在家。今年与玉的丈夫一同外出同在一个工厂打工的同村 30 岁的某某，受玉丈夫所托带工资回家给妻子玉，某某利用送工资的机会，将玉强奸，但玉不敢声张。此后，某某愈发大胆，多次强奸玉，玉一直被迫忍受。

留守妇女安全感的缺乏对其身心健康和进取心产生负面性影响。统计数据显示，首先，留守妇女安全感的缺乏会导致精神上的压力。通过单因

① 该项目在导师的指导下，由笔者主要参与完成。

素方差分析，缺乏安全感对留守妇女精神压抑的统计量为7.798，对应的概率值0.005小于显著性水平，说明安全感的缺乏对留守妇女的精神压力产生显著性影响。其次，缺乏安全感影响留守妇女的生理健康。Pearson简单相关性分析表明，留守妇女缺乏安全感与生理健康问题为正相关，两者的相关系数为0.134；最后，安全感的缺乏对留守妇女的进取心产生了负面性影响。留守妇女的问卷数据也显示，缺乏安全感与感觉任何事情都难的相关系数为0.123，反映出留守妇女缺乏安全感确实会对其心态产生负面性效应。

表6-1　留守妇女缺乏安全感对精神压力的单因素方差分析

		平方和	df	均方	F	显著性
精神压力	组间	1.279	1	1.279	7.798	0.005
	组内	132.416	807	0.164		
	总数	133.696	808			

表6-2　留守妇女缺乏安全感与生理健康以及做事之间的相关性分析

		缺乏安全感	生理健康问题	事情都困难
缺乏安全感	Pearson 相关性	1	0.134**	0.123**
	显著性（双侧）		0.000	0.000
	N	809	803	803

**. 在0.01水平（双侧）上显著相关。

第二，独自在家，心理负担重。丈夫外出务工期间，留守妇女要承担起生产劳动与家务劳动，操持家务，主持家政，承担生活压力。

表6-3　留守妇女的生活压力来源　（%）

	经济问题	家庭责任	农业生产	子女教育	家庭关系	邻里关系	其他
比例	28.1	19.4	11.3	32.2	6.4	2.0	0.6

除此以外，留守妇女还有另一重牵挂：还要担心丈夫的安全（27.4%）、健康状况（27.5%）、饮食与居住条件（14.6%）以及感情出轨（5.6%）。生理与心理的压力使得留守妇女的精神状况不尽如人意，经常感觉到孤单（32.0%）、害怕（10.9%）、情绪低落（12.5%）、烦躁（13.2%）、焦虑（8.4%）、压抑（10.2%）。精神上的压力使得留守

妇女在日常生活中强烈感受到疲惫（46.8%）、睡眠不好（24.4%）、提不起精神（14.7%）、心神不宁（10.3%）。精神上的压力也导致58.6%的留守妇女感觉到任何事情都比较困难，9.4%的人直言在生活中经常觉得做任何事情都会棘手。

表6－4　　丈夫外出务工期间，您是否经常有孤单感觉　　（%）

	孤单	害怕	情绪低落	烦躁	焦虑	压抑
比例	36.7	12.5	14.4	15.2	9.6	11.7

在处理精神压力上，不少留守妇女把去教堂或寺庙作为释放心理压力的方式。例如，42%的留守妇女去过寺庙缓解精神压力（14.3%），和为家人祈祷（50.4%），这可以通过单因素方差分析加以证实。如表6－5所示，从去寺庙教堂对留守妇女精神压力影响的单因素方差分析结果显示，F统计量的观测值为10.286，对应的概率P值为0.001。如果显著性水平α为0.05，由于概率P值小于显著性水平α，因此应拒绝原假设，也即去寺庙教堂对留守妇女精神压力产生了显著影响，成为她们疏解心理压力的渠道之一。

表6－5　　去寺庙教堂对留守妇女精神压力影响的单因素方差分析

		平方和	df	均方	F	显著性
去寺庙教堂	组间	8.941	1	8.941	10.286	0.001
	组内	691.012	795	0.869		
	总数	699.952	796			

第三，力不从心，无力承担临时性、突发性的重事、难事。由于丈夫外出务工，留守在家的妻子在面对临时性、突发性的重事、难事时，往往感到力不从心。课题组调研数据显示，91.1%的留守家庭拥有耕地，其中71.4%的留守妇女在丈夫外出期间依旧保持自家耕地面积不变；然而当农忙时节忙不过来时，留守妇女一般不找男性帮忙，怕引起村民的“闲话”；为了避嫌，村里男性村民也不太愿意主动去帮助她们解困。在访谈中，许多留守妇女谈到，她们还特别害怕遇到临时性、突发性急事、难事，比如半夜小孩生病、突如其来的自然灾害等，因为丈夫不在身边，又找不到人帮忙，总感觉力不从心、孤苦无助。

(2) 家户的离散所导致的婚姻安全问题

第一，分离的共同生活，婚姻质量降低。留守妇女长期与丈夫分离，共同生活时间减少，双方从非常态的婚姻中所获取的情感与性满足比普通家庭少，对婚姻质量与婚姻幸福感会产生负面影响。问卷数据显示，41.1%的外出务工丈夫半年才回家一次，15%的丈夫一年才回家一次，每月3次以上回家比较频繁的只有10.3%。即便是电话在农村地区已经比较普及，夫妻之间的电话联系也不是很频繁，51.5%的夫妻每月联系3次以上，23.9%的每月2次，18.3%的每月1次。

表6-6　　丈夫与留守妻子互动的情况　　(%)

	每月3次及以上	每月2次	每月1次	两个月到半年1次	半年到一年1次	一年不到1次	从未联系过
回家探亲次数	10.3	5.8	9.6	18.0	41.1	15.0	0.2
与家里联系次数	51.5	23.9	18.3	2.6	2.2	1.4	0.1

留守妇女在与丈夫联系时，谈论的主要内容就是孩子的相关情况(28.5%)以及老人的情况(17.0%)。电话联系的内容只有14.4%能涉及夫妻感情和相互的关怀。尽管90.3%的留守妇女很想去看丈夫，但是受到费用方面的“硬性制约”与家务劳动的“软性约束”，她们也只能是有心无力或是难以分身。而且在调研中还发现，78.3%的留守妇女反映丈夫与自己的思想观念已经不一致了。丈夫在一个动态、开放的城市社会中，他们接触到更多的当下时尚的新鲜事物，其眼界与见识比过去更宽广，无形中拉大了与留守妻子之间的距离。

婚姻质量降低，除了夫妻互动交流减少外，还表现在婚姻内的“出现状况”，影响了夫妻感情。

案例2　蓉的丈夫赚的钱不再拿给蓉贴补家用，干脆在外面养起了小老婆，并公开同居，两个人常常一起出双入对，毫不避嫌。蓉的婆婆知道后，苦苦劝其儿子回心转意，不要在外面瞎混，但她丈夫根本就不听。后来很多村民也劝其回心转意，他也完全听不进去，仍然和那个女人住在一起，不闻不问自己的妻子。蓉知道此事后，专门在城里租了一间房子，希望丈夫回心转意，搬来跟她一起住，但这个男人怎么也不肯搬来跟蓉一起住，还口口声声说要离婚。蓉觉得女人离婚后，别人会说自己的男人不要自己了，对自己的名声不好，再加上自己娘家的哥嫂对她不好，离婚之后没人可依靠，所以她也就不想离婚，仍然将就着过日子。

第二，婚姻解体，家庭破裂。留守夫妻的婚姻可能因长期分离而变得脆弱，形成夫妻隔膜，遭遇婚姻亮“红灯”问题，双方行走在婚姻的边缘。调查显示，有54.4%的留守妇女认为与丈夫分隔两地容易导致双方感情淡化并最终导致婚姻解体。同时，少数因进入城市务工经济地位上升的丈夫，形成对留守妻子经济与心理上的优势，开始嫌弃家中的“糟糠之妻”，当距离和地位变化所带来的冲突无法协调时，离婚，就成为最后的选择。在课题组调研的村庄中，因丈夫长期在外务工、夫妻长时间分离而导致婚姻解体、家庭破裂的情况时有发生。

案例3　周村前任妇联主任说：“几年前，村里有一个妇女，丈夫常年在外打工，一是感情上的寂寞，再加上家里的一些体力活需要人帮忙，这个妇女就和村里的电工好上了，电工经常半夜去她家。这件事后来被她的公公和叔公公察觉了，两个老人就商议哪天将儿媳妇和那个电工逮个正着。有一天夜晚，公公瞅着那个电工进了儿媳妇的家里，他马上找来叔公公，让叔公公翻进儿媳妇的院子里，把她家的两个门都给锁上了，然后公公自己就跑来找我，希望我跟他一起去捉奸。我想到自己是个女人，三更半夜跑到别人家里去不好，建议去找村支书。村支书同意了她公公的要求，又叫上我一起去捉奸。她公公和叔公公还把整个湾的人都给吵起来了，几十人将这个妇女的房屋围起来一起捉奸，看热闹。当那个妇女和电工发现情况后想逃都逃不出来，只好把门打开。大家进屋后，公公让儿媳妇和电工双双跪在他们的面前，要他们两人承认错误，并要电工写下保证书，赔偿公公4000元现金。两人当众跪着赔礼道歉，电工掏干了身上仅有的一点钱赔给了这个妇女的公公，并答应剩下的以后再给，捉奸的人才相继离开现场。但电工离开后并没有马上回家，而是躲在不远处，等大家都散去之后又重新返回，然后带这个妇女出逃了，因为他觉得刚刚的事情已经让他们两人尊严全无，以后根本没脸面在村里见人。后来丈夫知道此事后，也觉得无脸见人，干脆在外不回家了，这个家庭也就破裂了。”

(3) 家庭离散所导致的代际关系问题

第一，子女不教，母之过。著名的社会学家费孝通在《乡土中国》中谈到过：“在过去的历史中，人类似乎找到了一个比较有效的抚育方式，那就是双系抚育，而一旦夫妻一方或双方从家庭中分离出去，孩子得到的爱抚和教育便是不完整的，甚至畸形，也使亲子关系潜藏危机。”留守家庭由于父亲角色的缺位，家庭功能不完整，给正值成长期的儿童在行为规范、价值观等方面带来了负面效应。而且，由于要担负起繁重的生产劳动和家务劳动，30.1%的留守妇女表示根本没有时间和精力去辅导孩子；57.8%的坦言因为自己文化素质不高，辅导不了孩子；8.7%的表示自己根本管不住孩子。但是，当因上述原因导致“子女不教”的情况出现时，责任却往往归咎于留守在家的妻子，导致留守家庭中出现“子女不教，母之过”的倾向。

> 案例4 肖姓留守妇女说，20多岁的留守妇女一般有1个小孩，年龄大一点的有2个，她们都管得住小孩，这些小孩都是只怕妈妈，不怕爸爸。因为爸爸很久才回家一次，回来时会给小孩买很多东西，回到家也舍不得打或骂他们，什么都依着他们。但是妈妈就会不一样，因为自己文化素质并不高也缺乏教育方式，往往对孩子实行的棍棒教育，否则就不好带。所以在留守家庭中，往往是爸爸唱红脸，妈妈唱白脸。久而久之，小孩就只怕妈妈，不怕爸爸了。留守妇女都没读过多少书，身边也没有相应的教育培训之类的帮扶活动，当然会有困难。

第二，“双面胶”走了，婆媳关系缺少润滑油。婆媳关系缺乏先天的自然基础，没有血缘关系作为为纽带，主要依靠后天生活积累的感情、道义上的权利义务和利益关系。丈夫外出打工后，照料老人顺理成章就成了留守妻子的责任。调查显示，大多数老人得到较好的照料，婆媳关系也良好，但也存在少数婆媳关系交恶的客观事实。留守妇女照料老人困难与照料老人纠纷的相关系数为0.262，呈正相关。也就是说当儿媳对公婆没有尽到赡养的义务或是公婆没有提供足够的帮助时，双方心里就会有怨言，婆媳间的矛盾纠纷就有了可能。

表 6－7　　留守妇女照料老人困难与照料老人纠纷以及与公婆关系的相关性分析

		照料老人纠纷	照顾老人困难	与公婆的关系
照料老人纠纷	Pearson 相关性	1	0.206**	0.082*
	显著性（双侧）		0.000	0.023
	N	776	726	766
与公婆的关系	Pearson 相关性	0.082*	－0.034	1
	显著性（双侧）	0.023	0.352	
	N	766	738	801

＊＊在0.01 水平（双侧）上显著相关，＊在0.05 水平（双侧）上显著相关。

对婆媳纠纷与婆媳关系之间的相关性分析发现，两者也为正相关，即婆媳间的纠纷会给婆媳关系带来负面性影响。农村留守家庭中有26.4%的留守妇女遇上照料老人的困难，16.9%的因为照料老人引起矛盾纠纷，33.6%的留守妇女与公婆关系有待改善。婆媳矛盾或是婆媳关系的良劣与否，还与公婆是否给留守妇女足够的帮助与支持相关，尤其在农忙时。调查显示，在农忙中来给留守妇女帮忙的主要是亲戚（21.9%），比公婆（14.2%）高出7.7%。

普通家庭的婆媳矛盾可以由儿子从中斡旋与调节而得以缓和与解决，但留守家庭因为具有调节角色的丈夫外出务工，使其“双面胶”的黏合作用得不到发挥，婆媳矛盾也就缺少了润滑油，矛盾难以消化，导致婆媳关系持续恶化。

（4）家庭离散制约了留守妇女的发展空间

第一，一身数任，限制了留守妇女自我发展。在非均衡的家庭角色环境下，留守妇女身兼数任，受家庭角色所累，很难有动机、有精力、有时间为自己充电，继续学习，发展自我。调查显示，留守妇女不参加农业技术培训的主要原因是体力劳动强度大，精力有限（20.1%）；家务劳动繁忙、时间有限（43.0%）；周围女性很少参加，自己也不好意思参加（8.5%）；觉得不重要，没必要参加（28.4%）。留守妇女农业科技知识的匮乏与新技术新方法掌握不足，因而往往被排斥在新型农业发展之外，只能从事一些简单粗放、附加值较低的传统体力劳动，这一类劳动市场应对能力较低、收益不高。

表 6－8　　不参加农业技能培训的主要原因

	频率	百分比（%）	有效百分比（%）	累计百分比（%）
体力劳动强度大，精力有限	87	10.7	20.1	20.1
家务劳动繁忙，时间有限	186	22.9	43.0	63.0
周围女性很少参加，也不好意思参加	37	4.6	8.5	71.6
觉得不重要，没必要参加	123	15.1	28.4	100.0

第二，"守土"有责，牵制了留守妇女参与乡村公共生活。美国学者亨廷顿在研究变革社会的政治变迁进程时曾提出，"在现代化社会中，政治参与扩大的一个主要转折点是农村民众开始介入国家政治。这种农村的动员或'绿色的崛起'对较晚进行现代化的国家而言比对大多数早期现代化国家具有更重要的政治意义。"农村留守妇女参与乡村公共生活是这种"绿色崛起"的醒目标志。但是过重的家庭角色扮演，往往牵制了留守妇女参与公共生活的脚步。92.5%的留守妇女要从事农业生产劳动，并且平均每天要花 5.71 小时在家务劳动、子女教育与照顾老人上。通过单因素方差分析可知，留守妇女的劳动强度对其乡村公共生活参与产生显著性影响，其显著性水平明显低于 0.05。换言之，时间精力不足是导致 40.8%的留守妇女不积极参加村委会干部选举、42%的留守妇女不主动向村委会干部提出村务管理意见和建议、43.1%的留守妇女不会参加村务管理中涉及自己利益的事情更不会去提意见建议的重要原因。乡村社会治理水平提高的关键性因素在于公共生活参与的有序扩大，上述数据表明，要实现农村留守妇女在乡村治理中的"绿色崛起"，首先就要帮助留守妇女从家庭劳务中解放出来。

表 6－9　留守妇女的劳动强度对其乡村公共生活参与的单因素方差分析

		平方和	df	均方	F	显著性
村委会选举干部时，您积极参加，并自己做主投票	组间	10.746	3	3.582	4.308	0.005
	组内	656.041	789	0.831		
	总数	666.787	792			
您对村务管理有意见和建议时，会主动向村委会干部提出	组间	6.677	3	2.226	3.019	0.029
	组内	575.077	780	0.737		
	总数	581.754	783			

续表

		平方和	df	均方	F	显著性
村务管理中有关您的利益的事情，您会主动参加并提出建议	组间	6.027	3	2.009	3.235	0.022
	组内	482.605	777	0.621		
	总数	488.633	780			

（二）流动的家户与城镇融入问题

自20世纪80年代中国出现大规模、持续性的农户流动潮流以来，起初由于农户大规模“家庭分散化”和“性别差序化”的流动，使得家户的离散成为乡村社会的新异态，这种离散状况给包括留守儿童、留守妇女和留守老人在内的留守群体的生存和发展带来极大的影响。但近年来，随着我国城镇化的不断深入推进以及“以人为本”新型城镇化战略的提出，农户已由过去“跑单帮式”的流动模式逐渐向家庭式的“链式”迁移模式转变。但由于户籍制度等原因的限制，流动到城镇的家庭又无法完全融入城镇，他们只能在城乡间来回迁徙，因此，流动的家户又成为当下农村社会的新异态。

1. 流动家户的历史变迁及形成

（1）“计划经济”语境下的“盲流”

1949年新中国成立后，我国开始实行高度集中的计划经济，人口流动也纳入了计划安排。新中国成立初期，公民的迁徙自由有明确的保障，在此背景下，很多农民进入城市工业部门。据美国学者赛尔登（Selden 1993）的研究，从1949年至1957年，大约两千万农民涌入城市，但由于当时城市工业化基础薄弱，并不能完全消化这些移民，使得城市的失业问题进一步恶化（Walder 1984），城市的治安也受到威胁；同时，当时实行的“工业优先”发展战略，需要农村人口继续留在土地上，以便为城市工业的发展提供原材料（Zhang Qingwu 1988）。① 因此，政府出台新的管理措施以制止农民向城市流动，“盲流”由此产生。1951年7月，公安部颁布实施了《城市户口管理暂行条例》，规范了城市户口登记和管理；1955年6月，国务院发布《关于建立经常户口登记制度的指示》，从而

① 对1950年代中国人口流动及政府政策变化的论述参见Selden（1993）、Walder（1984）和Zhang Qingwu（1988）的观点。

统一了全国城乡的户口登记工作；1957 年 12 月，中共中央、国务院联合发出《关于制止农村人口盲目外流的指示》，要求城乡户口管理部门严格户籍管理，切实做好制止农村人口盲目外流的工作，国家对农村人口向城市的流动由计划转为控制；1958 年 1 月 9 日，全国人大常委会通过的《中华人民共和国户口登记条例》标志着国家限制农民进城的二元户籍管理制度开始以立法的形式确定下来，由此，农民进城的“通道”被彻底封堵，他们被牢牢封锁在农村和土地上。起初以重建社会秩序为目标的户籍制度，成为了后来农民进城越不过的墙、冲不破的网。回顾这段历程，“盲流”的指称，其实是在计划经济体制下，为促进当时经济社会的发展、维持社会稳定而作出的强制性计划安排。而这一极具负面意涵的话语也将该群体形塑成一群缺乏理性和秩序的乌合之众，是井然有序、高度文明的城市主流社会的“入侵”者，故将其排斥在了城市之外。

(2)“开放改革”语境下的“流动人口”

党的十一届三中全会以后，中国的改革开放拉开帷幕。在开放、改革以及以户籍制度为基础形成的一系列城乡隔绝制度开始松动的背景下，农民流动到城市就业由历史的乌托邦神话变为了现实主义诉求。首先，农村人民公社制度的废除以及家庭承包经营的推行，使农民获得了生产经营自主权，这为农民的流动提供了可能。人民公社制度的废除为农民从农业中转移出来解除了制度约束，而家庭联产承包制的出现，激发了农民积极性，大大提高了劳动生产效率，使得农村剩余劳动力由隐性转向显性。其次，城乡间的巨大差距成为农民流向城市的内在推力。据统计，1978 年城镇居民家庭人均可支配收入为 343.4 元，而农村居民家庭人均纯收入仅为 133.6 元，城乡收入差距达 2.6∶1。[①] 因而，在城乡差距的比较下，怀着对城市的美好憧憬，大量农村剩余劳动力开始突破人口流动的制度壁垒进城寻求新的生存机会。最后，城镇工业化发展对劳动力的需求成为农民流向城镇的外在拉力。80 年代初至 90 年代，乡镇企业蓬勃发展，大量农村剩余劳动力进入乡镇企业工作，开始了他们“离土不离乡”的流动。据统计，在 1990—1996 年期间，乡镇企业工吸纳农村劳动力 4243 万人，

① 参见国家统计局《中国统计年鉴》2012 和《中国统计年鉴》2005。

其中平均每年吸收606万人。① 到了90年代中后期，随着乡镇企业的衰落以及沿海地区工业化的迅猛发展，农民又开始了“离土又离乡”的跨区域大规模流动，“百万民工下广州”是当年的真实写照。但是，自80年代初农民重新出现在城市当中时，国家对这一群体的属性、未来发展以及给城镇化带来的影响认识并不深刻，只是将其视为离开土地的农民，而城市居民也普遍将其视为暂时漂泊在此、很快就会返回农村的外地人。因此，在这一时期他们被称之为“流动人口”，这一以经济发展为中心的逻辑下建构起的话语，将该群体形塑为一群迫于穷困从农村到城市谋求经济利益的外乡人，并将他们视为城市化和工业化中粗劣而廉价的劳动力。这种去人性化和工具化的话语建构，使流动人口和城市居民之间不平等的权利关系逐渐建立起来，城市对其姿态也基本上是经济上吸纳、社会权利上排斥、管理手段上“堵”与“疏”交错运用。

（3）“和谐”语境下的“农民工”

20世纪末21世纪初以来，随着经济转型和结构调整的深化，从农村转移到城镇的这一群体也在发生着深刻变化。首先，从规模上看，数量越来越大；其次，从留城意愿来看，在几十年的城乡迁徙中，他们中有部分人在城市通过自己的努力已从基层的务工者转变为专业技术型、投资经营型的移民，他们不再满足暂居城镇，而是倾向于长期留在城镇，并有举家迁移的打算，特别是“新生代农民工”群体逐渐登上历史舞台，他们留城的意愿更加强烈；最后，这一群体逐渐成为我国发展的新型劳动大军，为推动中国的经济发展、城镇化乃至现代化贡献了巨大的力量。美国著名的《时代周刊》曾把“中国农民工”评选为年度风云人物，而中国国务院总理李克强在农村调研时也曾称赞他们“给国家作了贡献，是国家的功臣”。然而，当这一群体在为城市建设、国家经济发展作出贡献的同时，他们在城市的基本权益却屡遭侵犯，生存环境日益恶化。因而，在促进社会公平正义的价值取向以及构建和谐社会政治话语的背景下，国家出台了一系列政策去保障他们的基本生存权益，并开始考虑促进他们“融入”城镇的问题；与此同时，政府及学界对其称谓也由限制、歧视、排斥性称谓转变为认可、尊重、接纳性称谓。2006年1月，《国务院关于解决“农

---

① 人民网：《李克强与留守儿童父亲通话：农民工是国家功臣》，http：//politics.people.com.cn/n/2014/0127/c70731－24246435.html。

民工”问题的若干意见》采用“农民工”称谓，并首次将“农民工”概念写入中央政府具有行政法规作用的文件中。在“农民工”的话语建构下，他们已经成为产业工人的重要组成部分，他们为社会主义现代化建设作出的贡献获得认可，城市也敞开了接纳他们的大门。但矛盾的是，城乡二元制度下建构起来的话语，依然无法让他们摆脱农民的身份，也无法使他们真正享受和城里人同等的待遇。

（4）“新型城镇化”语境下的“流动家户”

2012 年党的十八大提出在“四化同步”的基础上坚持走中国特色“新型城镇化”之路，随后李克强总理在 2013 年“两会”的记者会上阐释“新型城镇化”就是以人为本的城镇化。中国要实现以人为核心的新型城镇化，其关键是有序推进农业转移人口市民化，其背后蕴含的逻辑应是，今后要想使以农业转移人口市民化为核心的新型城镇化取得实质性进展，最关键的环节就是要实现其家庭的城镇化，只有农业转移人口的家庭城镇化了，才能真正推动农业转移人口的市民化，最终实现“人的城镇化”。因此，在这样的背景下，越来越多的农户从过去“跑单帮式”的流动模式逐渐向家庭式的“链式”迁移模式转变；据统计，2013 年我国举家外出的农民工已占外出农民工总量的 21.2%①。但在现实环境中，由于以户籍制度为中心的城乡二元制度依然存在，流动到城镇的家庭短期内又无法完全融入城镇，他们只能在城乡间来回迁徙，因此，流动的家户又成为当下农村社会的新异态，而这种新异态又进一步阻碍了流动家户尽快融入城镇。

2. 流动家户的城镇融入困境

（1）家庭界面的缺失损坏了流动家户融入城镇的基础

流动的家户进入城镇，稳定的居所是其开启市民化之路的逻辑起点。对于居所，从古至今人类从未停止过对其意义的建构，时至今日，它早已不再只是单纯意义上遮风避雨的场所，而是兼具身份、地位、等级以及情感归属等多重价值的“栖居之所”。它是一个温情脉脉的空间，是联接个体与社区乃至广阔社会的枢纽。而居所的多重价值要想得以体现，保持它的相对稳定性以及在此基础上自然形成的社会网络是前提。在费孝通先生

① 国家统计局：《2013 年全国农民工监测调查报告》，国家统计局网站，http：//www.stats.gov.cn/tjsj/zxfb/201405/t20140512_551585.html。

的乡土社会里，居所的多重价值由根植于血缘与地缘相统一的共同体内部得以体现；而在城市社会，由于社会分工和人口流动等因素，血缘逐渐淡出，地缘和以职业为纽带的业缘成为共同体新的关系纽带，而稳定的居所是人们积聚地缘、业缘的最主要途径。众所周知，绝大部分家户由于受现实条件所限，其居所呈现出临时性、流动性、过渡性等特征，且在短期内难以得到根本性改变，所以导致了以稳定居所为载体的家庭界面的缺失，使流动的家户融入其所在社区乃至城市的平台和枢纽遭到损坏，从而使其市民化困难重重。

（2）家庭成员的离散增加了流动家户融入城镇的成本

关于农业转移人口市民化的成本，其中包括私人发展成本和公共发展成本两部分。[①] 公共发展成本理应由政府来支付，而私人发展成本则须个体来承担。目前在农村家户向城镇转移的过程中，虽然中国传统家庭制度、观念和文化倡导“举家迁徙”，但受现实城乡二元制度等因素的影响，他们不得不采取家庭分散式的迁移方式，即部分留守农村，部分进城务工，这种离散式流动模式，无疑增加了流动家户融入城镇的私人支付成本。首先，家庭成员分散式的生活，一方面要投入成本维系在城市的生存，同时也要投入成本维系在农村的家庭生计，这种“一家两户”或者“一家多户”的方式增加了其生存成本；其次，家庭成员空间上的分离使得他们不得不在工作和家庭两地间频繁地“候鸟式”迁徙，并为此付出更高的经济成本；最后，家庭成员分隔在城乡两地生活，不仅需要投入成本维系原有滞留在农村的社会关系网络，为了更好地与市民共生，独自外出的家户也需要投入更多的成本培育城市社会资本，而且由于其流动性，往往需要重复投入，这增加了流动家户融入城镇的社会成本。

（3）家庭功能的失衡弱化了流动家户融入城镇的能力

中国现行乡城运动中离散式的流动模式，使大量农村家庭结构遭受破坏，并严重影响家庭功能的有效发挥，这在一定程度上弱化了流动家户融入城镇的能力。首先，家庭保障功能的失衡弱化了个体在城镇的发展能力。家庭作为“社会的细胞”构筑起了个体的第一层保障，然而，由于流动家户家庭的分散化，家庭作为个体福利和保障提供者的功能逐渐减

---

① 张国胜：《基于社会成本考虑的农民工市民化：一个转轨中发展大国的视角与政策选择》，《中国软科学》2009 年第 4 期。

弱，而他们又无法享受与城镇居民同等的社会保障，从而增加了他们在城镇生活的“脆弱性”；同时，由于家庭功能的失衡，使得他们成为工作与家庭冲突最为明显的群体。一方面，由于家庭成员的分离，使得绝大部分农户难以兼顾经济以外的其他家庭责任；另一方面，频繁往返于城镇与家乡，在工作与家庭责任间的“钟摆”运动，也容易使他们在工作上丧失一些发展机会，从而影响他们在城镇的发展能力。其次，家庭教育功能的失衡弱化了流动家户家庭未来融入城镇的能力。家庭稳定而亲密的关系，为子女成功的社会化提供环境和条件，然而在流动家户分离的核心家庭中，由于家庭成员的流动，居住空间的分离，使得子女不能获得完整的亲情和教化。流动家户的子女是其家庭的未来，也是未来城镇化的主要对象，但因缺乏完整家庭的影响和教化，可能会影响其以后的成长与发展，进而影响流动家户家庭的可持续发展以及未来的市民化。最后，家庭娱乐功能的失衡弱化了流动家户融入城镇的意愿。娱乐是家庭的另一重要功能，家庭所提供的温馨、娱乐与爱，不仅可以调节身心、增进感情，而且也能提供精神支撑和发展动力。流动家户家庭成员的分离，使家庭的温暖与亲情关系难以慰藉在他乡打工的成员，从而造成其心理的压抑与紧张，而已婚夫妻长期的分居，还可能增加家庭破裂的风险。流动家户从工作中获取维持家庭生活的所需，也需要通过家庭生活获取参与工作的动力。当他们在城市不仅难以从家庭生活中获得动力，而且还要承担因家庭离散而导致的压力与风险，且这一状态长期存在时，很可能会弱化他们主动融入城镇的意愿。

二　家户制新异态下乡村治理转型面临的新挑战

随着农村家户向城镇的转移由“家庭分散化”和“性别差序化”的流动逐渐向家庭式的“链式”迁移模式转变，使得农村的家户制在新的形势下，先后出现了离散的家户和流动的家户新异态，在这种新异态的影响下，乡村治理在当前形势下的转型也面临着新的挑战。

（一）家户的离散虚化了乡村治理的基础

通过前面几章的论述可以看出，完整的、具有生机和活力的、独立的个体家户构成了乡村治理坚实的基础，也是乡村治理的主体之一。这种完整的、独立的个体家户不仅能够很好地处理各自家庭内部私人领域的事务，也能够对所在乡村的公共事务进行自我管理、自我服务，通过自组织来实现乡村公共事务的治理，从而践行着村民自治的本质内涵。但是，在家户制新常态下，由于家户的离散，以男性和青壮年为主的农户外出务工，留在农村的几乎都是以妇女、儿童和老人为主的“空心家庭”，这样的家户不仅没有能力参与村庄的公共事务，而且本身内部都还存在着诸多问题，因此，虚化了乡村治理的基础。具体表现为：首先，治理主体的缺位。从理论上说，我国农村实行的村民自治制度，即在村干部由村民选举产生的体制下，农户和村干部之间应该是一种以“选举和被选举”为基础的委托—代理关系。按照这种新型的委托—代理关系，村干部不过是受农户委托管理村务，农户才是农村民主治理的主体，他们有权参与村务管理和监督村干部的工作。可见，从制度安排上看，农村治理的主体当然是广大农户，没有他们的广泛参与，就无所谓“村民自治”。但在家户离散的状态下，大量农村青壮年长年外出务工，留守在农村的妇幼老弱病残人员无法承担起农业生产和乡村治理的重任，因而导致治理主体的缺位。其次，民主监督的缺失。在农村家户离散的状态下，外出务工人员由于长期不在农村，对于农村的各种事物既不了解也不再关心。在农村的留守群体，他们一方面缺乏民主监督的知识，另一方面缺乏监督的动力，这样就使得农村的民主监督流于形式。在这种情况下，乡村公共权威机构失去了外部监督，同时自我监督的作用发挥不大，而监督的缺失导致了苍蝇式腐败的泛滥。

（二）家户的流动弱化了乡村治理的联接网络

根据前面几个章节的叙述，无论是在传统村落社会中基于地缘、血缘以及礼治秩序所形成的横向的和纵向的村庄内部的联接机制，还是现代乡村社会中基于血缘、契约和民主法治秩序所形成的横向的和纵向的村庄内部的联接机制，均构成了乡村治理的基础性关系网络和权力支配网络。根据罗伯特·帕特兰（Robert D. Putnam）的研究，公民对正式社会组织（formal social organization）和非正式社会网络（informal social networks）的参与，会提高他们之间的信任程度并培育互惠互利的道德规范，从而增强他们采取集体行动的能力。通过这些社会组织和非正式社会网络，以及由此派生出来的道德规范（比如社会信任），同一共同体内的公民可以更有效地组织集体行动来解决他们共同面临的公共问题，并对政府施加影响来保证这些问题的解决。因此，在一个民主社会或共同体内，充足的社会资本会产生很多正面的效应：如促使公民关心公共事务、参与政治，最重要的是能维护民主政体的良性运转。[①] 但在家户制新常态下，由于家户的频繁流动，家户间的交往减少，彼此间的信任逐渐减弱，使得家户间的这种联接网络逐渐弱化甚至走向断裂，家户在乡村中的社会资本存量逐渐流失。这种状况使得在乡村社会中出现“独自打保龄球”的现象，进而使得家户对乡村公共事务漠不关心，政治参与意愿下降，集体行动的效率降低，乡村治理的现代化转型陷入困境。

（三）村落的过疏化导致乡土公共性的衰落

在漫长的农业文明发展岁月里，村落作为一个真实的生活共同体和生产共同体，在乡土公共性构建进程中发挥了重要的作用。如前所述，无论是传统的“村落家族共同体”，还是新中国成立后集体化时期的具有强烈政治色彩的“行政共同体”，以及改革开放后家庭承包制时期的“自治共同体”，它们都能够通过这种乡土的公共性将分散的个体家户凝聚起来，形成“共助”或“互助”的体系，使个体家户能够从中体验和感受到“共同体”所带来的安全保障和亲密感情，进而对该共同体产生“认同感”。但由于在家户制新常态下，家户的离散和家户的流动，使得村落出现“过疏化”[②] 甚至“空心化”倾向。而村落“过疏化”或者“空心化”的出现带来的最直接的后果就是乡土公共性的衰落，并随之产生一系列的问题。首先，由于乡土公共性的衰落，家户的集体认同感和互助合作的基础减弱了，人与人之间的信任感、人情味大大减少，农户陷入一种“原子化”状态，乡村黑恶势力乘虚而入，乡村治理陷入“集权化”或者“豪强化”的危机。其次，新中国成立后的国家政权建设彻底摧毁了传统村落中的家族、宗族、长老等原生性权威，2006 年税费改革后乡镇等基层国家政权的“悬浮化”使得外生性权威对乡村的控制力大大减弱，乡土公共性的衰落又导致乡村内生性权威不足，使得乡村内部出现“权威真空”，乡村的基本秩序得不到维系，乡村的公平正义得不到保障。最后，由于乡土公共性的衰落，村落的凝聚力减弱，“人心散了”，人们逐渐失去了对公共事务的兴趣，也失去了在乡村公共领域寻求价值认同的动力，普遍出现了只强调自己的权利而无视对公众或他人的义务与责任的“无公

① ［美］罗伯特·帕特兰：《流动中的民主政体——当代社会中社会资本的演变》，李筠、王路遥等译，社会科学文献出版社 2014 年版，第 1 页。

② 田毅鹏：《村落过疏化与乡土公共性的重建》，《社会科学战线》2014 年第 6 期。

德的个人”现象；而且由于乡村舆论效力的降低，乡村内部原有形成的一些基本的行为准则受到挑战，“社会风气坏了”，各种社会伦理问题逐步浮出水面，使得农村出现了伦理性危机。

三 村社制新异态与乡村治理转型面临的新挑战

印度村社制传统作为历史的产物，其“形”虽在英国殖民统治时期已逐渐走向瓦解，但支撑其“神”的土地制度、种姓制度以及宗教思想等核心要素依然残存，并在不同的时期展现出不同的形态。当前，随着印度农村现代化的不断推进，印度村社的土地制度、种姓制度等也出现了新的形式，这些新形式在推动印度乡村治理转型的同时，也使乡村治理的转型面临诸多新挑战。

（一）村社土地改革与乡村治理的“寡头垄断”

1. 印度村社的土地改革

印度作为一个历史悠久的农业大国，土地是农民生活和财富的主要资源之一，土地制度是传统村社的核心制度之一。在印度传统的村社中，土地所有制一直是“共有制”主导下的“公私二重”所有制结构，但从18世纪90年代到19世纪90年代近一百年的英国殖民统治下，英印殖民当局进行了土地整理，通过实施柴明达尔制度（土地由佃户耕种，但归柴明达尔所有，他们是耕作者与国家之间的中间人）、莱约特瓦尔制度（耕作者与国家之间没有中间人）与马哈尔瓦尔制度（全部土地虽由单个家庭分散耕种，但归全体村社共有，村社共同负责向国家交纳田赋），彻底摧毁了孱弱的村社，在印度普遍确立了封建地主土地所有制。这种封建性质的土地关系结构不仅导致了广大农村地区的贫富分化，还导致农业生产率长期低下。据统计，在英国撤出印度时，占农村人口15%以下的地主占有全国土地的85%，其中不到2%的大地主占有全部土地的70%，地租率一般高达50%，有的甚至高达70%—80%，而占农村人口25%的农民没有一寸土地[①]。与此同时，乡村政权掌握在大地主手中，他们控制着无地或者少地的农民。可以说，土地问题是英国殖民统治留给印度农民的一笔遗产。因此，自独立以来，印度新政府为了改变这种局面，本着“耕者有其田”的指导思想，进行了持续的土地制度改革，先后进行了废除中间人

① 王新有：《印度的土地制度与贫民窟现象》，《经营管理者》2009年第24期。

地主制、租佃改革、制定土地持有最高限额和土地产权整理等改革。

（1）废除中间人制度。在废除柴明达尔制的法令实施之前，在3.24亿英亩可耕地中，有1.73亿英亩是由中间人占有的[①]。这些中间人在各邦称呼不一，例如柴明达尔、贾吉达尔和伊纳姆达尔等。他们对于耕种和向土地投资不感兴趣，他们只是关注向那些饱受高额地租剥削的佃户收租，坐享其成。印度政府采取的第一个步骤是废除国家和耕者之间的中间人，取消中间剥削，使柴明达尔地区与莱约特瓦尔地区一样，而废除中间人是以向中间人给予补偿金的办法实现的。关于补偿金的支付，对小柴明达尔付给现金，对其他柴明达尔则以可偿证券的形式支付，20—40年付清。[②]通过废除中间人地主制，印度政府得到1400万亩的土地，使得大约2000万法定佃户获得佃耕权，但与此同时政府付给中间人的补偿金也达67亿卢比。由此可见，这项立法不是把所有权授予实际耕作者，而是把它授予法定的佃户，然而，这些佃户本身就有许多是转租佃户的中间人。总的来说，废除柴明达尔制的法令并没有使那些转租佃户和分成农受益，因为他们没有获得对他们所耕土地的占有权。虽然中间人制度被废除了，但征收地租的阶级却仍然存在。1955年印度政府的第8次全国调查数据显示，其中占75%的农户仅占有17%的土地，而仅占12.5%的农户却拥有66.5%的土地。[③] 这也就是说，耕者无其田、有田者坐收地租的现象在印度依然十分普遍。这与印度政府最初设想的实现耕者有其田的初衷是矛盾的。因此，印度政府又进行了租佃改革。

（2）租佃改革。印度租佃制的基本问题是地租高和地权无保障，这两者又是互相关连的。租佃制改革包括三项内容：第一项内容是五年计划文件中，印度中央政府要求各邦把地租的最高限额固定在土地总收成的1/4或1/5。但是，中央政府的目标并没能实现。第二项内容是保障佃农的土地佃耕权，防止地主随意把佃农从土地上驱赶出去。印度中央政府曾先后就此作出一些规定，大多数邦也都通过了给佃农土地保有保障的立法。但是，各邦立法的实际实施，和中央政府的要求相去甚远（具体如表

---

① ［印］马尼拉尔·B. 纳纳瓦提、J. J. 安贾里亚：《印度的农业问题》，孟买沃拉公司出版社1970年版，第249页。

② 刘学成：《印度土地改革的政治意义》，秦毅译，《南亚研究》1989年第4期。

③ 陈翰笙：《印度的土地改革》，《新建设》1962年第7期。

6－10）。第三项内容是试图最终给佃农土地所有权，使他们成为长期租佃的土地的主人。在这项改革中，仅有一些邦通过了给佃农土地所有权的立法，而其中一些邦的立法问题不少。例如，比哈尔邦、哈里亚那邦和旁遮普邦的立法规定，如果出租土地的地主持有的土地少于土地最高限额数，佃农便无权获得土地所有权。

表 6－10　　印度不同邦所允许的租赁条件①

邦或地区	允许可以出租土地的人	相应的业主与租户的权利
特伦甘纳（安得拉邦）	在限制类别里少于三名“家庭持有人”的小农户；续租期为五年	土地回收权
安得拉邦区（安得拉邦）	无限制	土地回收权的上限为土地面积的2/3，但应留一半土地给租户
阿萨姆	无限制	如果土地确实需要自己耕种，业主有收回土地的权利
比哈尔邦	限制类，根据比哈尔邦的租约条例，灌溉土地面积少于5英亩的人	土地回收权
索拉什特拉（古吉拉特邦）	限制类别	未经批准的租赁将受到罚款
哈里亚纳邦	允许	租户没有相应的权利
喜马偕尔邦	限制类别	土地回收权
喀拉拉邦	不允许	
马哈拉施特邦	允许	租户在一年之内拥有购买土地的权利，除非业主属于限制类别
奥利萨邦	限制类别和“特权”	
旁遮普邦	允许	租户没有相应的权利
拉贾斯坦邦	允许但有时间限制，除限制类别以外	
泰米尔纳德邦	允许，但需要记录合约	
北方邦	限制类别	
西孟加拉邦	允许	增加租户的 Bargadari 继承权，业主可以在特定条件下收回土地，但要服从关于自己最多收回土地面积以及给租户至少保留多少土地面积的规定

资料来源：印度农业部，历年。

注：“限制类别”通常指特殊人群，如寡妇、军队成员、残疾人等。

① ［印］A. 古拉蒂、范胜根：《巨龙与大象：中国和印度农业农村改革的比较研究》，科学出版社 2009 年版，第 51—52 页。

（3）规定土地持有最高限额。实施土地最高限额法的目的是分散过于集中的土地，把从中获得的剩余土地分给下层农民，使更多人获得土地。这项改革可分为1972年以前和1972年以后两个阶段。在第一个阶段，早在50年代中期制订的第二个五年计划文件中，印度中央政府就提出了实施土地最高限额法的指导原则。原则对土地最高限额法的实施单位和豁免范围、土地最高限额的数量、实施土地最高限额法后政府获得的剩余土地的分配对象等作了规定。但是，由于各邦行动迟缓，加上通过的立法漏洞很多，结果改革的收效甚微。结果，到1972年时，仅有230万英亩的土地被清查后宣布为剩余土地，其中仅有130万英亩被分配。在比哈尔、奥里萨、卡纳塔克和拉贾斯坦诸邦，邦政府连一寸剩余土地也未能获得。[①] 为统一政策，完成土地最高限额法的实施，印度中央政府被迫于1972年召开了各邦首席部长大会。会议通过了新的土地最高限额法实施指导原则，规定水浇地的最高占有限额为18英亩，非水浇地为54英亩，以由丈夫、妻子和三个年幼子女组成的家庭为土地最高限额法的实施单位。根据新的指导原则，各邦或对以前的立法作出了修改，或重新立法，进一步实施了土地最高限额法。通过前后两个阶段的改革，到1988年4月，计有293万公顷土地被宣布为剩余土地。其中各邦政府获得了243万公顷的所有权，并将其中的180万公顷分给了410万个农业劳动力和其他符合分配原则者。[②]

（4）土地合并。印度土地改革的最后一个方面是合并分散的土地控股运动。一个村庄里的控股权的合并只有得到三分之二土地拥有者的同意方可生效。质量参差不齐的土地在当时得到了集中，并通过合并的手段在各地主之间进行重新分配，从而降低了分散程度，增加了采用土地扩大技术的可能性。到2002年，142万公顷的耕地面积中已经有66.1万公顷得到了合并，然而很多邦早早就停止了这一进程（印度计划委员会，2003）。

2. 村社土地改革后的结果与乡村治理的“寡头垄断”

印度独立后，通过一系列持续的土地改革，试图实现“耕者有其田”

---

① 殷永林：《论印度土地改革的成败和影响》，《思想战线》1995年第5期。

② ［印］Datt, Ruddar & Sundharam, K. P. M., *Indian Economy*. New Delhi, Niraj Prakashan. 1991. p. 427.

的初衷，改变土地分布不均与高度集中于地主手中的现状，但从实际的效果来看，似乎并未达到预期。从土地的集中情况与所有制关系来看，虽然一系列的土地改革使得土地高度集中的现象有所改观，土地集中的程度有所下降，但土地仍然高度集中于少数地主的手中。有关数据统计显示，在土地改革初期阶段的20世纪50年代，所有邦的土地集中化程度都呈下降趋势；60年代，集中化程度下降的幅度很小且仅有9个邦下降，甚至有3个邦（古吉拉特邦、旁遮普邦及北方邦）呈现出土地所有权集中急剧上升的趋势；到了70年代和80年代，正值印度农业的技术变革时期，土地所有权集中化范围出现大幅增加，在这个时期的基尼测度中，17个邦中有9个邦是增加的（具体如表6－11所示）。然而，诸如旁遮普邦、哈里亚纳邦及北方邦等有着先进农业的邦并没有出现土地所有权集中化上升的趋势，而那些土地所有权集中化现象比较明显的地区（如阿萨姆邦、西孟加拉邦、比哈尔邦等）农业现代化并未取得明显进步，而农村贫困发生率却是在所有邦中较高的。根据阿玛蒂亚·森1987—1988年的统计数据，印度所有邦中贫困程度最高的当数比哈尔邦，其次是奥利萨邦、西孟加拉邦和阿萨姆邦（具体如表6－12所示）。即使在今天的印度，土地仍然高度集中。与土地高度集中化相适应的是农村无地的、依靠充当雇工维持生计的“农业无产者”逐渐增多（具体如表6－13所示）。截至目前，有关数据统计显示，占农户1.6%的大农户拥有17%的耕地，23%的农户是半自耕农与佃农的混合，占农户总数50%的小农只拥有1%的耕地。不仅如此，随着印度农村现代化的深入推进，一些小农因无力面对现代化农业的竞争，还在不断地丧失土地而不得不加入无地农民队伍。最新数据统计显示，截止到2013年，印度农村地区至少还存在有7000余万无地农民①。

那么，印度的土改为什么会出现这样的结果？从以上的土改过程我们不难看出，印度独立后面临英国殖民者遗留下的土地问题所进行的土地改革，不是从根本上打破这种束缚生产力的土地结构，而是企图在维持基本财产权范畴内寻求土地占有者和无地者之间的平衡。例如在第一阶段废除中间人制度的改革中，印度农村原有的柴明达尔大地主阶层虽然被废除了，但其根本利益及剥削方式依然被保护下来，他们保留了大量的自留地，转化为新地主，而且他们还获得了巨额的补偿金。就这部分印度地主

① 陈晨、刘皓然：《中国就土改向印度“取经”?》，《环球时报》，2014年6月12日。

经济来说，除了一部分转化成资本主义农场外，其他大部分地主的剥削手段和独立前的状态区别不大，仍然是榨取地租。农村中其他有势力的地主阶级和富农则正式转化为拥有土地所有权的新地主，他们也是土改的受益者。本质上，这是利益在上层阶级中间的调整和分配，一部分土地从大地主手中转移到中小地主手中。在随后的各项土地改革中，由于土地立法漏洞百出，给执法者提供了弄虚作假的机会，也给土地所有者提供了继续占有限额以外土地的借口。所以，总体来说，印度土地改革并未触动大地主阶层的根本利益，一部分中小地主或富农的利益得到较大改善，而广大贫困农民、无地农民的处境不仅没有改善，甚至还有所恶化。对此，印度学者阿玛蒂亚·森感慨道，印度甚至比未充分开展土地改革的东亚经济体中经济增长最慢的国家——菲律宾更为糟糕。①

正是由于这种不彻底的土地改革，使得印度农村的贫富分化依然严重，大量土地集中在少数大地主或者中、上阶层人的手中。由于他们占据有村里大量的土地和资源，因而村潘查亚特往往由他们来主导或者“垄断”着，并进而成为他们进一步牟利的工具。根据印度两位学者 H. N. 辛格和拉姆·S. 辛格分别对北方邦东部的焦纳普尔县（Jaunpur）的多比（Dobhi）发展区和阿扎姆杰尔县（Azamgarh）的比拉里亚伽杰（Bilaria-ganj）发展区农村的调查发现，拥有土地所有权是在农村建立经济支配地位的关键性因素。在比拉里亚伽杰发展区，上层种姓尽管人数不算多，只占总人口的 15%，但是却拥有 1/3 的土地，再加上很高的礼仪地位和社会威望，他们在农村处于支配性地位。中等种姓中阿依尔种姓的人数和拥有的土地数量都不少，约占 20%，他们的经济地位也较高。其他中等种姓如库米、卡亚斯塔和巴尼亚等种姓，因为人数少、土地不多，在该地区的影响并不大。该地区还有不少其他落后种姓，因为人数少和经济地位不高而影响很小。表列种姓人数占 21%，但只拥有约 7% 的土地，尽管与其他落后种姓一起人数众多，但因为拥有的土地少，他们的生存不得不依赖拥有土地的上层种姓，因而他们的政治和经济影响都很小。而来自多比发展区的数据也显示，村潘查亚特领导人中来自婆罗门和塔鲁克等上层种姓的分别占 13.10% 和 64.68%，共计 77.78%；来自中等种姓上层的阿依

① ［印］阿玛蒂亚·森：《印度：经济发展与社会机会》，黄飞君译，社会科学文献出版社 2006 年版，第 50 页。

尔种姓所占比例仅次于塔鲁克，为14.68%；来自表列种姓的所占比例远低于其人口百分比。由此可知，村潘查亚特依然由上层种姓和大土地所有者所主导。① 对此，正如美国学者弗朗辛·R. 弗兰克尔所说："没有彻底的土地改革，就不可能朝向经济、社会和政治等多种发展目标取得足够的进展；在不改变少数种姓占有经济资源的前提下，企图通过改变村一级的组织结构形态来达到政策调和与社会变革的相协调是很难行得通的。"② 巴林顿·摩尔也曾写道："如果民主意味着一个理性人有机会在决定其命运的过程中扮演一种有意义的角色，那么，民主在印度的乡村还不存在。印度的农民还不具备民主社会所需要的物质和智力条件。潘查亚特的'复兴'……主要是一种浪漫的修辞。"③

表6－11　　在选定年份中印度土地的经营结构④

类别（公顷）	数量/百万				经营面积/百万公顷				平均经营土地面积/公顷			
	1970/1971	1980/1981	1990/1991	1995/1996	1970/1971	1980/1981	1990/1991	1995/1996	1970/1971	1980/1981	1990/1991	1995/1996
边际和半边际（<1）	35.7（50.6）	50.1（56.4）	63.4（59.4）	71.2（61.6）	14.5（9）	19.7（12）	24.9（15.1）	28.1（17.2）	0.41	0.39	0.39	0.4
小型（1—1.99）	13.4（19.1）	16.1（18.1）	20.1（18.8）	21.7（18.7）	9.3（11.9）	23.2（14.1）	28.8（17.4）	30.7（18.8）	1.4	1.4	1.4	1.4
中小型（2—3.99）	10.7（15.2）	12.4（14）	13.9（13.1）	14.3（12.3）	30（18.4）	34.6（21.2）	38.4（23.2）	38.9（23.8）	2.8	2.8	2.8	2.7
中型（4—9.99）	7.9（11.3）	8.1（9.1）	7.6（7.1）	7.1（6.1）	48.2（29.8）	48.5（29.6）	44.7（27）	41.4（25.3）	6.1	6	5.9	5.8
大型（>10）	2.8（3.9）	2.2（2.4）	1.6（1.6）	1.4（1.2）	50.1（30.9）	37.7（23）	28.7（17.3）	24.2（14.8）	18.1	17.4	17.3	17.2
总计	70.5	88.9	106.6	115.6	162.1	163.8	165.5	163.4	22.3	11.8	11.6	11.4

资料来源：印度统计局（2006），2003年数据。

注：括号中的数据表示所占总额的百分比。

① 金永丽：《印度乡村发展计划执行情况及启示》，《国家行政学院学报》2009年第3期。

② ［美］弗朗辛·R. 弗兰克尔：《印度独立后政治经济发展史》，孙培钧等译，中国社会出版社1989年版，第629页。

③ ［美］巴林顿·摩尔：《民主和专制的社会起源——现代世界诞生时的贵族与农民》，拓夫、张东东译，华夏出版社1987年版，第304页。

④ ［印］A. 古拉蒂、范胜根：《巨龙与大象：中国和印度农业农村改革的比较研究》，科学出版社2009年版，第57页。

表 6－12　　　　印度各邦人均收入和贫困程度相关指标①

邦	1991年人口（百万）	按现值计算，各邦1991—1992年度人均产值（卢比/年）	1980—1990年人均SDP年增长率（%/年）	按1970—1978年价格计算，1987—1988年人均消费支出（卢比/月）		1987—1988年的贫困程度				1987—1988年人均消费支出的基尼系数	
						人头比（%）		森指数			
				农村	城市	农村	城市	农村	城市	农村	城市
安得拉邦	67	5570	1.7	44.7	57.9	31.6	40.0	9.5	14.2	0.31	0.36
阿萨姆邦	22	4230	2.9	41.7	73.9	53.1	11.4	16.0	2.3	0.23	0.31
比哈尔邦	86	2904	1.8	37.2	47.7	66.3	56.7	25.0	20.0	0.26	0.31
古吉拉特邦	41	6425	2.2	40.8	57.4	41.6	38.8	11.4	12.1	0.26	0.28
哈里亚纳邦	16	8690	3.2	56.8	65.3	23.2	18.3	6.7	5.2	0.29	0.28
喜马偕尔邦	5	5355	2.0	54.2	96.1	24.8	3.3	6.7	3.3	0.28	0.28
查谟－克什米尔邦	8[a]	4051	-0.1	47.6	63.0	33.1	11.0	8.9	2.3	0.30	0.28
卡纳塔克邦	45	5555	3.0	39.9	53.2	42.3	45.0	15.3	17.0	0.30	0.34
喀拉拉邦	29	4618	0.3	52.2	64.4	44.0	44.5	15.4	16.9	0.32	0.36
中央邦	66	4077	3.1	37.2	57.3	49.8	46.0	17.9	17.4	0.29	0.33
马哈拉施特邦	79	8180	2.8	42.6	66.5	54.2	35.6	19.9	14.1	0.32	0.34
奥利萨邦	32	4068	2.7	33.4	58.1	65.6	44.5	26.8	17.4	0.27	0.31
旁遮普邦	20	9643	3.2	63.1	73.3	21.0	11.2	4.9	2.6	0.30	0.28
拉贾斯坦邦	44	4361	2.4	40.7	57.6	41.9	41.5	17.1	14.0	0.32	0.35
泰米尔纳德邦	56	5078	2.5	38.7	55.5	51.3	39.2	20.2	14.5	0.33	0.36
北方邦	139	4012	2.2	37.7	55.1	47.7	41.9	16.2	14.8	0.29	0.33
西孟加拉邦	68	5383	2.5	40.5	65.1	57.2	30.6	20.1	9.1	0.26	0.35
印度	846[b]	5583[C]	3.1	41.2	61.2	44.9	36.5	15.5	12.8	n/a	n/a

注：a. 参见先前的人口普查数据。

b. 包括查谟和克什米尔两地的人口。

c. 按现值计算的人均国民净产值。

表 6－13　　　　印度农民"无产化"的发展（1951—1991）

年度	耕作者		农业劳工	
	数量（百万人）	变化率（%）	数量（百万人）	变化率（%）
1951	69.9	—	27.3	—

① ［印］阿玛蒂亚·森：《印度：经济发展与社会机会》，黄飞君译，社会科学文献出版社2006年版，第252页。

续表

年度	耕作者		农业劳工	
	数量（百万人）	变化率（%）	数量（百万人）	变化率（%）
1961	99.6	42.49	31.5	15.38
1971	78.2	-21.49	47.5	50.79
1981	92.5	18.29	55.5	16.84
1991	110.7	19.58	74.6	34.41

资料来源：Ministry of Agriculture，2002，Tab. 2. 2。

（二）种姓政治化与乡村治理中的“政治冲突”

种姓制度作为支撑印度村社的核心制度之一，其等级阶序和种姓隔离思想在印度社会留下了深深的烙印。印度独立后，新政府的执政当局深刻认识到了种姓制度的这种危害，正如尼赫鲁所说：“种姓制度流行于一个特殊的时代……后来却发展成为社会制度和人类心智的牢狱了。归根结底，完全是以牺牲了后来的进步为代价的。”“种姓的概念和实际具体表现了贵族的理想，这显然是与民主的概念背道而驰的。”① 基于此，1950年《宪法》第17条明确规定：“废除贱民制，并禁止在任何方式下实行贱民制；任何由于贱民制而产生剥夺人之能力的事情，为罪行，应依法处罚。”② 随后，1955年印度政府又制定了《不可接触制犯罪法》，法令规定对贱民实行任何不可接触的歧视活动，都触犯刑律构成犯罪。1976年还实施了《公民权利保护法》，以保护表列种姓和表列部族。③ 为了将法律的规定落到实处，印度政府还采取了具体措施，以提高不可接触者的社会政治和经济地位。比如根据法律规定，印度政府为表列种姓和表列部族在议会、政府机关以及潘查亚特保留一定比例的席位，这个比例由开始的17.5%提高到22.5%。④ 与此同时，印度政府还采取一些具体措施帮助提高表列种姓的教育程度，改善其生活状况。随着以上这些法律的制定及具体措施的落实，落后种姓的地位得到了提高。

---

① ［印］贾瓦哈拉尔·尼赫鲁：《印度的发现》，齐文译，世界知识出版社1956年版，第99、329页。

② 郭登皞等译：《印度宪法》，世界知识出版社1951年版，第5—6页。

③ 因宪法宣布取消贱民制，故“贱民”（Untouchables）一词改为“表列种姓”（Schaeduled Castes）。

④ 洪共福：《印度独立后的政治变迁》，黄山书社2011年版，第187—188页。

另外，随着印度世俗化政策的推行、农民政治民主以及“王侯将相宁有种乎?”的社会平等意识的觉醒，种姓制度发生了很大的改观，种姓制在结构上出现了重大变化，由于一些低种姓集团通过所谓“梵化”[①] 的过程将其地位提高，中等种姓逐渐增多（过去的高、低种姓结构演变为高、中、低三大种姓结构)。随着种姓结构的这种变化，使得原来印度村社内纵向上的具有等级阶序性质的种姓逐渐转变为平等竞争性的利益实体，换句话说，种姓系统的被削弱和低种姓地位的提升，使种姓系统内的平等竞争逐渐取代等级性的相互依赖。由此，在印度乡村内，出现了多种代表各自种姓利益的种姓集团。同时，在议会民主制下，社会利益集团组成政党，政党为争取民众的支持而展开激烈的选票争夺战。由于种姓具有一定的集团意识，这样，种姓便自然成为了政党利用的工具。政党借用种姓的外壳来谋取党派利益，而种姓也借助政党谋取本种姓利益，种姓政治应运而生，表现形式便是出现了种姓协会与种姓政党。而人们的政党忠诚很多时候像一个家庭传统，就像印度教徒拜哪个神也有家庭传统一样。因此，在印度乡村社会中，不仅出现了多元竞争的种姓集团，也出现了由种姓与政治结合起来的多元竞争的政党派系，再加上多元化的宗教信仰，使得印度乡村变成了一个社会多样化、利益多元化的社会，各种政治势力、宗教信仰、种姓集团交织在一起，为各自集团的利益展开激烈的竞争，而村潘查亚特便是各种力量角力的“角斗场”，使得印度的乡村治理中充斥着大量的“政治冲突”，有时，这些政治冲突甚至会演变为政治暴力。人类学者吴晓黎在对印度喀拉拉邦进行田野调查后发现，在喀拉拉邦的乡村，政治暴力事件之突出可见，超过了其他任何类型的暴力。[②]

（三）印度93宪法后体制性障碍与乡村治理面临的新问题

随着93宪法对印度乡村治理的三级潘查亚特体制的重新确认，在潘查亚特自治框架下，地方自治与乡村民主得到了进一步的巩固与深化。但是，在潘查亚特后续的执行过程中，很多都偏离了宪法修正案的精神，这

---

① “梵化”即一些低种姓的人，通过经商、从政等途径，提高了自己的经济和社会地位，但他们的低种姓身份是世袭不变的，于是他们就采用所谓“梵化”的过程，即模仿高种姓的生活习俗、宗教仪式和信仰，试图通过礼俗的改变使自己进入高种姓。有时，他们也通过“西化”的方式，即接受西式教育而改变传统生活方式。

② 吴晓黎：《社群、组织与大众民主：印度喀拉拉邦社会政治的民族志》，北京大学出版社2009年版，第366页。

也给印度乡村治理现代化转型带来新的挑战。

1. 邦政府分权不到位，潘查亚特缺乏实权

根据93宪法的精神，除宪法规定了农村自治的框架制度外，地方自治的事项完全属于邦立法事项的范围，所以邦是否愿意放权成为地方自治成败的关键。但是，在实际操作过程中，印度大多数邦政府在对各级潘查亚特事权、财权、职能、职员等的转移并未达到预期目标，实际权力仍被各级官僚控制。即使许多邦政府已经将数个任务下放给了不同层级的潘查亚特，但是，它们却一直没有赋予新成立的农村地方机构以合适的职能性事权。除了职能和权力的转移外，邦还要下放职员和更多的创收性资源给农村政府，确保有效的财政分权。虽然一些邦（古吉拉特邦、卡纳塔卡邦、喀拉拉邦、中央邦、拉贾斯坦邦）已经下放了职员，但是大多数其他邦并没有将所需的职员转移给潘查亚特，以保证潘查亚特能够履行其传统的职能性事权。（印度各邦分权情况如图6－1、6－2、6－3、6－4所示）

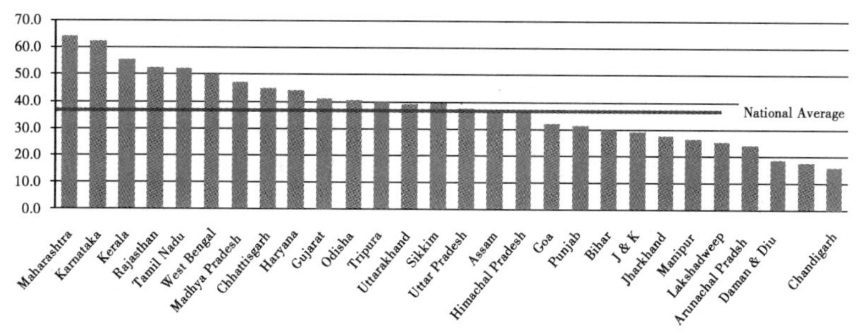

Data from 2012-13 Devolution Index Study conducted by IIPA,New Delhi for the Ministry of Panchayati Raj

图6－1 印度各邦2012—2013年度对潘查亚特分权指数

2. 地方自治缺少财政支持，潘查亚特运转难以为继

根据宪法修正案，诸如执行、服务提供和将事权转移给农村地方机构等重要事情，都由邦立法机关自行决定。结果，当地方机构的支出事权大幅增强后，在法律上却没有规定相应的资金配置来满足额外增加的事权。目前，潘查亚特所掌握的财政权力并不太多。潘查亚特的财政很大程度上来自税收安排、税收分享和邦与中央政府的拨款补助，而自己的税收和非税收收入所占的份额非常小。据统计，过去10年潘查亚特自筹经费只占

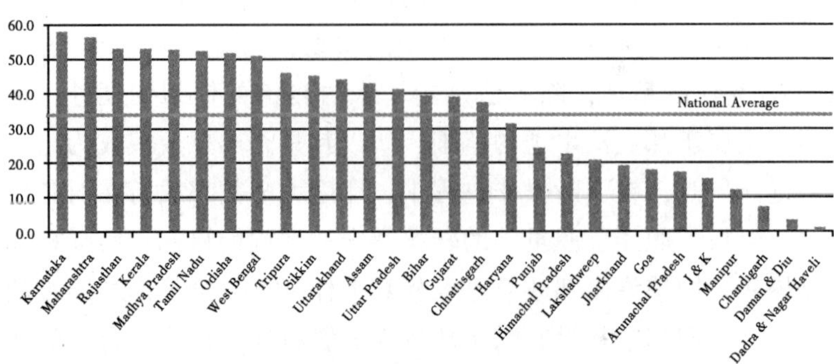

Data from 2012-13 Devolution lndex Study conducted by llPA,New Delhi for the Ministry of Panchayati Raj

图 6－2　印度各邦 2012—2013 年度对潘查亚特事权下放情况

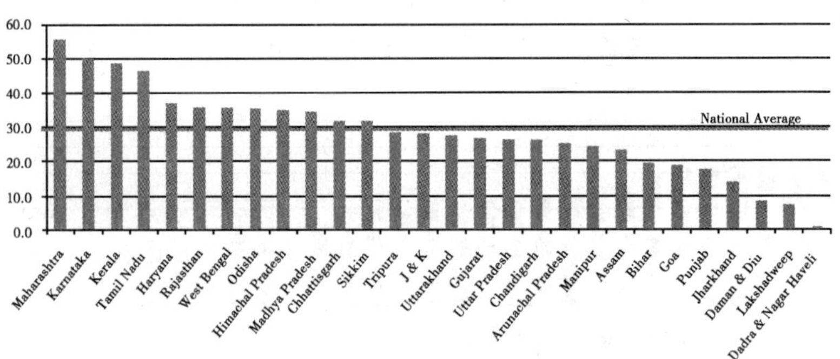

Data from 2012-13 Devolution lndex Study conducted by llPA,New Delhi for the Ministry of Panchayati Raj

图 6－3　印度各邦 2012—2013 年度对潘查亚特财权下放情况

经费总额的不到 10%，其余 90% 以上都是中央政府或者邦政府支持①。但由于邦政府的财政分权不到位，使得潘查亚特长期处于经费不足的状态。与经费不足直接相连的情况就是农村潘查亚特的办公设备的匮乏。据统计，25% 的基层潘查亚特没有基本的办公场所，只有 20% 的基层潘查亚特有电脑②，从而使得潘查亚特的运转难以为继，进而失去了乡村治理的功能。

---

① Ministry of Panchayati Raj，Roadmap for the Panchayati Raj（2011－16），an All India Perspective，p. 34。

② Ibid.，p. 14。

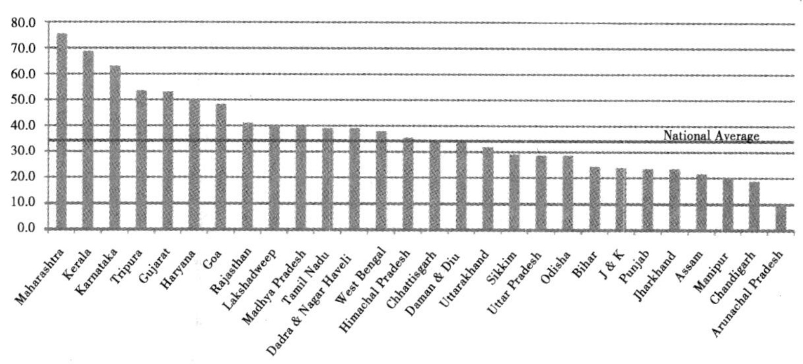

Data from 2012-13 Devolution Index Study conducted by IIPA, New Delhi for the Ministry of Panchayati Raj

图 6－4　印度各邦 2012—2013 年度对潘查亚特职员转移情况

3. 潘查亚特的腐败与低效率，使得民众对乡村自治失去信任

根据印度学者的研究，印度公共生活的腐败越来越严重，而潘查亚特制度并没有减少腐败。[①] 有学者估计有 55%—65% 的政府资金被官员侵吞，并认为腐败是潘查亚特面临的最重要的问题，20 年的实践没有改变印度南部的邦——卡纳塔克邦潘查亚特的腐败情况。[②] 虽然潘查亚特的经费也需要审计，但一方面，由于区潘查亚特和村潘查亚特的账目由审计署审计，但是 3 年一次，实际的监督功能薄弱[③]；另一方面，基层民众对权力的监督也面临诸多困难，极端贫困、文盲和印度法律的极端复杂都使普通公民监督政府困难重重。世界银行的研究表明虽然所有的村民参与选举，但只有 20%—40% 的村民参与潘查亚特的其他事务管理。[④] 可见村民并不积极参与基层政治，这更使监督形同虚设。另外，民选产生的潘查亚特管辖地域庞大，潘查亚特与普通民众之间距离遥远，这也使监督难度变大。与潘查亚特腐败直接相连的是其低效率，就在 2002 年有记者在中央

① V. Vijayvalakshmi, Corruption and Local Govermance, Evidence from Karnataka, p. 7, www. isec. ac. in/Karnataka_ Vijayalakshmi－June_ aligned. pdf, March 3, 2012.

② V. Vijayvalakshmi, Corruption and Local Govermance, Evidence from Karnataka, pp. 1－3, www. isec. ac. in/Karnataka_ Vijayalakshmi－June_ aligned. pdf, March 3, 2012.

③ V. Vijayvalakshmi, Corruption and Local Govermance, Evidence from Karnataka, p. 4, www. isec. ac. in/Karnataka_ Vijayalakshmi－June_ aligned. pdf, March 3, 2012.

④ Ruth J. Alsop, Anirudh Krishna, Disa Sjoblom, *Inclusion and Local Eletcted Goverments: the Panchayat Raj System in India*, Publication of Social Development of the World Bank, p. 10.

邦和拉贾斯坦邦边界村庄采访时发现因村潘查亚特没有积极施救而导致贱民饿死，而贱民离村潘查亚特机构只有几百米远。[①] 正是由于潘查亚特的腐败与低效率问题，使得普通民众对潘查亚特失去了信任，进而也降低了他们参与乡村公共事务的热情与意愿。

（四）印度乡村治理中的一些经验做法

虽然印度在乡村治理的现代化转型中，由于不彻底的土地改革、种姓宗教等历史遗产中的一些消极因素以及印度自身体制方面的原因，目前还面临诸多困境，但是，其在乡村治理转型的过程中，也存在着许多值得借鉴的经验做法。

1. 农村人口转移进程中的社会保护策略

根据印度1949年的《宪法》规定，一切公民均享受在印度领土内自由迁徙、在任何地方居住和定居的权利。并且，公民愿意在哪里登记，就可以在哪里投票。因此，在这种自由迁徙的法律框架下，大量农村地区因土地问题而产生的无地、少地农民涌入到城市以寻找新的生存机会。英国《金融时报》2014年7月2日报道的数据显示，1951年时，印度人口过10万的城市只有41个，过100万的城市只有5个。那时，3.6亿印度人基本分布在56万个村庄里。现在人口过100万的城市（或者用人口学家的术语“城市群”）至少有53个，而人口过1000万的城市有3个。到2031年，孟买、新德里、加尔各答、金奈、班加罗尔和海得拉巴这6座城市的人口规模都将在1000万到3000万之间。现如今，像科泽科德、维杰亚瓦达和詹谢普尔这类听来陌生的城市也加入到费城、巴塞罗那这类百万人口城市之列。一方面，大量农村贫民涌入城市，但另一方面，由于印度城市的失业率一直居高不下，进城的贫民的经济状况并没有发生根本的转变，因此他们便在城市中的“空白地带”安营扎寨。由于印度土地属于私有，所以这些简棚就只能搭在政府所有的公共土地上。因为政府既无安置用的房屋和资金，又不能驱逐“非法”占用者，甚至为了安抚贫民窟的愤怒，印度政府反而规定了一旦贫民窟棚屋居住者时间超过10年就拥有这块土地，因此，在印度城市中便出现了大量“贫民窟”。在印度的

① Hartosh Singh Bal, Raj: The imperfect pure democracy of Panchayati, http://www.himalmag.com/component/content/article/1141 – Raj – – The – imperfect – pure – democracy – of – Panchayati.html, April 20, 2012.

诸多贫民窟中，最为知名的当数孟买的贫民窟，由近2000个大大小小的贫民窟组成，生活着数以百万计的贫民。可以说，这是印度城镇化进程中的“顽疾”。与中国相比较，中国在城镇化的进程中由于户籍制度的限制，虽没有在城市产生像印度那样的“贫民窟”，但是在农村地区产生了大量的留守群体及其“家庭离散”问题。

针对农村人口转移过程中的一些问题，印度政府开展了一系列积极的保护策略。印度政府对于国内的城乡劳动力转移，充分利用了转移就业作为一种雇佣保障对社会成员的保护作用。在允许国内自由转移就业的框架下，印度政府进一步将国内劳动力转移就业作为一种全国性的扶贫战略，实施了大范围的转移就业方案，务求使农村转移劳动者在国家计划的架构下参与城市经济活动的开展。农村劳动者转移就业的性别比例、工作地点和工作时间，都设定有相关的操作规范，具有高度的计划性安排。与此同时，印度政府进一步通过立法强化这些保护措施的制度性保障。面对农村贫困家庭的劳动者，2005年印度颁布了《全国农村就业保障法》；2008年印度政府又颁布了《灵活就业人员社会保障法》，明确规定灵活就业人员不论职业或就业与否，都有资格享受社会保障。

2. 大力培育和支持农村社会组织的发展

在印度乡村治理及农村公共产品的供给中，由于政府往往掌握的资源有限，加之严重官僚化所导致的效率低下，故印度大力培育并发展非政府组织，充分整合社会资源，使得国内外的非政府组织在乡村公共产品的提供方面发挥了重要作用。政府与非政府组织的合作，利用非政府组织调配资源的能力，从一定程度上弥补了政府资源匮乏的困境。因此，印度也成为了发展中国家中社会组织发展最好、组织化程度最为完善的国家之一。在印度的各个邦中，都有大量的地域性社会组织，它们通过项目的形式长期在本区域内的农村地区开展社会扶持及农村改造活动，它们不是做完一个项目换一个地方，而是长期在一个地方经营，使得该地区的农村能够得到长期的、持续性的支持。并且，各地的社会组织每年都会定期聚在一起，召开“经验交流及学术研讨会”。与学界的研讨会不同，它们的研讨会主要目的是交流各自在所在农村地区开展项目实践中的经验做法，并彼此间展开讨论，对于做得好的地方，它们还会组织其他社会组织去观摩学习。笔者在印度访学期间，有幸参加了在哈里亚纳邦首府古尔冈由Sehgal基金会举办的主题为《乡村善治与公民参与：ICT技术在促进基层善治中的运用》的经验交流会，并参与了 Sehgal 基金会组织的农村扶持经验的现场观摩。Sehgal 基金会是哈里亚纳邦的一个区域性非政府组织，由当地的 Sehgal 家族发起，自 1992 年开始，该组织一直在 Mewat 县的农村先后开展了多项关于发展农村经济、加强农村基础设施建设、提高农村妇女识字率以及提升乡村治理能力的项目实践（具体如图 6－5、6－6 所示），有效地推动了当地农村的发展。

图 6－5　Sehgal 基金会在乡村中学建设的雨水收集工程（由笔者拍摄）

图 6－6　Sehgal 基金会在乡村开展的提升妇女识字率的培训活动（由笔者拍摄）

3. 依托信息技术优势积极推进农村“信息扶贫”

信息技术产业是印度的优势产业，据相关数据统计，在过去的 10 年中，印度信息技术产业发展势头迅猛。2000—2001 年度，信息技术产业增长达到了 48% 左右。而在 2001—2009 年中，信息技术产业复合年均增长率达到 24% 左右，高于其他产业的增长水平。从总体上看，除 2009—

2010 年度外，印度信息技术产业的年度增长率高于 GDP 增长水平。[①] 因此，印度凭借信息产业的优势，依托成熟的信息技术，根据信息服务普及化的原则，大力发展农村和边远地区的通信基础设施，通过农村“信息扶贫”来缩小因为贫富差距悬殊而带来的数字鸿沟。据统计，2011 年和 2012 年，印度农村互联网的发展及普及率连续两年保持在 25% 左右的增长水平。[②] 而印度农村信息化发展的各种项目一般是由中央政府建立，由邦政府负责实施，其行政运行体系是：中央政府农村发展部—邦政府农村发展部—地区农村发展部—村民自治组织。在这种组织体系保障下，1999 年印度政府负责管理和实施了知识信息计划，最开始由村民自治组织筹集资金（首期筹资约合 5.5 万美元）建立独立运营的信息网络分中心 21 个，政府负责在网上发布最新的农产品价格信息、开展电子政务等，村民使用网络时给村民自治组织付费[③]。政府采用这种“公私共享”合作模式保证了知识信息计划在经济上的可持续性和使用者的本位性，政府和村民自治组织在整个计划中发挥了重要的作用，知识信息计划也因此获得了成功，也使印度走出了一条解决农村信息化“最后一公里”问题的新路。近年来，印度通过下调互联网收费标准、降低农民获取信息的费用和鼓励私人资本投资等措施支持农村信息化的发展。

① 成思危、刘小雪：《印度经济数字地图 2012—2013》，科学出版社 2013 年版，第 110 页。

② Microsoft India's Free Trial Of Online Services For SMBs; No ERP, on July 21st, 2009, http://www.medianama.com/2009/07/223 - microsoft - indias - free - trial - of - online - services - for - smbs - no - erp/.

③ 贺文慧、杨秋林：《国外农村信息化投资发展模式对中国的启示》，《世界农业》2006 年第 4 期。

第七章

结论与政策建议

“在人类所有的大集团中，东亚人民最习惯于从历史的角度来评价自己和他人。对于他们来说，历史是人类知识的巨大储存库，也是人类成就的度量衡。”① 过去、现在和未来之间本没有截然可分的界限。今之视昔，犹后之视今。故本章在前文历史性分析的基础上，得出相应的结论，然后再根据得出的结论，提出能够将前瞻性的结论变为现实实践的政策建议。

一　结论：从回顾引出的前瞻

党的十八届三中全会提出要“推进国家治理体系和治理能力的现代化”，乡村治理作为国家治理的基础和地方性实践，它的现代化转型对推进国家治理的现代化具有重要意义。那么，处于当前形势下的乡村治理到底要向哪里转型呢？欲知往何处去，须明从何处来。因此，笔者将研究的视角投向历史的深处，从历史的叙述和分析中慢慢回到现实世界中来。尽管现在看来，这种长时段的回顾考察目前还只是鸟瞰式的，只是用粗略的笔触简要勾画出了笔者的主要发现，从而为读者提供一份我们探索领域的简单地图。但正如摩尔在其著作《民主和专制的社会起源——现代世界诞生时的贵族与农民》的序言中所说的那样②，有效的概括，犹如一幅飞行员用以穿越大陆的大比例地形图，对于某些目的来说是不可或缺的，正如更精确的地图之于其他目的必不可少一样。当然，探索者并没有被指派给以后的旅游队修筑一条平坦的直达公路。假使他担任向导，只要不致徒劳

---

① 引自费正清、赖肖尔《东亚文明：传统与变革》，转自孙达人《中国农民变迁论——试探我国历史发展周期》，中央编译出版社 1996 年版，第 189 页。

② ［美］巴林顿·摩尔：《民主和专制的社会起源——现代世界诞生时的贵族与农民》，拓夫、张东东译，华夏出版社 1987 年版，第 3—6 页。

无益地走回头路，避免头一次探险时所犯下的种种错误，有礼貌地带领队伍绕过可怕的荆棘，在引导队伍小心翼翼地行进时指出危险的陷阱，那么，就可以认为他已经适当地履行了自己的职责。假如他不慎失足跌入陷阱，那么同伴们不应只是对他的跌跤报以笑声，也要伸出救援之手帮他继续上路。

为了使研究的视角更加聚焦，笔者选取中国家户制作为切入点和历史分析的主线，运用历史制度主义的理论范式，分析家户制传统的生成、历史变迁及其在变迁的过程中对乡村治理原型的形塑以及对乡村治理转型的影响与推动。同时，为了更加凸显本书研究主题家户制的特性，笔者还引入了印度的村社制作为家户制演进的参照系，在分析中国家户制传统的生成、历史变迁及其在变迁的过程中对乡村治理原型的形塑以及对乡村治理转型的影响与推动的同时，也对印度的村社制及其乡村治理原型与转型进行了类似的分析。回顾是为了前瞻，前瞻完全依托于回顾。因此，本书在家户制传统历史变迁及乡村治理转型的历史回顾过程中，得出如下结论：

第一，家户制是中国乡村社会的本源型传统，家户制形塑出的独立、完整的个体家户构成乡村治理的基础。家户制自商鞅变法形成后，在各项制度的相互拱卫以及内外各项环境要素达到平衡的情况下进入路径依赖期，并经过长期社会历史积淀形成一种极为“黏糊”的范型，进而形成中国的家户制传统。在家户制传统形塑下形成独立、自主而完整的个体家户，在此基础上进一步形成了中国乡村治理的原型。随后，在家户制的历史演进过程中，虽然由于效法苏联的集体村社制而出现过一段时间的断裂期，但家户制作为中国乡村社会的本源型传统并没有因此而消失，而是永久留存在中国农民的意识里。因此，随着环境的变化，当条件成熟后，家户制思想从农民的意识深处苏醒过来，再次回归其本源型传统。同时，农户在延续家户制本源性特征的基础上，进行了一定程度的创新，从而形成了家庭承包制，并在此基础上形成了乡村自治的治理制度。当前，由于家户的离散和流动，破坏了家户的独立性和完整性，损坏了乡村治理的基础，从而使得乡村治理的转型面临新的挑战。因此，要解决这一困境，需要重塑家户，筑牢乡村治理的基础。而在未来乡村治理转型的道路上，我们在昂着头向前看、邯郸学步的同时，也要俯下身看一眼脚下的土地，回过头看一看走过的历史，因国因地制宜，尊重本源型传统，跳出“东施效颦”的怪圈，用“历史的耐心”走好中国乡村治理现代化的转型之路。

第二，在独立、自主和完整的个体家户基础上形成的家户间的联接网络，构成乡村治理的基础性制度，而由这一联接网络构成的村落共同体形成了中国乡村自治的传统。在传统乡村社会中，以个体家户为中心，以地缘和血缘亲情为纽带，具有弹性的横向的“差序格局”中的“差”所形成的家户间的横向联接机制，构成了乡村治理中的基础性关系网络；以自治性的个体家户为基础，自下而上形成的具有刚性的、等级化的、纵向的“差序格局”中的“序”，构成了乡村治理纵向上的权力支配网络；而由这一联接网络构成的“村落家族共同体”，形成了中国乡村自治的传统。在人民公社时期，由于家户制传统被中断，乡村社会主要是以个体社员为基础，家户间的这种联接机制被打断，乡村变为具有强烈政治色彩的“行政共同体”，因此，乡村自治的传统也被中断，在这一时期乡村治理的秩序主要依赖政治上的阶级秩序和行政上的官僚秩序。进入 20 世纪 80 年代，随着家户制传统的复归，乡村社会的现代化转型，在社会化的家户基础上，形成了以血缘和契约混合形成的家户间的横向联接机制，构成了乡村治理中的基础性关系网络；由民主法治秩序支撑起的自下而上的草根民主，构成了纵向的乡村治理的权力支配网络；而由这一联接网络构成的“村落自治共同体”，延续了中国乡村自治的传统，只不过由于民主、法治、契约等元素的融入，使得这一时期的乡村治理更具现代民主色彩。当前，由于家户的流动，村落的过疏化，使得乡村社会的联接网络逐渐弱化甚至断裂，乡土公共性逐渐衰落，村落共同体逐渐瓦解，进而使得乡村的凝聚力减弱，家户对村落的认同感和安全感流失，这些情况使得家户对乡村公共事务漠不关心，政治参与意愿下降，集体行动的效率降低，因此，乡村治理的现代化转型陷入困境。为了解决这一困境，未来乡村需要重构家户间的这种联接网络，在重建乡土公共性的基础上恢复“村落自治共同体”，进而恢复更具现代特色的乡村自治传统。

第三，未来乡村治理的现代化转型，应当尊重家户的主体地位，赋予家户充分的自主权，走一条“有限主导——内源式推动”的转型之路。本书在研究设计之初，提出了采用米格代尔“社会中的国家”的研究路径，从家户与国家互动互构的视角去研究家户制传统的变迁以及乡村治理的转型。通过研究发现，虽然从家户制的生成到家户制的变迁整个过程中，国家似乎总是处于强势地位，但只要仔细分析，我们会发现家户在家户制传统变迁及乡村治理转型中的作用也不容小觑。在家户制生成之初，随着帝国的建立，家户制在高度统一的集权制权威的保驾护航下，在全国得以强制性推广，使得家户制随即蔓延渗透到整个帝国。然而，在这场国家与家户的互动博弈中，家户也并非无所作为，在家户制传统下形塑出的分散的个体家户，在当时生产力水平还不是很高的情况下，为了更好地生存的需要，他们在接受新制度的同时，也有选择性地保留或是继承了宗族制度中某些有利于他们生存的制度因子，由此形成了家户间的联接网络，而由这一联接网络构成的“村落家族共同体”形成了中国乡村自治的传统。在新中国成立的初期，国家凭借广泛的社会信念和统一的中央权威，在全国实施由土改到互助组、合作社再到人民公社的农村集体化和农民组织化的乡村改造和重构的进程，从而使得家户制传统发生了断裂。随后到了20世纪70年代末，随着政策的逐渐松动，家户制观念在农户中逐渐复苏，由农户在基层生产实践中创造出的“大包干”逐渐被接受，并推动了高层的政策变革，在取得共识后最终上升为国家意志，从法律层面确立了农村的“家庭承包制”，传统家户制在广大家户的实践推动下得到复归，并再次成为农村社会中的基本制度之一。与此同时，农户在现实实践中创造出的自治模式随后成为乡村治理的主导模式，并从法律层面上得以确立。在这场国家与家户的互动互构中，可以说，是家户的实践推动了国家政策的变革，从而实现了家户制传统的复归和乡村治理的转型。由此可见，在未来乡村治理的转型过程中，应尊重农民的主体地位，赋予家户充分的自主权，充分激活家户的创造力和活力，让乡村治理在广大家户的参与中所产生出的自生自发的动力来推动乡村治理的转型，也即要以“内源式推动”取代原有的“行政推动”①。当然，这里强调要用内源式的力量来推动乡村治理的转型，并不是说国家的作用不重要。毋庸置疑，国家在乡村治理转型中起到引领与主导的作用，但它更多的应该是从微观中退出，加强宏观顶层设计，通过政策引导和外部“赋能”，实现顶层设计与基层实践的良性互动，在这种良性的互动中，起到有限主导的作用，避免乡村出现“打地鼠”式的治理。因此，未来乡村治理的现代化转型，应该走一条“有限主导——内源式推动”的转型之路。

---

① 郁建兴：《从行政推动到内源发展：中国农业农村的再出发》，北京师范大学出版社2013年版，第366页。

二 政策建议：从前瞻走向实践

在归纳总结前文阐述分析的基础上得出了如上的结论，那么，如何将这些结论运用到现实实践中，去指导未来乡村治理的转型呢？对此，笔者提出如下政策建议：

（一）重建独立完整的个体家户，夯实乡村治理的基础

独立完整的个体家户是乡村治理的基础，当前由于家户的离散虚化了乡村治理的基础，因此，未来在乡村治理的转型中，应重塑独立完整的个体家户，具体应该从两个方面来着手：解决家户的离散问题和增强家户的发展能力。

1. 解决家户的离散问题

党的十八大明确提出了“坚持走中国特色新型工业化、信息化、城镇化以及农业现代化道路，促进工业化、信息化、城镇化和农业现代化同步发展”。由于农村家户离散的问题归根结底是因“四化”发展不同步导致的[①]，那么，通过推动“四化”同步发展去改变工农间、城乡间的二元结构，从而影响农民的理性决策，促使其作出新的行动去改变家庭离散状况，进而维系和深化“四化”同步的局面，便是有效治理这一问题的路径选择。

（1）以新型工业化推进工农协调发展，实现农村劳动力就地转移。在“四化同步”发展中，推进工农协调发展是首要之义。以新型工业化为契机优化资源配置，调整产业布局，从而有效推动农业现代化和农村工业化，由此实现农村剩余劳动力就近就地转移。第一，通过新型工业化优化资源配置，实现就近就业。新型工业化的“新”首先便体现在信息技术对传统产业的渗透、融合或改造，因而，通过信息技术提供的便捷优化资源在工业和农业间的配置，加速工业对农业的装备与改造，运用工业中的理念对农业实行企业化经营，从而在农业领域创造更多的岗位实现农村劳动力就近就业。第二，通过新型工业化调整产业布局，实现就地转移。利用当前传统工业化向新型工业化转型的契机，调整产业在大城市和中小城市的布局，特别是劳动密集型产业在中小城镇的落户，这样一方面可以

① 施远涛：《农村留守家庭离散问题的形成与治理——基于“四化”同步的视角》，《江西社会科学》2014 年第3 期。

缓解大城市就业、交通、房价以及环境的压力，同时通过积极促进和扶持乡镇企业的发展，加快农村工业化，又可以有效吸纳农村剩余劳动力就地转移，从而实现农村劳动力由“离土又离乡”向“离土不离乡”逐渐转变。

（2）以新型城镇化统筹城乡发展，实现农村劳动力举家自由迁徙。新型城镇化最主要的特征之一就是城乡统筹、城乡一体化。因而，要通过新型城镇化统筹城乡发展，破除城乡二元结构，从而实现农村劳动力举家自由迁徙。第一，改革户籍制度。户籍制度是构筑城乡二元结构的核心要素，因此通过新型城镇化逐步构建起全国城乡统一的居民登记制度，实施以身份证为核心、以居住地为基础的身份统一、机会均等、权利平等的城乡统一的人口管理体制，打破现行的城镇户籍与就业、教育、医疗、社保和住房等方面的依附关系，消除附着于城乡分割户籍制度之上的对农业转移人口社会福利的制度性歧视。第二，推进城乡基本公共服务均等化。当前单独的户籍制度改革之所以举步维艰，其原因就是它背后附着的公共服务以及其他社会福利。所以，在进行户籍制度改革的同时，还必须通过加大对农村公共服务的财政投入，改善农村义务教育薄弱学校基本办学条件，大力支持发展农村学前教育，整合城乡居民基本养老保险制度，逐步建立基础养老金标准正常调整机制，加快构建农村社会养老服务体系等政策措施，同步推进城乡基本公共服务均等化。第三，完善土地制度。在农村公共服务体系不完善的情况下，土地发挥着保障功能，因而，农村劳动力在转移的过程中，为了不会丢掉在农村的保障，往往选择家庭离散式的迁移。要通过在坚持和完善最严格的耕地保护制度前提下，允许农民对承包土地的经营权抵押、担保，以及慎重稳妥推进农民住房财产权抵押、担保、转让的改革，使土地回归其生产和财产的本质，这样农民在决定转移的时候就不用考虑留下部分家庭成员在农村照料这些家庭财产。通过上述三位一体的改革，真正破除城乡二元结构，实现城乡一体化，从而保证农村劳动力能够举家迁徙，自由流动，彻底实现身份的转换。

（3）加快推进农业现代化，实现农村劳动力渐进有序转移。随着工业化、信息化和城镇化的快速发展，对同步推进农业现代化的要求更为紧迫。2014 年“中央一号文件”明确提出：“必须全面贯彻落实党的十八大和十八届三中全会精神，进一步解放思想，稳中求进，改革创新，坚决破除体制机制弊端，坚持农业基础地位不动摇，加快推进农业现代化。”所以，为了尽快实现“四化”同步的战略目标，必须通过以下措施补齐农业现代化这块“短板”：第一，加强“反哺”农业的力度。首先，通过健全“三农”投入稳定增长的长效机制，从而保障与带动金融和社会资金更多投入农业农村；其次，还要完善农业补贴政策和加快建立利益补偿机制。第二，提高农业科技创新水平。发展农业现代化，最根本的还是要靠科技，通过加快农业科技创新，促进农业技术集成化、劳动过程机械化和生产经营信息化，进而推进农业现代化的发展。第三，创新农业经营体制机制。通过发展多种形式规模经营，扶持发展新型农业经营主体，健全农业社会化服务体系以及加快供销合作社改革发展来实现农业经营水平的现代化。最后，加快农业农村基层设施建设。通过完善农田水利建设管护机制，加大生态保护建设力度，促进生态友好型农业发展。通过以上政策措施加快推动农业现代化进程，一方面农村富裕了，农民的收入提高了，他们也就无须离开土地、离开农村、离开家庭来增加收入，同时，又可以吸引为谋生计只身进城的农民带着资金、先进理念以及技术等要素返乡创业，从而改变农村家户离散的现状，实现农村劳动力渐进有序向城镇转移。

（4）加快信息化建设，促进“四化”同步发展，实现农村离散家户的团聚。由于在“四化”发展的共生系统中，信息化充当着共生界面。因此，必须通过加快信息化建设，推动信息化与其他“三化”的深度融合。具体来说，通过工业化和信息化的深度融合，促进产业聚集，优化产业结构，推进我国工业化向更高阶段迈进；通过工业化、信息化和城镇化的良性互动，优化城市布局，调整区域和产业分布，调节农业人口有序转移，实现大中小城市间协调发展；通过工业化、信息化、城镇化和农业现代化的相互协调，消除阻碍城乡一体化的藩篱，缩小城乡差距，提升农业现代化水平。通过以上融合，增加共生系统中正向的共生环境和高效的共生动力，降低共生的阻尼程度，从而有效推动“四化”向着对称互惠和一体化共生的状态进化，最终达到“四化”同步发展的状态，并在此过程中影响农民的行动，最终实现农村离散家户的团聚。

2. 增强家户的发展能力

在解决家户的离散问题、增强个体家户完整性的同时，还要增强家户的发展能力，从而提高家户的独立性和自治性。而要提高家户的发展能力，家庭政策无疑为我们提供了理论指导和研究思路。在前工业化时期，家庭一直是最主要的社会保障机制，但近代以来，伴随着工业化和城市化，家庭逐渐失去了传统的社会保障功能，与此同时，人口转型和社会思潮引发的家庭问题已经溢出家庭的范畴，成为影响社会发展和社会公平的严重社会问题。因此，为了弥补家庭功能的不足，以解决实际问题为目的的社会政策产生。随后，在集体主义、个人主义以及平民主义思潮的影响下①，社会政策经历了一系列变迁。进入20世纪90年代，在发展主义思潮的影响下，社会政策将发展议题纳入其政策话语，强调发展的社会性和社会政策的发展性，视发展为社会政策的应有之义，并认为社会福利是一种社会投资，良好的社会福利有利于推动社会的发展。与此同时，在政策理念上也取得了实质性的扩展，它在充分融合集体主义、个人主义和平民主义思想的基础上迈向“整体性”社会政策，主张在积极的价值取向下，由多元的行动主体参与、以多种多样的方式来满足包括个体、家庭和社区在内的多种多样的社会需求，从而实现增进全民福利、提升人力资本、增强社会凝聚力以及抗击社会排斥的政策目标。在社会政策变迁的过程中，家庭逐渐由政策背景发展为政策目标，并由社会政策议题转变为社会政策视角，逐渐发展成为一个新的研究领域——家庭政策。新时期，在发展型社会政策的影响下，家庭政策也有了新的意蕴，即在目标对象上，将家庭整体作为政策设计的基本单位和关注点，在政策理念上主张以发展家庭能力为目的进行家庭投资，而在实践策略上通过支持家庭的方式重点保护儿童，帮助社会成员实现工作与家庭责任的平衡，并且重视家庭问题的预防和早期干预。

根据家庭政策的理论要义，将社会政策视为投资是发展型家庭政策的应有之义。在政策设计上，就是要注重投资于家庭，关键是农村家户子女的教育投资，从而提高其家庭未来的发展能力。因此，在未来的乡村发展中，其一，要加强农村基础教育投资，提升农村义务教育的质量，夯实农村孩子的教育基础；其二，要加强农村高等教育和职业教育的扶持力度，增强农村家户的发展后劲。2014年3月下旬，教育部下发通知，要求教育部直属高校和其他自主选拔录取改革试点高校，专门安排不少于学校本科规模2%的名额，参照自主选拔录取办法选拔优秀农村学生。随后，全国多所重点大学相继推出或实施自主招生专项措施，面向边远、贫困、民族地区县及县以下中学勤奋好学、成绩优秀的农村户籍学生，帮助更多农

① ［英］安东尼·哈尔、詹姆斯·梅志里：《发展型社会政策》，罗敏、范西庆译，社会科学文献出版社2006年版，第41—51页。

村学生圆重点大学梦。这项举措覆盖到云南省的88个贫困县，是国家增强农村贫困地区高等教育扶持力度、提升农村家户发展后劲的具体实践。同时，在加强农村家户子女的教育投资的同时，也要加强推动转变传统的农业发展方式，提高农业综合生产能力，提高农产品质量，提高农民收入，增强家户的经济能力。2015年2月16日出版的《求是》杂志第4期刊发了中共中央政治局常委、国务院总理李克强的题为《以改革创新为动力加快推进农业现代化》的署名文章，在文章中，李克强指出："积极推动以城带乡、以工促农，多渠道促进农民增收，深入推进新农村建设。"另外，政府也应进一步完善农村的医疗保障和社会保障体系建设，推进城乡基本公共服务一体化和均等化，突出政府职能的"兜底性"，增强农村家户的预防风险和抵御风险的能力。

（二）重塑家户间的联接机制，筑牢乡村治理的基础网络

如前所述，家户间形成的横向的和纵向的联接机制共同构成了乡村治理的基础性网络。当前，由于家户的流动，使得这种联接机制逐渐减弱甚至断裂，因此，在未来的乡村治理转型中，应重塑家户间的这种联接机制，从而筑牢乡村治理的基础性网络。而信息化技术无疑可以充当现代农村家户间联接的媒介。从横向层面来看，在传统乡村社会中，基于独立自主的个体家户，形成了以地缘和血缘亲情为纽带的具有弹性的"差序格局"中的"差"所形成的家户间的横向联接机制，在这种联接机制中，既有因血缘和地缘相近而产生的"强关系"，进而形成了个体家户间的互助、互惠、合作与信任，也有因血缘和地缘逐渐向外围扩散而产生的"弱关系"，进而在整个村落范围内形成了彼此相识、信息相通、习俗相近、人情往来的乡村"熟人社会"。近年来，随着乡村现代化进程的加快，传统村落社会变得越来越开放，家户的流动性也越来越频繁，使得个体家户间的这种横向联接机制逐渐减弱甚至断裂，家户间的互动方式与人情交换也逐渐淡化，从而导致农户间处于相互分隔、孤立分散、信息闭塞的状态，进而导致整个农村社会不断出现诚信缺失、伦理失范、人情冷漠、管理混乱、集体观念弱化以及农户组织化程度较低等问题，农村社会由"熟人社会"逐渐变为了"陌生人社会"。因此，通过信息技术手段可以促进个体农户间生产经营和日常生活中的交流与互动，增进家户间的了解与信任，进而将家户间断裂的横向联接机制重新建立起来。

从纵向层面来看，在传统乡村社会中，基于自治性的个体家户，以通

过血缘关系为基础形成的礼俗规范为秩序，具有刚性的、等级化的“差序格局”中的“序”构成了村落家族内部纵向上的权力支配关系。当下，虽然随着乡村现代化的转型，传统村落已逐渐走向解体，这种基于血缘关系形成的权力支配关系已逐渐消失，但在许多传统文化保留较为完好的村落，这种宗族的权力支配关系依然有所残留。根据我国农村研究方面的著名学者肖唐镖的研究，在传统中国，包括宗族在内的乡村权力与国家政权在乡村维持着良好的共治格局。然而，进入20世纪后，随着以“现代化”为标识的国家政权建设的启动，影响政权的先进知识分子却越来越视宗族为偏狭、落后、封建的“传统”，既在意识形态上“矮化”它，更在权力分配上剥离它，而欲以正规化的科层体制取代传统的自治体制。但在20世纪上半叶，国家政权尽管作出种种努力，其对乡村权力的争夺并未取得真正成功，宗族尽管合法性受到影响，但依然对乡村社会发挥着“正式治理者”角色的功能。[①] 因此，应通过信息技术手段，将传统等级化的家族权力和“金字塔”式的家族组织转化成为基于法治、信任、互惠，多元主体参与的合作共治的现代化组织形式，进而发挥家族组织在现代乡村治理中的作用，也即家族组织在结社形式上是传统的，但是家族作为组织实体是当代的，归根结底是利用传统组织资源的一种当代社会的公民组织而已。

因此，应通过信息技术手段，将个体家户间的横向联接机制重新建立起来，以及将纵向上的宗族权力支配关系改造过来，通过密集化、广泛化的沟通和联系，在个体家户间构筑起比较稳定的社会关系网络体系，拓展个体家户的社会资本，进而筑牢乡村治理的基础网络，将当前分散的、冷漠的、个体化的、“陌生”的乡村重新变回基于血缘、地缘和网络的“熟人社会”。根据罗伯特·帕特兰的研究，公民对正式社会组织和非正式社会组织的参与，会提高他们之间的信任程度并培育互惠互利的道德规范，从而增强他们采取集体行动的能力。通过这些社会组织和非正式社会网络，以及由此派生出来的道德规范（比如社会信任），同一共同体内的公民可以更有效率地组织集体行动来解决他们共同面临的公共问题，并对政府施加影响来保障这些问题的解决。[②] 所以，通过信息技术的改造重新形

---

① 肖唐镖：《宗族政治——村治权力网络的分析》，商务印书馆2010年版，第270页。

② ［美］罗伯特·D. 帕特兰：《流动中的民主政体：当代社会中的社会资本的演变》，李筠、王路遥、张会芸译，社会科学文献出版社2014年版，第1页。

成的基于地缘、血缘和网络化的乡村“熟人社会”共同体，会进一步增强个体家户间的信任、合作以及有效率的集体化行动，进而促使个体家户更加关心并更积极地参与乡村公共事务，保障乡村治理的民主性与法治化，最重要的是维护乡村自治的良性运转。

党的十八大提出“四化同步”发展的战略，首次将信息化纳入四化同步发展的范畴，由此可见，信息化已成为当前国家的发展战略。当前，在城乡一体化的背景下，尤其需要加强农村的信息化建设，以避免当我们在努力破除城乡二元结构的同时，出现城乡间的信息鸿沟，再次筑起一道城乡间的信息“隔离墙”。2016 年“中央一号文件”明确指出，加快实现行政村宽带全覆盖，创新电信普遍服务补偿机制，推进农村互联网提速降费；加强商贸流通、供销、邮政等系统物流服务网络和设施建设与衔接，加快完善县乡村物流体系；实施“快递下乡”工程；鼓励大型电商平台企业开展农村电商服务，支持地方和行业健全农村电商服务体系；加大信息进村入户试点力度；因此，通过在农村的信息化建设，首先，能够增强家户间的沟通交流，增进家户间的了解和信任，避免因家户的流动而减弱甚至断裂家户间的联接网络，进而增强家户与外界的联系，拓展家户的社会资本，延展家户间的联接网络。其次，能够加强“信息下乡”，方便农户获取更多的农业科技信息，提高农业生产效率，增强农产品的科技和信息含量，畅通农产品的流通渠道，有效推进农业现代化。再次，能够增强家户与政府间的沟通交流，方便家户从政府获取更多的政策资讯和公共服务，在推动政府信息公开的同时增强农户对政府的信任，理顺基层政府与农户间的关系。最后，通过农村的信息化建设，推进村务公开，能够增强家户对乡村公共事务的参与和监督，进而提升乡村自治的民主化。在农村信息化建设方面，一项来自印度农村的实践对我们可能会有一些借鉴价值。

一项来自印度乡村的实践[①]

介绍：

对政府在农村地区的发展项目缺乏了解，严重影响了农民从政府公共部门获取基本公共服务的能力。因此，使用信息技术能够帮助村

① 该案例是笔者在印度 ORF 作访问交流时，到哈里亚纳邦实地调查，从当地的 NGO Sehgal 基金会获得。

民跨越信息的鸿沟，架起与政府和外界沟通交流的桥梁。在印度农村随着手机使用越来越普遍，它已成为连接家户与家户、家户与政府以及家户与外界间联系的现实有效的工具。

为了增强信息技术在乡村治理中的作用，通过信息技术加强家户间的交流互动，以及延展政府公共服务的范围，Sehgal 基金会在哈里亚纳邦（Haryana）的 Mewat 县运用一个整体的语音交互系统（integrated voice response system，IVRS）建立起了"村民信息支持中心"（Citizen Information and Support Center），这个信息支持中心为全县431个乡村提供信息和咨询服务。

村民信息支持中心：

村民信息支持中心设在 Sehgal 基金会在哈里亚纳邦 Mewat 县的 Nuh 办公室。在这个中心，接听员们（facilitator）通过智能手机接听并回复村民的咨询和求助。这些接听员都经过了严格的培训，他们对政府在当地农村实施的发展项目的具体情况、村民申请履行权利的程序以及投诉政府部门过程、当地各政府部门的功能以及联系方式，都必须详细地了解和掌握。这些接听员对那些需要了解更多详细信息的村民，要与之面谈，以便更好地帮助他们。

村民信息支持中心的职员通过 IVRS 来回复村民的咨询。这个 IVRS 是基于云计算的服务平台，允许在这个区域内的任何村民通过免费电话来向中心咨询问题或者接收回复信息。具体如图所示：

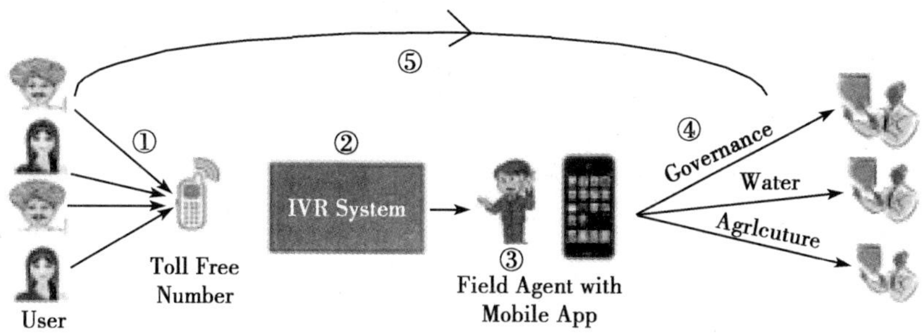

图7－1　IVRS 流程

图 7－2 哈里亚纳邦 Mewat 县的村民信息支持中心①

项目产出：

通过这个项目的实施，村民信息支持中心从 2014 年 9 月到 2015 年 1 月头五个月，共收到来自 150 个村庄的 1372 个电话咨询，其中次数最多的是关于政府社会保障项目中津贴的申请，其次是关于农村女童的保护问题以及政府住房保障项目的情况。具体如图所示：

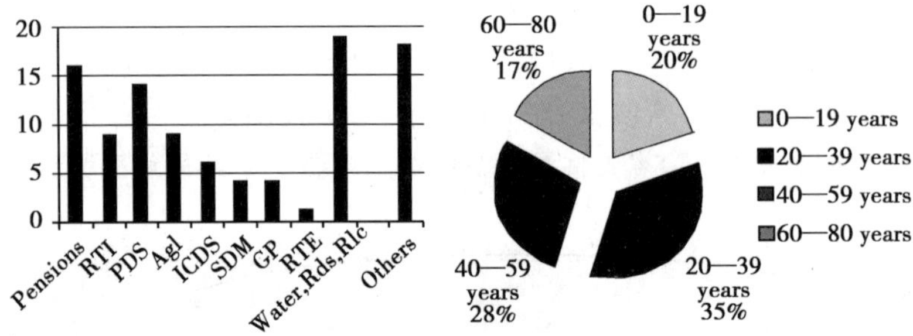

图 7－3 项目产出情况

具体案例：

Dihana Gram Panchayat 是离 Mewat 县城 14 千米的一个村级潘查亚特。这个村的人口大约 10000 人，有一个公立的配送商店，有一所男女同校的中学，有一所女子中学，还有 4 个儿童发展服务中心。

自 2011 年起，这个村的发展项目没有任何的进展，因此，村民

① 该图片是笔者在考察印度哈里亚纳邦 Mewat 县的村民信息支持中心时拍摄。

怀疑是村的潘查亚特委员会的人贪污了这个村的项目经费。因此，村民们就想了解过去四年来村里发展项目的实施细节和财务报告。但是，他们不知道要从哪里开始着手去了解这些信息，于是，两个当地的村民 Sadiq 和 Sarpu 就打电话到村民信息支持中心来咨询。信息中心的接听人员给他们提供了专业指导，让他们先去找潘查亚特委员会的主任 Sarpanch 去询问，如果不能得到很好的回应，再通过政府的信息权利部门（Right to Information，RTI）进行详细咨询。但是，Sadiq 和 Sarpu 不了解向 RTI 提交申请的程序，所以，信息中心的职员邀请他们到 Nuh 办公室，帮助他们填写 RTI 申请表，并给他们专业的指导。

村民 Sadiq 和 Sarpu 根据中心工作人员的指引，先去找村潘查亚特委员会的主任询问关于过去四年发展项目的花费情况，但潘查亚特委员会的主任没有给他们提供这些信息，并说有关记录已经丢失了。于是，这两位村民带着填好的申请表到区的发展项目办公室（Block Development Program Officer，BDPO）申请相关的信息公开。通过 BDPO 所公开的相关信息，发现这个村确实有贪污挪用村发展项目资金的情况，记录显示，大概有 22000 卢比的经费被挪用。因此，村民们决定将村里的潘查亚特挪用村发展项目资金的情况向县里的行政主管部门投诉。村民们在信息支持中心提供的信息和指导下成功地履行了对村潘查亚特的监督职能。

当然，中国农村在加强信息化建设以重塑家户间联接机制的同时，也需要加强农村的法制化建设。2012 年 12 月 4 日，习近平在隆重纪念现行宪法公布施行三十周年的纪念大会上强调：“‘依法治国’是治国理政的基本方式。”因此，当前我国在加强法制化建设的同时，也需要加强农村的法制化建设，通过农村的法制化建设，更加规范村民的行为，规范村民选举的民主程序，筑牢乡村治理中纵向上的民主法治权力支持网络。

（三）以农村社区建设为契机，加强乡村公共性的建设

在腾尼斯那里，“社区”就是指“由自然意志占支配地位的联合体”①，是基于共同的历史、传统、信仰、风俗及信任而形成的一种亲密

① ［德］斐迪南·腾尼斯：《共同体与社会》，林远荣译，商务印书馆 1999 年版，第 52 页。

无间、温情脉脉、相互信任、默认一致的共同体。其实，在中国传统社会中形成的村落家族共同体就是农村社区的典范，成员们基于血缘、情感、传统，共同联系、亲密互动而形成社会生活共同体，只是这种社区本身还带有一丝原始的色彩。根据帕特兰的观点，在一个民主社会或共同体内，社会资本的存在，会促进公民的政治参与行为，维持政治秩序和政治系统的稳定；一个地区的社会资本越丰富，人民的公共精神就越发达，那么该地区的民主制度绩效就越高。[①] 但中国乡村随着社会的变迁，特别是自20世纪80年代以来，由于家户的流动、农村社会的开放，村落的凝聚力减弱，家户对村落的认同感和安全感逐渐消失，使得这种共同体逐渐走向瓦解，而在这种共同体内长期形成的公共精神也逐渐消失。伴随着乡村共同体瓦解、乡村公共精神消失而来的是，乡村社会出现“权威真空”，乡村秩序得不到维系；农户的个体意识日趋上升，但社区公共意识却在下降，从而失去了对乡村公共事务参与的兴趣；村庄舆论效力降低，一些基本行为准则受到挑战，农村出现伦理危机。

因此，2003年10月，中共十六届三中全会通过的《中共中央关于完善社会主义市场经济体制若干问题的决定》中，明确提出了加强“农村社区服务”“农村社区保障”“城乡社区自我管理、自我服务”等方面的要求。2006年7月，民政部党组在全国民政工作年中情况分析会上，第一次向民政系统提出了“开展农村社区建设试点”的要求。此后不久，民政部下发了《关于做好农村社区建设试点工作推进社会主义新农村建设的通知》（民函〔2006〕288号），对试点工作进行了部署。2006年10月，中共十六届六中全会通过的《关于构建社会主义和谐社会若干重要问题的决定》首次完整地提出了“农村社区建设”这一命题。2010年10月，党的十七届五中全会提出了“加强农村基础设施建设和公共服务”“强化城乡社区自治和服务功能”的新要求，要求城乡社区在加强和创新基层社会管理过程中发挥重要作用。党的十八届三中全会通过的《中共中央关于全面深化改革若干重大问题的决定》中，关于农村社区建设的表述是“统筹城乡基础设施建设和社区建设，推进城乡基本公共服务均等化”。从以上梳理来看，我国农村社区建设的内涵是不断丰富的，农村社

① ［美］罗伯特·帕特兰：《流动中的民主政体——当代社会中社会资本的演变》，李筠、王路遥等译，社会科学文献出版社2014年版，第1—3页。

区建设的实践也是逐渐推开的。

笔者认为，在农村社区建设的过程中，尤其要注重乡村公共精神的培育，在乡村公共精神培育的过程中重建乡村的公共性，进而推动农村社区的建设。首先，充分挖掘传统村落中的优质文化资源，凝聚社区居民的共识。我国传统文化深深根植于广泛的农村地区，传统村落在长期的农耕文明发展历程中凝聚了众多的历史信息、文化景观和民族记忆，它是中华民族悠久灿烂文明的重要载体，也是集物质和非物质文化等多种元素于一身的珍贵历史遗产，被誉为“中华民族的DNA”。而这些镶嵌在传统村落中的文化传统和乡规民约，比起“冷冰冰”的法律，显得更加温情脉脉。因此，我们在乡村推进法治建设的同时，也要充分挖掘村落传统文化和乡规民约中的优良基因，比如：仁爱、孝德、包容、善良、互助等，并在社区中培育和推广，用这些传统的、温情脉脉的传统主流文化和核心价值来凝聚和引导社区居民的共识。其次，加强乡村公共文化建设。通过结合各地实情、挖掘各地传统资源，形成各具特色的乡村公共文化活动，用本地区所特有的文化因素来感化社区居民，促进社区居民的公共参与意识，在参与的过程中进一步增强社区居民彼此间的了解和信任，进而促进他们的社区认同。最后，大力发展由农户主导的农业合作组织。通过大力发展由农户主导的农业合作组织，不仅可以增强家户们抵御市场的风险，增进乡村公共事业、村民福利和社会保障，推动乡村经济的发展，而且能够培育农户现代经济共同体意识和市场经济中的契约精神。总之，通过以农村社区建设为契机，大力培育乡村公共精神，加强乡村公共性的建设，不仅可以有效推动乡村治理的现代转型，实现乡村的善治，也可以将乡村社区营造成为社区居民心灵的归属之地和流动到城市的人的“乡愁”安放之地。

三　余论

“一二十亿农民站在工业文明的入口处：这就是在20世纪下半叶当今世界向社会科学提出的主要问题。”① 这是半个世纪前法国著名农村社会学家H. 孟德拉斯提出的问题。今天的中国和中国的社会科学家们依然在艰苦卓绝地破解着这一难题，因为今天的中国，几亿的农民依然站在这一

① ［法］H. 蒙德拉斯：《农民的终结》，李培林译，社会科学文献出版社1991年版，第1页。

入口处，并且徘徊着。矗立在十字路口的农业、农村和农民，未来究竟该往何处去？“欲知往何处去，须明从何处来”。在本书中，笔者主张要走进历史，去探寻和挖掘那些生长在中国历史传统中的本源型传统，并在新的社会环境中，赋予其与之相适应的社会条件，“与古为新”，使其继续发挥作用。当然，仅仅走进历史，还远远不够，除此之外，我们还需要走近“农业、农村和农民”本身，去深入认清它们独特的气质，才能更好地为它们的未来找寻出路。正如美国著名人类学家罗伯特·芮德菲尔德所说：“探讨农民的问题势必要涉及到农民的总体气质和农民的价值取向的问题，然而只是到了近些年来，农民的总体气质和农民的价值取向的问题才刚开始引起人类学学者们的认真关切。”① 因此，探讨农民的气质和价值取向不仅是人类学家们的关切，更是从事农村问题研究的农民学家及学者们的第一要务。在此，笔者也想对“农业、农村和农民”的“独特气质”谈一点粗浅的认识。

第一，“家户”与“家户理性”②。农村个体家户除了具有“家”所固有的所有普遍意义上的特性之外，它还是一个生产单位、消费单位、经营单位、行动单位等的集合体。正因如此，首先，它与企业不同。正如黄宗智所说：“我们需要从以上的角度来理解恰亚诺夫所指出的（小农经济）农业的特征，即其基本生产单位是家庭而不是工业经济那样的个体化产业工人，而同时，小农家庭既是一个生产单位也是一个消费单位，和仅是一个生产单位的资本主义企业十分不同。在依据工业经济经验的经济学占霸权地位的今天，这些特征很容易被忽视。作为一个消费单位，家庭农场的经济行为不仅取决于生产考虑，也取决于消费需要”。③ 其次，它与城市家庭不同。在城市家庭中，生产和消费这两个环节是截然分开的，个体成员通过工作或劳动获取报酬，然后再用通过工作或劳动获取的报酬去市场上根据自身的需要和商品的价格购买生活和消费品；而在农村家户中，由于集生产与消费于一体，故其并不总是按照经济学家们所谓的市场

---

① ［美］罗伯特·芮德菲尔德：《农民社会与文化：人类学对文明的一种诠释》，王莹译，中国社会科学出版社 2013 年版，第 172 页。

② 由于家户作为农村社会的基本单位，农民的理性只有放在整体的家户中才能获得理解，故笔者采用“家户理性”而不是“农民理性”这一术语。

③ ［美］黄宗智：《明清以来的乡村社会经济变迁：历史、理论与现实（卷一）〈华北的小农经济与社会变迁〉》，法律出版社 2014 年版，第 5—6 页。

规律和经济理性来采取行动。在此，笔者在农村调研时的一次经历给我留下了深刻的印象：笔者于 2012 年暑假在云南的一个村庄作田野调查时，适逢采摘松茸的时节，故我也跟随我所借宿的那户人家一同上山采松茸。经过一天的劳累，我们带着采摘的松茸回家。回到家里，女主人从我们今天采摘的松茸中，挑选了最好的几个为我们做晚饭。我连忙制止说，把好的留着卖吧，好的松茸价格高呢。女主人回复我说，好东西应该留给最辛苦的人享用，这些松茸是我们今天辛苦获得的，我们应该把我们采的最好的几个留给自己吃，用来犒赏我们一天的辛苦劳动。正如纪录片《舌尖上的中国》中所讲的，天下最美的美食往往是用来犒赏那些靠自己辛苦获得的劳动人民的。如果用经济理性来衡量，我在云南小山村吃的那顿美食可能价值成百上千，然而，质朴的村民却用这最纯天然的、最简单的粗茶淡饭来慰藉我们在辛勤劳作中的艰辛付出。

理解了农村家户，我们就不难理解“家户理性”了。关于小农理性，一直是“农民学”讨论的热点问题，由此出现了所谓“理性小农”“道义小农”等尖锐对立的观点。黄宗智在已有讨论的基础上提出了“综合小农”的概念，而著名农民学家徐勇教授基于中国农民的实际提出了能够反映“农民理性”的关键词：即勤劳、勤俭、算计、互惠、人情、好学、求稳和忍耐。① 笔者同意上述黄宗智和徐勇两位学者的观点，对于农民家户的理性，我们不能仅仅从某一方面来理解，在有的情况下，他们表现出“温情脉脉”的一面，而在另一环境中，他们却又表现出“斤斤计较”的一面。故我们在理解“家户理性”时，需要深入到具体的情景中，根据实际的情况来综合理解与考量。

第二，村落与村落“小传统”。钱穆先生曾将人类文明分为三种类型：游牧文明，农耕文明，商业文明，而这三类文明又是由三种自然环境所决定的三种生活方式而最终成型的。② 中国是典型的有着悠久的农业文明的大国，而中国的传统文化也即是从农业文明中诞生的，正如钱穆先生所说：“中国文化，建基于农业，既富自然性，亦富生命性。”③ 那么，诞

---

① 徐勇：《农民理性的扩张：“中国奇迹”的创造主体分析——对既有理论的挑战及新的分析进路的提出》，《中国社会科学》2010 年第 1 期。

② 钱穆：《中国文化史导论》，商务印书馆 1994 年版，第 2 页。

③ 钱穆：《晚学盲言》（上），广西师范大学出版社 2004 年版，第 36 页。

生于农业实践中的农业文明是如何上升为中国传统社会中的主流文化的呢？对此，罗伯特·芮德菲尔德的“大传统”与“小传统”作出了很好的阐释。罗伯特·芮德菲尔德说道：“在某一种文明里面，总会存在着两个传统：其一是一个由为数很少的一些善于思考的人们创造出来的一种大传统，其二是一个由为数很大、但基本上不会思考的人们创造出来的一种小传统。大传统是在学堂或庙堂之内培育来的，而小传统则是自发地萌发出来的，然后它就在它诞生的那些乡村社区的无知的群众的生活里摸爬滚打挣扎着持续下去。”“这两种传统——即大传统和小传统——是相互依赖的。这两者长期来都是相互影响的，而且今后一直会是如此。”“我们可以把大传统和小传统看成是两条思想与行动之河流，它们俩虽各有各的河道，但彼此都常常相互溢进和溢出对方的河道”① 也就是说，存在于中国经典里面的传统文化，是由中国的知识精英基于诞生在乡村中的“小传统”，经过其在学堂或者庙堂中的思索禅悟归纳出来的，并进而反过来又作用于村落小传统。那么，村落小传统又是如何形成的呢？罗伯特·芮德菲尔德进一步谈道：“和一切有着悠久历史的群体一样，农民这一群体始终能从生活本身寻找到自己的人生目的和对生活的热忱。这是因为从每一天的劳作和休闲里他都能自然而然地得到一种启迪。这样的启迪在他的心灵里积累得了就逐渐让他能自发地体会到不论是自然界，还是欢乐、痛苦或死亡都各自有它自己的意义。……尽管农民相互之间也会争吵，会恐惧，会挑拨是非，会彼此仇恨，但是他们的人生总体经验还是很单纯的，这就使得他们的生活环境总保留着一种人性味和人情味。”② 所以，正如钱穆先生所说，中国的传统文化，建基于农业，是在一个个村落小传统的基础上，经由中国的知识精英归纳阐释而形成的，故中国的传统文化（大传统）中，总是闪耀着农业文明的光辉和农民的智慧，比如：天人合一、和谐包容、守望相助、仁爱、人情味等。

然而，随着现代化和全球化的逐渐蔓延，诞生于西方的商业文明大传统迅速席卷全球，中国也不例外，加之近代以来，由于中国的贫穷落后，使得略带“乡土气息”的农业文明被认为是落后的、贫穷的，进而被忽

---

① ［美］罗伯特．芮德菲尔德：《农民社会与文化：人类学对文明的一种诠释》，王莹译，中国社会科学出版社 2013 年版，第 95、96 页。

② 同上书，第 166—167 页。

略甚至是被遗忘，就连农民自身也纷纷背离或者说是逃离既已形成的村落小传统。正如罗伯特·芮德菲尔德所说：“现在越来越多的农民弃农进城去务工了。他们之中的少数人现在已变成了城市的中产者了，现在有很多农民已不再满足于当农民了。城市把他们拉进了工业的圈子。”① 因此，在当下的中国，诞生于工业生产与商业实践中的工、商业文化小传统经由知识界的阐释与归纳，似乎已上升成为当下中国文化的大传统（或者说是主导文化）了，利益、竞争、效率、大生产等似乎已成为人们追逐的主流趋势。更为要紧的是，在当下中国的农业、农民、农村正处于现代化十字路口的关键时刻，浸满工、商业文化气息的思想似乎正成为指导它们未来转型的主导思想。当然，文化本身并没有好坏、高低之分，但是，文化存在合适与不合适之别，指导当下农业、农民、农村转型的应该是那些诞生于一个一个的村落小传统基础上的，经由中国知识界思考与归纳进而形成的系统化的土生土长的理论或者思想，否则会产生“水土不服”的效应。笔者在此想要表达的是，当下我们在推进农村现代化转型的过程中，更多的应该是在尊重既已形成的村落小传统的基础上，用土生土长于农业文明之中的理论或者思想来指导农村的改革与发展，而诞生于其他类型文明之中的优秀理论或者思想，我们可以借鉴，但不能让其成为主导。

第三，农业及农业特质。农业与其他产业有着许多的不同。首先，农业与工业有着很大的不同，正如黄宗智所说：“实际上，农业中的有机要素——土地和劳动——其产出的可能扩大和提高幅度是和工业经济中的无机要素——资本和科技投入——十分不同的。”② 在农业中，土地作为一种资源性要素，是有限的，并不是取之不尽、用之不竭的，尤其是在中国，人口众多，但可耕种的土地却有限，所以耕地显得弥足珍贵；同时，土地作为一种有机因素，其“地力”③ 也存在一定的限制，它孕育农作物的能力存在着一定的极限。正因如此，我们智慧的祖先在长期的实践中创造出了“家户经营”的生产制度、“精耕细作”的劳动方式以及“农业与

① ［美］罗伯特·芮德菲尔德：《农民社会与文化：人类学对文明的一种诠释》，王莹译，中国社会科学出版社2013年版，第171页。

② ［美］黄宗智：《明清以来的乡村社会经济变迁：历史、理论与现实（卷一）〈华北的小农经济与社会变迁〉》，法律出版社2014年版，第5—6页。

③ 同上书，第3页。

手工业相结合”的劳动分工，从而使炎黄子孙代代繁衍于这片热土，并创造了灿烂的农业文明。而且，土地作为一种生产资料，是不可移动的承载物，相对于工业生产中，将所有的机器都集结在同一个厂房里共同使用，从而使劳动服从于固定的时刻表和等级权威，是截然不同的。其次，农业生产具有一定的时间性与规律性，遵循自然界的生物规律。正如孟德拉斯所说：“生物的自然机制有自己的节奏，尽管有时可以加速，但不会有根本的变动。空间和时间是田野劳动的两个重要约束条件，蒸汽机在这儿不会一路凯旋。”① 当然，随着科学技术的发展，机器作用于固定的劳动资料上，战胜了空间的约束；化学和植物学的进步使生物节奏可以得以加速，时间的约束在很大程度上被克服了。但是，对于广大的山地、丘陵地区，机械化的大生产依然无法染指，转基因食品、土地的化学污染似乎也已成为农业发展中的隐忧。笔者在此并不否认科技为农业生产带来的革命性进步，但是，笔者想要强调的是，对于农业的现代化，随着科学技术的不断发展，我们完全有“人定胜天”的气魄与实力，但是，对于“自然”与“生物规律”，我们还是应该多一份尊重与敬畏之心。

当然，作为从事中国农村问题研究的学者来说，除了要走进历史，找寻来时的路，以及走近“农业、农村和农民家户”，认清其本来的气质，还应了解中国的实际国情。首先，从我国可资利用的国土空间面积来看，根据2010年国务院发布的《全国主体功能区规划》中的数据，我国陆地国土空间辽阔，但适宜开发的面积少。我国陆地国土空间面积广大，居世界第三位，但山地多，平地少，约60%的陆地国土空间为山地和高原。适宜工业化城镇化开发的面积有180余万平方公里，但扣除必须保护的耕地和已有建设用地，今后可用于工业化城镇化开发及其他方面建设的面积只有28万平方公里左右，约占全国陆地国土总面积的3%。适宜开发的国土面积较少，决定了我国必须走空间节约集约的发展道路。其次，从我国耕地的现状来看，根据2010年国务院发布的《全国主体功能区规划》中的数据，目前，我国耕地减少过多过快，保障粮食安全压力大。全国耕地面积从1996年的19.51亿亩减少到2008年的18.26亿亩，人均耕地由1.59亩减少到1.37亩，逼近保障我国农产品供给安全的“红线”。由此

① ［法］H. 蒙德拉斯：《农民的终结》，李培林译，社会科学文献出版社1991年版，第10页。

可见，我国“人多地少”的基本国情依然没有变。

接下来的问题就来了，既然“家户制”是我们的本源型传统，“农业、农村、农民家户”又有其独特的气质，“人多地少”是我国的现有国情，那么，面对当前分散的个体家户及“过密化”的生产方式，我们将如何实现农民家户的脱贫致富、农业的现代化以及农村的转型与可持续发展呢？习近平主席在2015年12月16日的世界互联网大会开幕式上发表主旨演讲时指出：纵观世界文明发展史，人类先后经历了农业革命、工业革命、信息革命。每一次产业技术革命，都给人类生产生活带来巨大而深刻的影响。现在，以互联网为代表的信息技术日新月异，引领了社会生产新变革，创造了人类生活新空间，拓展了国家治理新领域，极大提高了人类认识水平，认识世界、改造世界的能力得到了极大提高。

随着信息化时代的到来，信息技术似乎可以成为我们改变当下农村和农业这种分散化局面的一种方式和手段。而且，从信息化的内在特质来看，它也与我国农业和农村的实际相契合。首先，通过信息化技术，可以在不改变我国“家户制”传统以及以农户家庭经营为基础的基本农业经营制度的条件下，将分散的个体家户有效联接起来，提升农户间的合作水平和质量，使全新的、更分散的和柔性的生产布局成为可能；其次，通过信息化技术，从纵向层面拓展农业的产业链，真正将个体家户作为生产主体、经营主体、消费主体以及利益分配主体有效地衔接和贯穿起来，促进农业的多样化和垂直一体化发展；再次，通过信息化技术，可以有效改变农产品供给侧的改革。当前，随着人们物质生活水平的提高，对农产品的需求已经从原有的填饱肚子、解决温饱层面向追求多样化的优质农产品的高品质生活迈进，“私人定制”的个性化需求越来越成为人们生活中的现实追求。因此，通过信息化技术，可以将供给侧农产品生产多样化、分散的个体家户与需求侧的农产品需求个性化、多样化的分散的个体消费者有机结合起来，形成一种动态的、多样化的、持续的供需关系；最后，通过信息化技术，可以有效拓展个体农户获取信息的渠道，提高个体农户获取信息的能力，进而提升个体家户的信息化人力资本和社会资本，真正实现农村的内源式发展。不过，笔者在此强调对个体家户通过信息化技术进行改造，但并不否定规模化经营在农业的某些领域所起的作用，比如在我国的粮食主产区，大规模的平原地区，适合使用机械化大生产来提高劳动生产率，但是，对于我国大多数地区来说，并不适合机械化的大规模生产。因此，在这种情况下，利用信息化技术，将分散的个体家户有机组织起来，不失为一种方法。当然，这些都需要在充分尊重家户制传统、农业的生态规律以及村落小传统的前提上进行。

参考文献

一 著作

1. ［德］马克思：《资本论》（1—3卷），人民出版社1975年版。
2. ［德］马克思、恩格斯：《马克思恩格斯选集》（1—4卷），人民出版社1972年版。
3. ［美］巴林顿·摩尔：《民主和专制的社会起源——现代世界诞生时的贵族与农民》，拓夫、张东东译，华夏出版社1987年版。
4. ［美］亨廷顿：《变化社会中的政治秩序》，生活·读书·新知三联书店1989年版。
5. ［美］亨廷顿：《第三波——20世纪后期民主化浪潮》，上海三联书店1998年版。
6. ［日］弗朗西斯·福山：《政治秩序的起源——从前人类时代到法国大革命》，毛俊杰译，广西师范大学出版社2012年版。
7. ［印］阿玛蒂亚·森：《以自由看待发展》，任赜、于真译，中国人民大学出版社2012年版。
8. ［法］H. 蒙德拉斯：《农民的终结》，李陪林译，社会科学文献出版社1991年版。
9. ［美］李丹：《理解农民中国——社会科学哲学的案例研究》，张胜波、张洪云等译，凤凰出版传媒集团、江苏人民出版社2008年版。
10. ［美］罗伯特·芮德菲尔德：《农民社会与文化——人类学对文明的一种诠释》，王莹译，中国社会科学出版社2013年版。
11. ［美］乔尔·S. 米格代尔：《强社会与弱国家：第三世界的国家社会关系及国家能力》，张长东、朱海雷等译，江苏人民出版社2012年版。

12. ［美］乔尔·S. 米格代尔：《社会中的国家——国家与社会如何相互改变与相互构成》，李杨、郭一聪译，江苏人民出版社 2013 年版。
13. ［加］道格·桑德斯：《落脚城市》，陈信宏译，上海译文出版社 2012 年版。
14. ［美］詹姆斯·G. 马奇、［挪］约翰·P. 奥尔森：《重新发现制度——政治的组织基础》，生活·读书·新知三联书店 2011 年版。
15. 何俊志、朱德米等：《新制度主义政治学译文精选》，天津人民出版社 2007 年版。
16. 刘圣中：《历史制度主义：制度变迁的比较历史研究》，上海人民出版社 2010 年版。
17. 何俊志：《结构、历史与行为——历史制度主义对政治科学的重构》，复旦大学出版社 2004 年版。
18. 吴永红：《民族、国家与制度——历史制度主义视域下的民族区域自治制度研究》，中国出版集团 2014 年版。
19. ［美］R. H. 奇尔科特：《比较政治学理论——新范式的探讨》，社会科学文献出版社 1997 年版。
20. ［英］卡尔·波兰尼：《大转型：我们时代的政治与经济起源》，浙江人民出版社 2007 年版。
21. ［美］舒尔茨：《改造传统农业》，商务印书馆 1987 年版。
22. ［苏］恰亚诺夫：《农民经济组织》，中央编译出版社 1996 年版。
23. ［英］莫里斯·弗里德曼：《中国东南的宗族组织》，刘晓春译，上海人民出版社 2000 年版。
24. ［美］费正清：《美国与中国》，世界知识出版社 2003 年版。
25. ［美］黄宗智：《华北的小农经济与社会变迁》，法律出版社 2014 年版。
26. ［美］黄宗智：《长江三角洲的小农家庭与乡村发展》，法律出版社 2014 年版。
27. ［美］黄宗智：《超越左右：从实践历史探寻中国农村发展出路》，法律出版社 2014 年版。
28. ［美］杜赞奇：《文化、权力与国家：1900—1942 年的华北农村》，江苏人民出版社 2004 年版。
29. ［美］施坚雅：《中国农村的市场和社会结构》，史建云、徐秀丽译，中国社会科学出版社 1998 年版。
30. ［英］莫里斯·弗里德曼：《中国东南的宗族组织》，刘晓春译，上海人民出版社 2000 年版。
31. ［英］莱芒·道逊：《中华帝国的文明》，金星男译，上海古籍出版社 1994 年版。
32. ［美］魏特夫：《东方专制主义：对于极权力量的比较研究》，中国社会科学出版社 1989 年版。
33. ［美］李怀印：《华北村治：晚清和民国时期的国家与社会》，中华书局 2008 年版。
34. ［美］马若孟：《中国农民经济》，江苏人民版社 1999 年版。
35. ［美］斯科特：《弱者的武器》，凤凰出版传媒集团、译林出版社 2007 年版。
36. ［美］斯科特：《农民的道义经济学：东南亚的反叛与生存》，译林出版社 2001 年版。
37. ［美］沃尔夫：《乡民社会》，巨流图书公司 1983 年版。
38. 费孝通：《江村经济》，商务印书馆 2001 年版。
39. 费孝通：《乡土中国》，上海人民出版社 2006 年版。
40. 费孝通：《中国绅士》，中国社会科学出版社 2006 年版。
41. 王铭铭：《村落视野中的文化与权力》，生活·读书·新知三联书店 1997 年版。
42. 王铭铭：《社区的历程：溪村汉人家族的个案研究》，天津人民出版社 1997 年版。
43. 张仲礼：《中国绅士研究》，上海人民出版社 2008 年版。
44. ［美］裴宜理：《华北的叛乱者与革命者：1845—1945》，商务印书馆 2007 年版。
45. ［美］弗里德曼：《中国乡村，社会主义国家》，社会科学文献出版社 2002 年版。
46. 金观涛、刘青峰：《兴盛与危机：论中国社会超稳定结构》，法律出版社 2011 年版。
47. 肖唐镖：《村治的宗族》，上海书店出版社 2001 年版。
48. 杨懋春：《一个中国村庄：山东台头村》，江苏人民出版社 2001 年版。
49. 孙达人：《中国农民变迁论——试探我国历史发展周期》，中央编译出版社 1996 年版。

50. 王沪宁：《当代中国村落家族文化——对中国社会现代化的一项探索》，上海人民出版社 1991 年版。
51. 徐扬杰：《中国家长制度史》，武汉大学出版社 2012 年版。
52. 许倬云：《中国古代社会史论》，广西师范大学出版社 2006 年版。
53. 胡如雷：《中国封建社会经济形态研究》，生活·读书·新知三联书店 1979 年版。
54. ［美］吉尔伯特·罗兹曼主编：《中国的现代化》，江苏人民出版社 1988 年版。
55. 赵秀玲：《中国乡里制度》，社会科学文献出版社 1998 年版。
56. 中共中央党史研究室编：《土地革命纪事 1927—1937》，求实出版社 1982 年版。
57. 杜润生：《杜润生自述：中国农村体制变革重大决策纪实》，人民出版社 2005 年版。
58. ［美］罗伯特·帕特兰：《流动中的民主政体——当代社会中社会资本的演变》，李筠、王路遥等译，社会科学文献出版社 2014 年版。
59. ［美］林南：《社会资本：关于社会结构与行动的理论》，世纪出版集团、上海人民出版社 2005 年版。
60. ［德］斐迪南·腾尼斯：《共同体与社会》，林远荣译，商务印书馆 1999 年版。
61. 萧公权：《中国乡村——论 19 世纪的帝国控制》，张皓、张升译，联经出版公司 2014 年版。
62. ［德］马克斯·韦伯：《中国的宗教：儒教与道教》，康乐、简惠美译，广西师范大学出版社 2010 年版。
63. ［德］马克斯·韦伯：《经济与社会》上卷，商务印书馆 1997 年版。
64. ［德］马克斯·韦伯：《印度的宗教：印度教与佛教》，康乐、简惠美译，广西师范大学出版社 2010 年版。
65. 季羡林：《季羡林全集：印度历史与文化》第十卷，外语教学与研究出版社 2009 年版。
66. ［印］迪帕克·拉尔：《印度均衡：公元 1500—公元 2000 年的印度》，赵红军译，北京大学出版社 2008 年版。
67. 吕超义、陈利君：《印度国情报告（2011—2012）》，社会科学文献出版社 2012 年版。
68. ［英］戴维·史密斯：《龙象之争——中国、印度与世界新秩序》，丁德良译，当代中国出版社 2007 年版。
69. 黄思骏：《印度土地制度研究》，中国社会科学出版社 1998 年版。
70. 王红生：《论印度的民主》，社会科学文献出版社 2011 年版。
71. 黄思骏、刘欣如译，陈洪进编校：《南印度农村社会三百年——坦焦尔典型调查》，中国社会科学出版社 1981 年版。
72. ［印］R. C. 马琼达等：《高级印度史》，印度麦克米伦有限公司 1978 年版。
73. ［印］A. R. 德赛主编：《印度农村社会学》，孟买大学出版社 1975 年第 5 版。
74. 何一峰、杨张乔：《潜力与制约——中国、印度农村现代化发展比较研究》，社会科学文献出版社 2009 年版。
75. ［印］阿玛蒂亚·森：《印度：经济发展与社会机会》，社会科学文献出版社 2006 年版。
76. 文富德：《印度经济全球化研究》，四川出版集团、巴蜀书社 2008 年版。
77. 吴晓黎：《社群、组织与大众民主——印度喀拉拉邦社会政治的民族志》，北京大学出版社 2009 年版。
78. 林良光：《印度政治制度研究》，北京大学出版社 1995 年版。
79. 谢立中：《海外民族志与中国社会科学》，社会科学文献出版社 2010 年版。
80. 洪共福：《印度独立后的政治变迁》，黄山书社 2011 年版。
81. 姜玉洪：《印度文化模式研究》，人民出版社 2008 年版。
82. ［美］阿图尔·科利：《印度民主的成功》，牟效波译，译林出版社 2013 年版。
83. 陶学荣：《走向乡村善治——乡村治理中的博弈分析》，中国社会科学出版社 2011 年版。
84. 李宗黄：《考察江宁邹平青岛定县纪实》，作者书社 1935 年版。
85. 徐勇：《包产到户沉浮录》，珠海出版社 1998 年版。
86. 徐勇、徐增阳：《乡土民主的成长》，华中师范大学出版社 2007 年版。
87. 徐勇：《现代中国：乡土社会与制度建构》，中国物资出版社 2009

年版。

88. 徐勇、徐增阳：《流动中的乡村治理：对农民流动的政治社会学分析》，中国社会科学出版社 2003 年版。
89. 徐勇：《非均衡的中国政治：城市和乡村》，中国广播电视出版社 1992 年版。
90. 徐勇：《中国农村村民自治》，华中师范大学出版社 1997 年版。
91. 张厚安、徐勇、项继权等：《中国农村村级治理》，华中师范大学出版社 2000 年版。
92. 项继权：《集体经济背景下的乡村治理》，华中师范大学出版社 2002 年版。
93. 邓大才：《湖村经济：中国洞庭湖区农民的经济生活》，中国社会科学出版社 2006 年版。
94. 邓大才等：《平原经济：黄河岸边农民的经济社会生活》，中国社会科学出版社 2008 年版。
95. 邓大才：《小农政治：社会化小农与乡村治理》，中国社会科学出版社 2013 年版。
96. 吴毅：《村治变迁中的权威与秩序：20 世纪川东双村的表达》，中国社会科学出版社 2002 年版。
97. 黄辉祥：《村民自治的生长：国家建构与社会发育》，西北大学出版社 2008 年版。
98. 白钢：《选举与治理：中国村民自治研究》，中国社会科学出版社 2001 年版。
99. 朱炳祥：《村民自治与宗族关系研究》，武汉大学出版社 2007 年版。
100. 戴玉琴：《村民自治的政治文化基础》，社会科学文献出版社 2007 年版。
101. 徐秀丽：《中国农村治理的历史与现状：以定县、邹平和江宁为例》，社会科学文献出版社 2004 年版。
102. 于建嵘：《岳村政治：转型期中国乡村政治结构的变迁》，商务印书馆 2001 年版。
103. 李培林：《村落的终结》，商务印书馆 2004 年版。
104. 赵世瑜：《小历史与大历史：区域社会史的理念、方法与实践》，生活·读书·新知三联书店 2006 年版。

105. 张鸣：《乡村社会权力和文化结构的变迁（1903—1953）》，广西人民出版社 2001 年版。
106. 金雁、卞悟：《农村公社、改革与革命——村社传统与俄国现代化之路》，中央编译出版社 1996 年版。
107. 顾肃：《自由主义基本理念》，中央编译出版社 2003 年版。
108. 李晓凤、佘双好编著：《质性研究方法》，武汉大学出版社 2006 年版。
109. 许倬云：《中国古代社会史论》，广西师范大学出版社 2006 年版。
110. 许苏民：《中华民族文化心理素质简论》，云南人民出版社 1988 年版。
111. 孙中山：《建国方略》，见《孙中山选集》，人民出版社 1981 年版。
112. 金春明：《建国后三十三年》，上海人民出版社 1987 年版。
113. 刘娅：《解体与重构——现代化进程中的“国家—乡村社会”》，中国社会科学出版社 2004 年版。
114. 郁建兴：《从行政推动到内源发展：中国农业农村的再出发》，北京师范大学出版社 2013 年版。
115. ［英］安东尼·哈尔、詹姆斯·梅志里：《发展型社会政策》，罗敏、范西庆译，社会科学文献出版社 2006 年版。
116. 孙立平：《现代化与社会转型》，北京大学出版社 2005 年版。

二 论文

1. 徐勇：《中国家户制传统与农村发展道路——以俄国、印度的村社传统为参照》，《中国社会科学》2013 年第 8 期。
2. 刘义强、胡军：《村户制传统及其演化：中国农村治理基础性制度形式的再发现》，《学习与探索》2014 年第 1 期。
3. 詹成付、刘义强：《重塑村庄治理基础的村户联结机制》，《社会主义研究》2013 年第 6 期。
4. 徐勇、邓大才：《社会化小农：解释当今农户的一种视角》，《学术月刊》2006 年第 7 期。
5. 徐勇：《“再识农户”与社会化小农》，《华中师范大学学报》2006 年第 3 期。
6. 邓大才：《社会化小农：动机与行为》，《华中师范大学学报》2006 年第 3 期。
7. 胡荣：《理性行动者的行动抉择与村民委员会选举制度的实施》，《社会学研究》2002 年第 2 期。
8. 邓大才：《如何超越村庄：研究单位的扩展与反思》，《中国农村观察》2010 年第 3 期。
9. 宋洪远、赵海：《我国同步推进工业化、城镇化和农业现代化面临的挑战与选择》，《经济社会体制比较》2012 年第 2 期。
10. 周子良：《中国传统社会中“户”的法律意义》，《太原理工大学学报》（社会科学版）2010 年第 1 期。
11. 王浦劬：《国家治理、政府治理 社会治理的含义及其相互关系》，《国家行政学院学报》2014 年第 3 期。
12. 葛剑雄：《略论我国封建社会各阶级人口增长的不平衡性》，《历史研究》1982 年第 6 期。
13. 许纪霖：《近代中国变迁中的社会群体》，《社会科学研究》1992 年第 3 期。
14. 李孔岳：《信念、权威与制度选择——基于中国人民公社制度的思考》，《中山大学学报》（社会科学版）2006 年第 4 期。
15. 王郁昭：《中国改革从农村突破：包产到户及其引申》，《改革》2008 年第 8 期。
16. 徐勇：《从村治到乡政：乡村管理的第二次制度创新》，《山东科技大学学报》（社会科学版）2002 年第 4 期。
17. 徐勇：《县政、乡派、村治：乡村治理的结构性转换》，《江苏社会科学》2002 年第 2 期。
18. 李增元：《开放、流动社会中的农村社区治理改革与创新》，《社会主义研究》2014 年第 2 期。
19. 张国胜：《基于社会成本考虑的农民工市民化：一个转轨中发展大国的视角与政策选择》，《中国软科学》2009 年第 4 期。
20. 田毅鹏：《村落过疏化与乡土公共性的重建》，《社会科学战线》2014 年第 6 期。
21. 赵树凯：《农民的政治：迷茫与断想》，《中国发展观察》2009 年第 8 期。
22. 肖唐镖：《乡村治理创新的动力、理念和空间分析》，《国家行政学院学报》2009 年第 2 期。

三 英文文献

1. Maddison, Angus, 2001, *The World Economy: A Millennial Perspective*, Paris: OECD.

2. Karl Polanyi, *The Great Transformation: The Political and Economic Origins of Our Time*, Boston: Beacon Press, 1944.

3. Mark D. Aspinwall & Gerald Schneider, Same menu, separate tables: The institutionalism turn in political science and the study of European integration, *European Journal of Political Research* 38: 1-36, 2000.

4. B. Guy Peters, *Institutional Theory in political science: The New Institutionalism*, London and New York: Wellington Horse, 1999, p. 65.

5. Kathleen Thelen and Frank Longstreth, eds., *Structuring Politics: Historical Institutionalism in Comparative Analysis*, Cambridge: Cambridge University Press, 1992.

6. C. Freeman, *The Development of Social Network Analysis: A Study in the Sociology of Science*, Vancouver, Canada: Booksure Publishing, 2004, p. 128.

7. Peter A. Hall and Rosemary Taylor, "Political Science and the Three New Institutionalisms" *Political Studies*, 1996, XLIV, pp. 936-957.

8. Paul Pierson, Politics in time: *History, Institutions, and Social Analysis*, Princeton and Oxford: Princeton University Press, 2004, p. 4.

9. Sven Stionmo, Katheen Thelen, and Frank Longstreth, eds. *Structuring Politics: Historical Institutionalism in Comparative Analysis*, Cambridge: Cambridge University Press, 1992, p. 9.

10. Sven Steinmo, The New Institutionalism, in Barry Clark and Joe Foweraker, eds., *The Encyclopedia of Democratic Thought*, London: Routlege, 2001, p. 782.

11. Peter A. Hall, *Governing the Economy: The Politics of State Interverntion in Britain and France*, New York: Oxford University Press, 1986, p. 233.

12. Sven Steinmo, "Historical Insititutionalism," in Donatella Della Porta and Michael Keating, eds., *Approaches in the Social Sciences*, Cambridge:

Cambridge University Press, 2007.

13. Ellen M. Immergut, The Theoretical of the New Institutionalism, *Politics & Society*, Vol. 26, No. 1, March 1998 23.

14. Paul Pierson, The Path to European Integration: A Historical Insititutionalist Analysis, *Comparative Political Studies*, Vol. 29, No. 2, April 1996, p. 126.

15. B. H. Baden – Powell. *The Origin and Growth of Village Communities in India*. London: Swan Sonnenschein & Co., Lim. New York: Charles Scribner's Sons 1899.

16. Peter A. Hall and Rosemary C. R. Taylor, "Political Science and Three New Institutionalisms", *Political Studies*, XLIV (1996), pp. 946 – 967.

17. M. N. Srinivas, *Social Change in Modern India*, University of California Press, 1966, pp. 33 – 34.

18. G. K. Lieten, Power, *Politics and Rural Development*: *Essays on India*, New Delhi: Manorhar, 2003. p. 20.

19. Manoj Rai, *The State of Panchayats*: *A Participatory Perspective*, Printed at Shivam Offset Press, New Delhi, 2003. p. 1.

20. Sven Stionmo, Kathleen Thelen, and Frank Longstrenth, eds., *Structuring politics*: *Historical Institutionaism in Comparative Analysis*, Combridge: Cambridge University Press, 1992, p. 9.

21. Peter A. Hall edited, *The Political Power of Economic Ideas*: *Keynesianism Across Nations*, Princeton: Princeton University Press, 1989, pp. 383 – 384.

22. A. R. Desai, *Rural Sociology in India*, Published by Harsha Bhatkal for Popular Prakashan Pvt. Ltd., 2013, p. 581.

23. Bibek Debroy, P. D. Kaushik, *Energising Rural Development Through "Panchayats"*, Published by Academic Foundation, 2005, p. 80.

24. Shri Mani Shankar Aiyar, *Towards Holistic Panchayat Raj*, Twentieth Anniversary Report of The Expert Committee on Leveraging Panchayats For Efficient Delivery of Public Goods and Services, 2013, pp. 15 – 17.

附　　录

附录一　留守问题调查问卷

调查问卷

一审：__________　　　　　　　　编号：__________

二审：__________　　　　　　　　编码：__________

录入：__________　　　　　　　　复核：__________

农村留守妇女生产生活状况调查问卷

访问员保证：我保证本问卷所填内容均由我严格按照规定操作，绝对真实，如有一份作假，全部问卷作废，并承担相关责任。 访问员签名：__________　　　时间：__________

亲爱的姐妹，您好！

为了解我省农村留守妇女整体生存和发展状况，我们特设计了此问卷，诚恳征求您的意见和建议，您的宝贵意见对改进我们的工作非常重要。本次调查以不记名方式进行，仅用于调研，不作其他用途，我们将替您严格保密，请放心填答。

衷心感谢您的参与和积极配合！

祝您工作顺利！身体健康！

开始时间：________　　结束时间：________　　访问长度：________

访问地点：________

问卷填写说明：

1. 请您依据自己的实际感受，在选项后的“□”内打“√”，如选择“其他”，请在后面的横线上注明详细内容；多选题应填写序号。

2. 如无特别说明，问题回答为单选。

3. 丈夫是非农户口的留守妇女，不作为本研究的调查对象。

4. 若在填写问卷的过程中遇到问题，请与项目组组长施远涛联系，电话：18064007966

A 部分：家庭经济

A1. 您家目前主要的收入来源是（多选）__________；其中最主要的是：__________

1□ 种植业收入　2□ 养殖业收入　3□ 外出务工收入

4□ 做小买卖收入　5□ 跑运输收入　6□ 其他（请说明________________________）

A2. 您的家庭人均年收入：__________

1□ 2300 元及以下　2□ 2300—3000 元　3□ 3000—4000 元

4□ 4000—5000 元　5□ 5000 元及以上

A3. 您丈夫的打工地点：__________（具体地点是____________________________）

1□ 本县/市　2□ 省内　3□ 外省　4□ 国外

5□ 不知道

A4. 您丈夫是跟谁一起外出务工的：__________

1□ 亲戚　2□ 同乡　3□ 自己一个人　4□ 朋友　5□ 其他人

6□ 不知道

A5. 您丈夫在外务工年收入：__________

1□ 5000 元以下　2□ 5000—1 万元　3□ 1—2 万元

4□ 2 万元以上

A6. 您丈夫在外务工一年带多少钱回家？

1□ 没有带过　2□ 1000 元以下　3□ 1000—5000 元

4□ 5000—1 万元　5□ 1 万元以上

A7. 您认为您丈夫在外花销：__________

1□ 比较浪费　2□ 正常　3□ 比较节俭　4□ 不了解

A8. 您的年收入占家庭年总收入的比例是多少？__________

1□ 没有　　2□ 二成以下　3□ 二至四成　4□ 四至六成
5□ 六至八成　6□ 八成以上
A9. 您对您丈夫在外务工的收入满意不？＿＿＿＿＿
1□ 非常满意　　2□满意　　3□ 一般　　4□ 不满意
A10. 您的家庭收入主要用于＿＿＿＿＿
1□ 生活开支　　2□ 农业生产资料等投入　3□ 人情往来
4□ 看病就医　　5□ 子女教育费用　　6□ 其他（请说明＿＿＿＿＿＿＿＿＿＿＿＿）

C 部分：身体健康
C1. 您目前的身体健康状况：＿＿＿＿＿
1□ 良好　　2□ 一般　　3□ 不好　　4□ 非常不好
C2. 您患有什么疾病：＿＿＿＿＿
1□ 肩周炎　　2□ 腰椎间盘突出　3□ 风湿性关节炎
4□ 妇科疾病　5□ 心理疾病
6□ 其他（请说明＿＿＿＿＿＿＿＿＿＿＿＿＿）
C3. 您平时生病了，怎么办：＿＿＿＿＿
1□ 忍着，既不吃药也不看医生　　2□ 不去看医生，自己买药
3□ 找医生看病　4□ 其他（请说明＿＿＿＿＿＿＿＿＿＿＿＿）
C4. 您不去就医的原因是：（多选）＿＿＿＿＿
1□ 医药费太贵了　　　2□ 觉得自己没什么大病
3□ 不相信医生的水平
4□ 其他（请说明＿＿＿＿＿＿＿＿＿＿＿＿）
C5. 您经常去体检吗？＿＿＿＿＿
1□ 半年体检一次　2□ 一年体检一次　3□ 一年以上体检一次
4□ 从未做过体检
C6. 您家现在的生活水平比丈夫打工之前：＿＿＿＿＿
1□ 提高了　　2□ 大幅提高　　3□ 和以前差不多
4□ 下降了

D 部分：子女教育
D1. 与丈夫外出前相比，您的孩子：＿＿＿＿＿

1□ 更听话　　2□ 差不多　　3□ 更不听话

D2. 如果您的孩子做错了事情，您一般会采取哪种方式教育孩子？（多选）________

1□ 放任　　2□ 讲道理　　3□ 训斥　　4□ 体罚

5□ 生气，不理孩子

6□ 其他（请说明________）

D3. 丈夫外出务工期间，主要担心孩子的哪些方面？（多选）：______

1□ 生病　　2□ 受到意外伤害　　3□ 受人欺负　　4□ 学坏

5□ 不好好学习　　6□ 其他（请说明________）

D4. 丈夫外出务工期间，您在养育孩子方面主要面临哪些问题？

____

1□ 没有时间辅导　　2□ 自己文化素质不高，辅导不了孩子

3□ 管不住孩子　　4□ 其他（请说明________）

D5. 您通过哪种方式了解孩子的需求？

1□ 从不去了解　　2□ 等孩子自己提出　　3□ 主动询问孩子

4□ 从其他人口中了解

D6. 您参加家庭教育讲座（培训）情况：

1□ 从不参加　　2□ 很少参加　　3□ 有时参加　　4□ 经常参加

E 部分：生产劳动与家庭决策

E1. 您目前从事的主要职业：________

1□ 纯务农　　2□ 就近打工兼务农　　3□ 只做家务

4□ 其他（请说明________）

E2. 您家有几亩地：________

1□ 不到一亩　　2□ 不到两亩　　3□ 三亩以上

4□ 没地

E3. 丈夫外出期间，您家耕种的土地面积变化情况为：________

1□ 增加　　2□ 没有变化　　3□ 减少

E4. 对于您家的耕地一般：________

1□ 无偿暂时交给别人管理　　2□ 有偿租给别人　　3□ 撂荒

4□ 其他（请说明________）

E5. 除了种地之外，您还要干什么活（多选）：________

1□ 饲养家禽家畜　2□ 家务活　3□ 种植蔬菜水果
4□ 就近打零工　5□ 照顾老人　6□ 教育孩子
7□ 其他（请说明________）

E6. 您每天用于家务劳动的时间为：________
1□ 1 小时　2□ 2 小时　3□ 3 小时　4□ 4 小时以上

E7. 您每天用于子女教育的时间为：________
1□ 1 小时　2□ 2 小时　3□ 3 小时　4□ 4 小时以上

E8. 您每天用于照顾老人的时间为：________
1□ 1 小时　2□ 2 小时　3□ 3 小时　4□ 4 小时以上

E9. 丈夫外出务工后，您家里的生产劳动和家务劳动：________
1□ 完全能胜任　2□ 基本能承担　3□ 感到力不从心
4□ 基本不能承担

E10. 农忙时，谁会来帮忙？（多选）________
1□ 丈夫　2□ 子女　3□ 公婆　4□ 亲戚　5□ 朋友
6□ 娘家人　7□ 邻居　8□ 雇人　9□ 没人帮忙
10□ 不需要帮忙　11□ 不种地

E11. 丈夫外出期间，您在农业生产过程中遇到的困难是：（多选）________；其中最主要的问题是________
1□ 生产资料购买困难　2□ 劳动力不足　3□ 自己农业技术不高
4□ 销售困难　5□ 其他（请说明________）
6□ 没有困难　7□ 不从事农业生产

E12. 您是怎样解决农业生产中的困难的？（多选）________
1□ 靠自己　2□ 找公婆/父母帮忙　3□ 找亲戚帮忙
4□ 找邻居帮忙　5□ 找村干部帮忙　6□ 找朋友帮忙
7□ 雇人　8□ 其他（请说明________）

E13. 您的家庭生产及生活的重大事情：________
1□ 丈夫当家　2□ 公婆当家　3□ 自己当家　4□ 商量决定
5□ 其他（请说明________）

E14. 您是否赞同改变“男主外，女主内”的家庭分工？________
1□ 非常赞同　2□ 赞同　3□ 不知道　4□ 不赞同
5□ 非常不赞同

E15. 您是否赞同“女性外出打工会遇到更多困难”这一说法：

____

1□ 非常赞同　2□ 赞同　3□ 不知道　4□ 不赞同

5□ 非常不赞同

F 部分：家庭关系与社会网络

F1. 你们家住在一起（不算长期外出打工的人）的有几个人？__________

1□ 1　2□ 2　3□ 3　4□ 4

5□ 其他（请说明__________）

F2. 在家庭内部，您与公婆的人际关系？__________；在家庭外部，与村民的人际关系？__________

1□ 非常好　2□ 好　3□ 一般　4□ 不好　5□ 非常不好

F3. 丈夫外出务工期间，当您与公婆闹矛盾时，如何解决？（多选）__________；当您或您家与他人产生矛盾时，如何解决？（多选）__________

1□ 靠自己　2□ 找家人　3□ 找丈夫　4□ 找亲戚

5□ 找朋友　6□ 找邻居　7□ 找村干部　8□ 找村里有威望的人

9□ 不需要帮忙　10□ 其他（请说明__________）11□ 没矛盾

F4. 丈夫外出务工期间，您遇到过以下哪些矛盾纠纷？（多选）__________

1□ 家族纠纷　2□ 宅基地纠纷　3□ 闲言闲语造成的纠纷

4□ 邻里生活琐事纠纷　5□ 土地分配纠纷　6□ 家庭财产分配纠纷

7□ 照料老人纠纷　8□ 其他（请说明__________）

F5. 当您遇到这样的矛盾纠纷时如何解决？（多选）__________

1□ 靠自己　2□ 找家人　3□ 找丈夫　4□ 找亲戚

5□ 找朋友　6□ 找邻居　7□ 找村干部　8□ 找村里有威望的人

9□ 不需要帮忙

F6. 您遇到的矛盾纠纷哪些得到了解决？（多选）__________

1□ 家族纠纷　2□ 宅基地纠纷　3□ 闲言闲语造成的纠纷

4□ 邻里生活琐事纠纷　5□ 土地分配纠纷　6□ 家庭财产分配纠纷

7□ 照料老人纠纷　8□ 其他（请说明__________）

F7. 丈夫外出务工期间，谁经常来你们家串门？__________；你经常

去谁家串门？__________

1□婆家　2□ 娘家　3□ 邻居　4□ 亲戚　5□ 朋友

6□ 不串门

F8. 丈夫外出务工期间，您遇上困难的情况：

困难内容	是/否	找谁帮忙：1□婆家人 2□ 娘家人 3□ 邻居 4□ 亲戚 5□ 朋友 6□ 村干部 7□ 其他人	最主要的困难（请从左边存在的问题中选择一项）
照顾老人			
照顾子女			
教育孩子			
看病就医			
农业生产			
家务劳动			

G 部分：情感交流

G1. 丈夫外出务工期间，您与丈夫一般以什么方式联系？（多选）

____

1□ 打电话　2□ 手机短信　3□ 信件　4□ 电子邮件或 QQ 消息

5□ 托人捎口信　6□ 其他（请说明__________）

G2. 丈夫回家探亲次数：__________

1□ 每月 3 次及以上　2□ 每月 2 次　3□ 每月 1 次

4□ 两个月到半年 1 次　5□ 半年到一年 1 次　6□ 一年不到 1 次

7□ 从未回来过

G3. 丈夫与家里联系次数？__________

1□ 每月 3 次及以上　2□ 每月 2 次　3□ 每月 1 次

4□ 两个月到半年 1 次　5□ 半年到一年 1 次　6□ 一年不到 1 次

7□ 从未回来过

G4. 您与丈夫联系时，谈论的主要内容涉及：__________；其中最多的是：__________

1□ 孩子的情况　2□ 家庭生产　3□ 老人的情况　4□ 相互的关怀

5□ 自己的苦恼与心事　6□ 丈夫的苦恼与心事

7□ 丈夫工作上的事情　8□ 村里的事情　9□ 打工地方的事情

10□ 其他（请说明__________）

G5. 丈夫每次回来，给您带礼物的情况：__________

1□ 每次都带　2□ 有时候带　3□ 很少带　4□ 从不带

G6. 丈夫外出务工后，你想去看他吗？__________

1□ 非常想　2□ 想　3□ 一般　4□ 不想　5□ 没想过

G7. 丈夫外出务工后，你与丈夫的关系：__________

1□ 更好了　2□ 和以前差不多　3□ 不如以前好

G8. 丈夫外出务工后，您是否会担心他感情出轨？__________

1□ 非常担心　2□ 比较担心　3□ 有点担心　4□ 不担心

G9. 丈夫外出务工期间，您与丈夫是否出现过感情危机？__________

1□ 是　2□ 否

G10. 导致你们感情危机的有哪些因素？（多选）__________

1□ 丈夫与自己的思想观念不一致　2□ 丈夫不管家

3□ 感情基础不好　4□ 第三者插足　5□ 家庭关系不和谐

6□ 子女的事情　7□ 闲言闲语　8□其他（请说明__________）

9□ 没什么影响我们的夫妻感情

G11. 丈夫外出务工期间，您担心丈夫的哪些情况？（多选）______；其中，您最担心的是：__________

1□ 安全　2□ 健康状况　3□ 饮食与居住条件　4□ 感情出轨

5□ 赌博　6□ 与他人发生纠纷　7□ 工资被扣或拖欠

8□ 乱花钱　9□ 上当受骗　10□被人欺负

11□其他（请说明__________）　12□什么都不担心

G12. 您认为与丈夫分隔两地容易导致妻子出轨吗？__________

1□ 一定会　2□ 会　3□ 可能　4□ 不确定

5□ 根本不可能

G13. 您向往城市生活吗？__________

1□ 是　2□ 否

G14. 您认为城里人比村里人：（多选）__________

1□ 能随意在城市间流动　2□ 医疗保险优势

3□ 养老保险优势　4□ 子女能接受更好的教育

5□ 失业保险和工伤保险优势　6□ 其他（请说明_________）

G15. 您认为在城市里生活最大的障碍有哪些？（多选）__________

1□ 租房贵　2□ 看病贵　3□ 孩子上学难

4□ 日常生活费用太高　5□ 其他（请说明__________）

H 部分：心理健康状况

H1. 丈夫外出务工期间，您家是否遭遇过以下情况：（多选）______

1□ 被抢　2□ 被盗　3□ 被骗　4□ 被打　5□ 被骂

6□ 被投毒　7□ 被骚扰　8□ 其他（请说明__________）

9□ 没有什么不安全情况发生

H2. 丈夫外出务工期间，您是否经常有以下感觉：（多选）______

1□ 孤单　2□ 害怕　3□ 情绪低落　4□ 烦躁　5□ 焦虑

6□ 压抑　7□ 其他（请说明__________）

8□ 没有这些问题

H3. 丈夫外出务工期间，您最强烈的感受是：______

1□ 疲惫　2□ 提不起精神　3□ 心神不宁　4□容易激动、与人争吵　5□睡眠不好

H4. 您常感到头痛、腰痛或身体其他部位的疼痛吗？______

1□ 没有　2□ 很轻　3□ 中等　4□ 偏重　5□ 严重

H5. 丈夫外出务工期间，您感到任何事情都很困难吗？

1□ 没有　2□ 很少　3□ 有时　4□ 经常　5□ 总是

H6. 您去寺庙教堂吗？__________

1□ 经常去　2□ 有时　3□ 很少　4□ 不去

H7. 您去寺庙教堂的原因？__________

1□ 缓解精神压力　2□ 相信因果报应　3□ 为家人祈祷　4□ 看破俗世，有出家念头

5□ 其他（请说明__________）

I 部分：娱乐与自身发展

I1. 丈夫外出务工期间，您平时怎样打发闲暇时间？（多选）______

1□ 打麻将或牌　2□ 串门聊天　3□ 看书　4□ 看电视

5□ 健身活动　6□闲坐　7□ 其他（请说明__________）

8□ 没有闲暇时间

I2. 您最喜欢什么形式的娱乐活动？（多选）__________

1□ 文艺演出　2□ 健身活动　3□看戏

4□其他（请说明__________）

I3. 您对自己的文化娱乐生活：__________

1□ 非常满意　2□ 比较满意　3□ 不满意　4□ 非常不满意

I4. 您村的休闲娱乐场所有：(多选) __________

1□ 文化广场　2□ 农家书屋　3□ 农家大院　4□ 网吧

5□ 棋牌室　6□ 其他（请说明__________）

I5. 乡村图书馆所拥有的读物主要是：__________

1□ 政治读物　2□ 科普读物　3□ 小说读物　4□ 时事报纸

5□ 教育类读物　6□ 致富读物　7□ 健康知识类读物

8□ 其他（请说明__________）

I6. 您经常参加哪些协会或组织（多选）：__________；您希望村中有哪些组织（多选）：__________

1□ 经济合作社组织　2□ 文艺类协会组织

3□ 专业技术协会组织

4□ 基金或信贷组织　5□ 其他（请说明__________）

6□ 不想参加

I7. 您参加过以下哪些培训：（多选）__________；您希望举行的是哪些：(多选) __________

1□ 种植业技术培训　2□ 养殖业技术培训　3□ 法律知识培训

4□ 打工技术培训　5□ 卫生保健知识培训

6□ 其他（请说明__________）　7□ 不想参加

8□ 没有

I8. 您认为您适合通过以下哪些途径增加收入？(可多选) ______

1□ 养殖业　2□ 水果种植　3□ 蔬菜种植　4□ 种植粮食作物

5□ 其他（请说明__________）

I9. 您在增加收入的过程中，最需要获得哪些方面的帮助？（可多选）：__________

1□ 资金　2□ 技术方面　3□ 产品销路方面

4□ 信息获得方面　5□ 其他（请说明__________）

I10. 您是否有意愿自己创业？__________

1□ 非常想　2□ 很想　3□ 一般　4□ 没意愿

5□ 根本不想

I11. 您如果创业，希望得到哪些支持？（多选）：__________

1□ 知识技能的培训　　2□ 提供减免税收　　3□小额贷款

4□ 市场信息服务　　5□ 建立镇、村扶贫基金

6□ 其他（请说明__________）

I12. 在自主创收的过程中，您认为影响产品销售的主要原因是？

____

1□ 产品产量少，规模太小　　2□ 缺少准确的市场信息

3□ 买家的购买价格较低　　4□ 其他（请说明__________）

I13. 您是否参加过农业技能培训？__________

1□ 是　　2□ 否

I14. 您不参加农业技术培训的主要原因是？（参加过培训的不做此题）__________

1□ 体力劳动强度大，精力有限　　2□ 家务劳动繁忙，时间有限

3□ 周围女性很少参加，自己也不好意思参加　　4□ 觉得不重要，没必要参加

I15. 您认为农业技能培训活动应侧重于哪方面？（可以多选）______

1□ 作物品种知识　　2□ 农业机械操作　　3□ 作物种植方法

4□ 病虫害防治　　5□ 其他（请说明__________）

I16. 您觉得应该多长时间进行一次培训？__________

1□ 一月一次　2□ 一个季度一次　3□ 半年一次　4□ 一年一次

5□ 一年以上一次

I17. 您觉得自己最需要什么方面的培训？__________

1□ 种植技术方面　　2□ 养殖方面　　3□ 法律方面

4□ 卫生保健知识方面　5□ 打工技术方面

6□ 其他（请说明__________）

I18. 您主要通过什么途径获取农业技能知识？（可以多选）

____

1□ 邻里之间交流学习　2□ 科普读物　3□ 收看广播电视农业栏目

4□ 互联网　　5□ 参加技能培训班　6□ 农业技术推广站的活动

7□其他（请说明__________）

I19. 您觉得什么方式的科技知识培训您容易接受？__________

1□ 现场讲授，示范　2□ 录像，收看广播电视农业栏目等媒体形式

3□知识板报 4□ 宣传单页和画册 5□其他（请说明________）
I20. 您最想获得哪些方面的法律知识培训？__________
1□ 妇女维权 2□ 土地纠纷 3□婚姻法 4□ 财产继承
5□ 其他（请说明__________）
I21. 您的生活压力来源主要是？（多选）__________
1□ 经济问题 2□ 家庭责任 3□ 农业生产 4□ 子女教育
5□ 家庭关系 6□ 邻里关系 7□ 其他（请说明__________）
I22. 您不外出务工的主要原因是？（多选）__________
1□ 养育孩子 2□ 陪孩子读书 3□ 照顾老人
4□ 农业生产是家庭经济基本保障 5□ 城里找不到合适的工作
6□ 丈夫的收入足够维持家庭开支，不需要外出务工
7□ 城里生活成本高 8□ 务农收入不比外出务工差
9□ 其他（请说明__________）

J 部分：妇女维权与妇代会建设
J1. 村委会选举干部时，您积极参加，并自己做主投票：__________
1□ 非常符合 2□ 比较符合 3□ 一般 4□ 不符合
5□ 非常不符合
J2. 您对村务管理有意见和建议时，会主动向村委会干部提出：
____
1□ 非常符合 2□ 比较符合 3□ 一般 4□ 不符合
5□ 非常不符合
J3. 村务管理中有关您的利益的事情，您会主动参加并提出建议：
____
1□ 非常符合 2□ 比较符合 3□ 一般 4□ 不符合
5□ 非常不符合
J4. 在以下哪些情况下您的土地权益遭受过侵害？（多选）______
1□ 土地出租和转让 2□ 征收与征用 3□ 宅基地纠纷
4□ 土地承包经营权纠纷 5□ 没有分到地 6□ 没受到过侵害
7□其他
J5. 在土地权益受到侵害时，您会选择以下哪些途径解决：______
1□ 找村委会或镇政府 2□ 诉诸法律 3□ 朋友协调

4□ 不了了之

J6. 您村有妇代会吗？__________；妇女小组长？__________；妇女代表？__________

1□ 有　　2□ 无　　3□ 不清楚

J7. 您村有“妇女之家”吗？__________；有无妇女开展活动的阵地场所？__________

1□ 有　　2□ 没有

J8. 您所知道的本村的妇代会工作主要有以下哪几项？（多选）__________

1□ 计划生育工作　　2□ 妇女培训　　3□ 妇女维权工作

4□ 致富引导　　5□ 扶贫助学　　6□ 劳务输出

7□ 文体活动　　8□ 不清楚

J9. 您村妇代会一年组织学习或妇女活动次数：__________

1□ 没有　　2□ 一次　　3□ 两次　　4□ 三次以上

J10. 您村的妇代会开展过以下哪些活动？（多选）__________

1□ 双学双比　　2□ 五好文明家庭创建　　3□ 巾帼科技致富工程

4□ 拥军优属　　5□ 其他（请说明__________）

6□ 从来没有

J11. 您喜欢妇代会举办哪些类活动？（多选）__________

1□ 文艺活动　　2□ 技能培训　　3□ 女性知识　　4□ 情感辅导

5□ 子女教育　　6□ 妇女维权　　7□ 创业扶持

8□其他（请说明__________）

J12. 您希望妇代会可以在以下哪些方面发挥更多作用？（多选）__________

1□ 开展妇女健康知识培训　　2□ 成立“妇女之家”

3□ 开展各类文化、体育、娱乐活动

4□ 不定期召开妇代会委员会议

5□ 向村委会反映有关妇女权益的问题

6□ 其他（请说明__________）

J13. 您认为妇代会在为农村姐妹解决问题过程中发挥了多大作用？__________

1□ 很大作用　　2□ 较大作用　　3□ 不好说　　4□ 很小作用

5□ 没有作用

J14. 您认为妇代会存在的问题有哪些？（多选）__________

1□ 妇代会主任身兼数职，精力分散，影响工作效率

2□ 缺乏固定经费　　　　3□ 政治地位低

4□ 帮助妇女致富的能力有待提高

5□ 帮助妇女参与村民自治实践作用不大

6□ 争取村两委重视支持妇女工作不够

7□ 其他（请说明__________）

J15. 您认为在保障妇女身心健康方面，妇代会需要：（多选）______

1□ 宣传孕前科学的生活方式

2□ 传授孕期保健知识和科学胎教知识

3□ 传授产后保健知识和优育知识

4□ 悉心指导科学治疗

5□ 免费妇女病体检制度，保障妇女身体健康

6□ 其他（请说明__________）

B 部分：背景资料

最后，我们有几个有关您和您家庭的问题，仅供参考分析用，希望您并不介意，我们会为您保密的。

B1. 您的年龄：1□ 20—30 岁　2□ 31—40 岁　3□ 41—50 岁

4□ 51—60 岁　5□ 60 岁以上

B2. 您的文化程度：1□ 文盲　2□ 小学　3□ 初中

4□ 高中或中专　5□ 大专及以上

B3. 您结婚的年限：1□ 0—1 年　2□ 1—5 年　3□ 5—10 年

4□ 10 年以上

B4. 您外出打过工吗？1□ 是　　2□ 否

B5. 您与丈夫两地分居的时间：1□ 6 个月以上　2□ 6 个月到 1 年

3□ 1 年以上

B6. 您生育子女数：　1□ 没有　　2□ 1 个　　3□ 2 个

4□ 3 个及以上

B7. 您的居住地________省________市（县）__________乡（镇）__________村________组

K部分：您对留守妇女生活现状还有哪些看法？您对改善留守妇女生活状况还有哪些想法和建议？期望妇联和政府能够怎样帮助自己？对妇代会等妇女组织有哪些期望？

____

____

____

____

____

问卷到此结束，再次衷心感谢您的参与！

附录二　留守问题访谈提纲

访谈提纲

A：留守妇女的访谈提纲

1. 您家的主要经济收入来源？家庭经济收入主要用在哪些方面？是否能满足家庭支出的需要？您对丈夫的打工收入是否满意？

2. 您认为她们的劳动负担是否沉重？在丈夫外出务工期间，您的身体健康状况是否有变化？一般您是如何处理自己健康问题的？或是有相关政策（如卫生医疗政策）协助解决？

3. 您的子女教育、婆媳关系、夫妻感情状况如何？当出现问题时，一般如何处理？

4. 男性劳动力外出后，农村的治安防范力量受到削弱，您所了解到的留守妇女人身财产受到侵犯的案例有哪些？一般是如何处理的？

5. 在一些地方，宗教发展很迅速，本村是否有这种现状？您对此有什么看法？此外，您平时是如何打发闲暇时间的？

6. 请您描述本村妇女参政现状，以及您对农村妇女参政原因、障碍因素、对策的看法。

7. 您名下是否有土地？您怎么看待政府征地过程中的赔偿？您赞同现在的政府征地吗？为什么？

8. 本村村委会对留守妇女存在的问题是否组织过建设性的活动，烦请列举代表性案例。

B：村干部的访谈提纲

（一）需要提供的文字材料：1. 本村妇女事业的发展规划；2. 近几年人口性别、年龄以及流动等信息；3. 近几届的村委会性别结构，以及福利待遇；4. 本村近几年发展农业的科技政策等；5. 上级政府制定的农村卫生医疗保障等方面的政策；6. 村委会针对留守群体举办的活动（如培训、娱乐等）；7. 有关留守妇女等方面的一些典型材料（特别是恶性事件的典型案例材料）。

（二）访谈提纲

1. 本村域内近几年来人口的基本状况：数量、性别比、年龄结构、学历结构、外出务工人口数量、党员数量与性别比例；相关数据变动的情况、呈现出来的规律。

2. 请您描绘留守妇女日常生产生活的状态（留守家庭的经济状况、日常主要干什么、精神生活怎样等）。

3. 您认为她们的劳动负担是否沉重？本村是否有旨在提高农业收入的农业科技项目？近几年是否有农业科普政策及落实情况？

4. 据您了解，在丈夫外出务工期间留守妇女身心健康状况是否有变化？一般她们是如何处理自己健康问题的？

5. 本村留守家庭的子女教育、婆媳关系、夫妻感情状况如何？当出现问题时，一般如何处理？尤其是夫妻两地分居导致的不良后果？

6. 男性劳动力外出后，农村的治安防范力量受到削弱，您所了解到的留守妇女人身财产受到侵犯的案例有哪些？一般是如何处理的？

7. 在一些地方，宗教发展很迅速，本村是否有这种现状？您对此有什么看法？

8. 请您描述本村妇女参政现状，以及您对农村妇女参政原因、障碍因素、对策的看法。

9. 村委会对留守妇女存在的问题是否组织过建设性的活动，请列举代表性案例。

C：非留守妇女与男性村民的访谈提纲

1. 留守家庭的主要经济收入来源？家庭经济收入主要用在哪些方面？是否能满足家庭支出的需要？

2. 您认为她们的劳动负担是否沉重？据您了解，在丈夫外出务工期间留守妇女身体健康状况是否有变化？一般她们是如何处理自己健康问题的？或是有相关政策（如卫生医疗政策）协助解决？

3. 本村留守家庭的子女教育、婆媳关系、夫妻感情状况如何？当出现问题时，一般如何处理？尤其是夫妻两地分居导致的不良后果？

4. 男性劳动力外出后，农村的治安防范力量受到削弱，您所了解到的留守妇女人身财产受到侵犯的案例有哪些？一般是如何处理的？

5. 在一些地方，宗教发展很迅速，本村是否有这种现状？您对此有什么看法？此外，留守妇女是如何打发闲暇时间的？

6. 请您描述本村妇女参政现状，以及您对农村妇女参政原因、障碍因素、对策的看法。

7. 本村村委会对留守妇女存在的问题是否组织过建设性的活动，请列举代表性案例。

致　　谢

岁月如织，弹指不觉，伴随着无数个不眠之夜，我的书即将完成。掩目合卷，欣喜与感慨交加，三年来的点点滴滴涌上心头，顿觉有一种欲语泪先流之感。当真正要落笔时却发现，留下的只有满腔惆怅，无限感慨！三年的博士生活不仅是知识获取的过程，更是一次人生的历练，是一次痛并快乐着的生命旅程。褪去浮华，沉淀底蕴，坚定自信，奋力拼搏，我仍然在不断前进的路上……

走到今天，首先最要感谢的是我的导师刘筱红教授。三年的博士生涯中，刘老师无私的关怀与谆谆的教诲时刻萦绕耳畔。她不仅以严谨求实的治学态度和崇行致知的学术精神让我终身受益，更以无与伦比的人格魅力感染着我。她睿智的思想、敏锐的观察力、干练的行事风格、渊博的学识、高尚的品格、深厚的文化底蕴和宽厚豁达的处事态度无时无刻不影响着我。在繁忙的工作之余，刘老师总是给予我学习和生活上无微不至的关怀，令我时刻感激不已。特别是本书的写作，从选题、构思、谋篇布局到撰写、定稿，字里行间都凝聚着她的心血；而且为了使全书数据更加充分，刘老师更是无私提供援助，使我能够有机会去印度作访学，收集有关印度方面的数据资料，这份恩情，学生将永远铭记于心。可以说，整个写作过程自始至终都凝聚着刘老师的心血，在此向刘老师致以真挚的谢意。

感谢华中师范大学中国农村研究院徐勇教授对我的指导，本书选题的灵感就是来源于徐勇教授在《中国社会科学》2013 年第 8 期上发表的《中国家户制传统与农村发展道路——以俄国、印度的村社传统为参照》一文，并且在选题之初，也得到了徐老师的亲自指点。徐老师以其特有的睿智和渊博的知识给了我“醍醐灌顶”之感，本书的完成也算是在徐老师已有研究的基础上“狗尾续貂”的工作。同时，感谢华中师范大学中国农村研究院刘义强老师，在我去印度的过程中对我提供的帮助。

感谢我的父母，是他们无私博大的爱，铺平了我的人生之路。多年来他们含辛茹苦、无私奉献，默默无闻地理解和支持我的学业，关注我的成长。每次回到家，看到日渐苍老的父亲和头发花白的母亲，心里总是充满了愧疚；而母亲也总是抚摸着我的头，默默注视着我日渐稀少和花白的头发，眼含泪光。父母的养育之恩一直鼓励着我，使我始终信心百倍地努力进取，不敢有丝毫懈怠。感谢我的爱人张冰同学，感谢她在我写作的过程中对我生活无微不至的照顾，并且从她哲学学科背景的角度给我的写作提供了许多有价值的建议。

感谢博士期间给我们授课的各位博士生导师。三年的学习过程中，张立荣教授、杨海姣教授、傅广宛教授、张启春教授、邓宏乾教授等以其独特的研究领域与视角、深厚的学术积淀、无私博爱的师德风范让我在学术之路上如沐春风、受益匪浅。

感谢赵德兴师兄、高焕清师兄、李琴师姐、田野师姐、冯道军师兄、全芳师妹、飞哥等。师兄师姐待我如兄弟般的情谊，对于我学习与生活上的诸多关照与帮助常令我感觉到家一般的温暖。师弟师妹对我的支持和陪伴，不仅使我增长知识，而且也使我的生活非常充实、快乐。他们是我的良师益友，亦是我永远的朋友。

最后，感谢自己这么多年的坚持和付出。如果说曾经有那么一段时光，是付出了很多努力，忍受了很多的孤独和寂寞，不抱怨不诉苦，只有自己知道，而当日后说起时，连自己都能被感动的日子，非这三年的博士生涯莫属了。

另外，感谢印度观察家基金会（ORF）Niranjan Sahoo 博士给我发邀请函，感谢我在印度访学期间 Jayshree 教授和 Sahoo 博士给我提供的指导和帮助，感谢 Vikas Jha 博士对我去印度农村作田野调查提供的支持和帮助。

研究过程中，本书借鉴了中外学者的一些论著、论文中的观点，在此，谨向所有对本书提供帮助的学者以及书稿的评阅老师表示衷心的感谢！

路漫漫其修远兮，吾将上下而求索。

生活如斯，人生如斯！